日本史「意外な結末」大全

日本博学倶楽部

PHP文庫

○本表紙図柄＝ロゼッタ・ストーン（大英博物館蔵）
○本表紙デザイン＋紋章＝上田晃郷

目次

日本史「意外な結末」大全

第一章　古代史、あの有名人物の意外な「その後」

第二章　中世を彩る英雄・美女の驚きの「結末」

第三章　戦国乱世を駆け抜けたあの人物、「その後」の明暗

第四章　泰平の江戸を騒がせたあの人の波瀾万丈の「結末」

第五章　激動の幕末期に活躍した人物の驚きの「その後」

第六章　近代史に名を馳せた英才たちの意外な「結末」

第一章

古代史、あの有名人物の意外な「その後」

徐福

秦の始皇帝を騙し、姿をくらませた方士はその後、日本の神武天皇として大和王権を樹立した⁉

始皇帝が執心した「不老不死」の霊薬

紀元前二二一年、秦《しん》王・嬴政《えいせい》が史上初めて中国を統一した。広大な国土と絶大な権力を手中に収め、自らを始皇帝《しこうてい》と称した彼が、次に望んだのは永遠の命だった。

始皇帝は、東海にあるという蓬萊山《ほうらいさん》に行けば不老不死の妙薬《みょうやく》が手に入ると信じ、徐福《じょふく》という人物を派遣した。

徐福は、始皇帝が多く抱えていた方士《ほうし》の一人である。方士とは、呪術を行なう者のこと。不老不死の霊薬探しに執心した始皇帝のもとには、三百人を超える方士がいたという。そのなかの一人・徐福が「東海の三神山に住む仙人が、不老長寿の薬を持っている」と進言してきたのを、始皇帝は信じたのである。

後世に著《あらわ》された司馬遷《しばせん》の『史記《しき》』によると、徐福は八十五隻の大船団、数千人もの従者を与えられて船出したものの、結局、そのまま帰国することはなかったという。

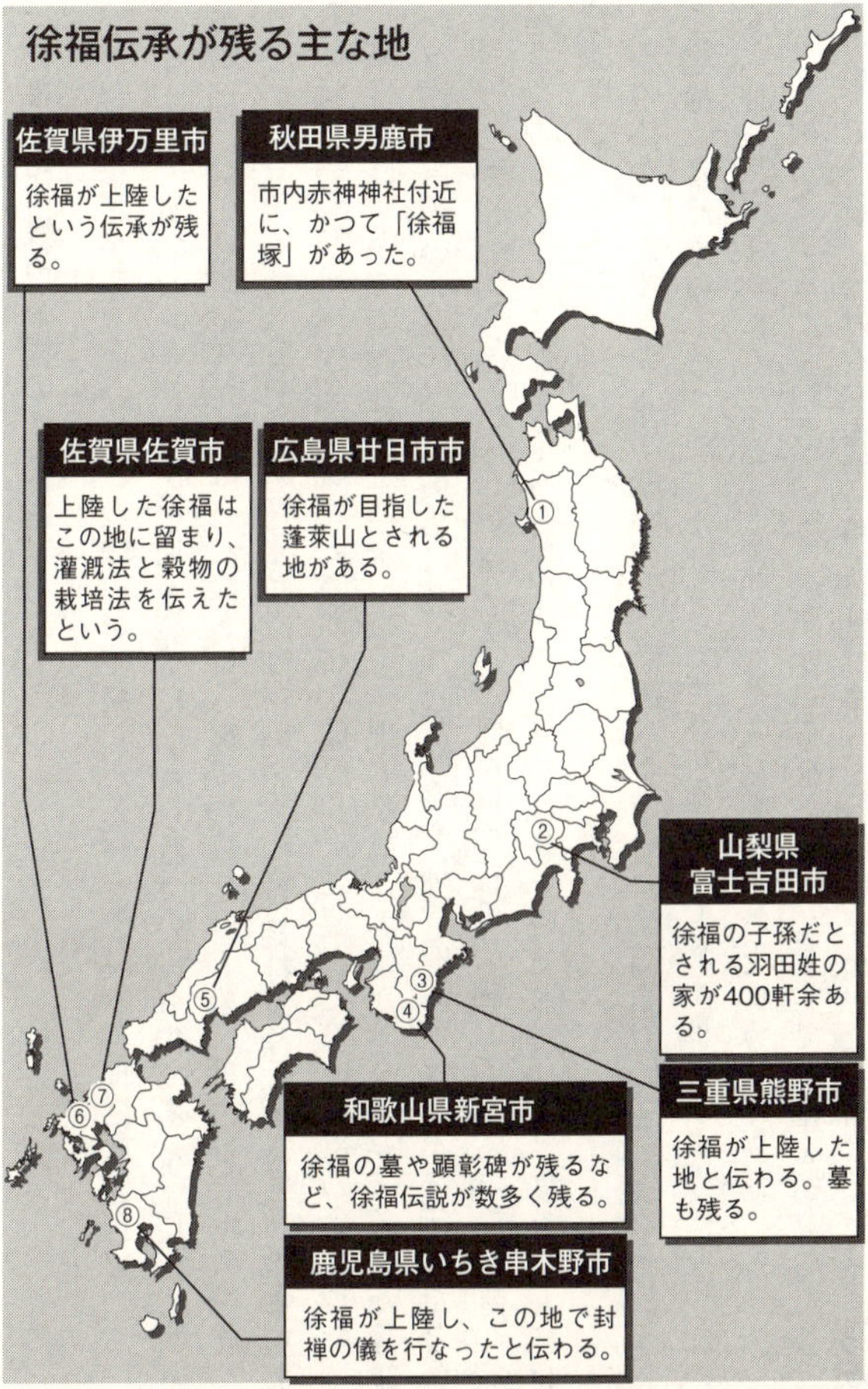
徐福伝承が残る主な地
佐賀県伊万里市
徐福が上陸したという伝承が残る。
秋田県男鹿市
市内赤神神社付近に、かつて「徐福塚」があった。
佐賀県佐賀市
上陸した徐福はこの地に留まり、灌漑法と穀物の栽培法を伝えたという。
広島県廿日市市
徐福が目指した蓬萊山とされる地がある。
山梨県富士吉田市
徐福の子孫だとされる羽田姓の家が400軒余ある。
三重県熊野市
徐福が上陸した地と伝わる。墓も残る。
和歌山県新宮市
徐福の墓や顕彰碑が残るなど、徐福伝説が数多く残る。
鹿児島県いちき串木野市
徐福が上陸し、この地で封禅の儀を行なったと伝わる。
①
②
③
④
⑤
⑥
⑦
⑧

日本各地に残る「徐福の渡来伝説」

しかしなぜか日本には、この徐福が渡来したという伝説が各地に残されている。なかでも有名なのが、紀伊半島の熊野に伝えられているものである。現在の新宮《しんぐう》市南部には、室町時代に設けられたという徐福の墓をはじめ、彼の従者七人を祀《まつ》ったという七塚も残されている。また、同市内の阿須賀《あすか》神社は徐福の漂着《ひょうちゃく》地といわれ、神社の背後の山が蓬萊山だとされている。

異説では、かつて熊野付近に秦住村《はたすみむら》を名乗る集落があった。そこが漂着した徐福一行が住み着いた場所で、彼らはそこで紙漉《す》きや捕鯨の技術を日本に伝えたという。たしかに、古式捕鯨発祥の地・太地町《たいじちょう》には徐福の故国名である「秦」姓の家が多く残る。さらに那智《なち》地方で産出する紙は徐福紙と呼ばれている。偶然にしては出来すぎであろう。

そのほか、佐賀県や鹿児島県など、沿岸部を中心に徐福漂着伝説が残る。こうした徐福日本渡来説を受けて、一九五〇年代から中国で唱えられるようになったのが、徐福は日本へ渡って日本の皇祖・神武《じんむ》天皇になったという説である。日本神話によると、神武天皇は九州から東征して大和地方で政権を樹立したことになっている。一方の中国では、始皇帝のもとへ戻らなかった徐福は、秦とは別の土地を見つけて国を建て、王になったと伝えられている。日本神話が伝える神武東征記と、熊野に残る徐福伝説とを合わせると、奇妙に一致するというわけだ。

また、一九八〇年代になって、中国の江蘇省《こうそ》に清朝以前は徐福村と呼ばれていた土地があり、そこが徐福の生まれ故郷だということがわかった。この村でも、徐福が帰国しなかったのは日本に渡ったからだと代々語り継がれている。架空の人物ともいわれる神武天皇と、秦の徐福が同一人物かどうかは別として、彼が日本に渡来した可能性は皆無とはいえないようである。

卑弥呼

霊能力を失ったために殺害された!?
謎に包まれた邪馬台国の女王の死

祭祀を司り、国を治めた女王・卑弥呼

邪馬台国《やまたいこく》の女王で、「鬼道につかえてよく衆をまどわす」と『魏志《ぎし》』倭人伝《わじんでん》に記された卑弥呼《ひみこ》は、三世紀前半の日本で大きな権力をもっていたといわれる。

「倭」と呼ばれていた当時の日本は、邪馬台国の同盟国として末盧《まつろ》国・奴《な》国・投馬《とうま》国などが存在する一方、狗奴《くな》国がこれに敵対するなど、小国乱立の時代だった。そ

のなかでも、大陸に使者を送り「親魏倭王《しんぎわおう》」の称号を得た卑弥呼が、邪馬台国を倭国を代表する国に押し上げたのだった。

『魏志』倭人伝に「鬼道」と書かれているように、卑弥呼はシャーマンで、占いにより人心を掌握し、様々な託宣《たくせん》を行なっていたと考えられている。いわば祭祀《さいし》を司《つかさど》る存在である。

そんな彼女が亡くなったとされる二四七年頃以降、卑弥呼はもちろん、邪馬台国に関する記述も『魏志』からは消える。「卑弥呼以て死す。大いに冢《つか》を作る。径は百余歩、殉葬する者、奴婢《ぬひ》百余人」と記され、卑弥呼が没したことと、その陵墓が大規模に造営され、殉死者が多数あったことがわかる。その後、男王が立ったが内乱が勃発したため、台与《とよ》（または壱与《いよ》）が王となって再び平穏が訪れたことを最後に記述が終わる。

「倭国大乱」と卑弥呼の死の真相とは

卑弥呼の死については、長年論争の的となってきた。かなりの高齢に達していたため、病死とも考えられるが、『魏志』倭人伝に、卑弥呼の死が記述される前に「倭国に大乱が起きた」と記されていることから、卑弥呼が戦いで死んだという説もある。

だがここで注目したいのは、古代史に興味を抱いて多くの著作を持つ作家・故松《まつ》本清張《もとせいちょう》氏をはじめ、何人かの歴史学者が披露している説で、「卑弥呼は霊能力を失ったため、民衆によって殺された」というものだ。

占いによって国力が保たれているうちはいいが、霊能力が弱まり、予言が当たらなくなると、たちまち求心力は失せる。

古代においては、災害など民衆が困窮する事態が発生すると、その責任は王にあるとされた。そして、王は民衆によってその地位からひきずり下ろされるといったことが度々あった。卑弥呼も同様で、邪馬台国が狗奴国との戦いで劣勢を強いられるようになると、シャーマンとしての能力が薄れたとみなされて民衆の信頼を失い、ついには殺害されたというのである。

もともと卑弥呼が王となることで、国と国とが争った倭国大乱の時代は終わった。霊能力で国を治めていた卑弥呼が、それを失って殺されたとしても不思議はないのである。

野見宿禰

日本初の相撲取りが、殉死の風習をなくすためにつくらせたあるものとは⁉

文字どおり「命を懸けた」相撲勝負

日本のプロスポーツのなかで、天覧《てんらん》試合が定期的に行なわれるのは相撲だけである。これは、天皇の目の前で力自慢の男同士が対戦したことが相撲の始まりであるという由緒と無縁ではない。その力自慢の男、つまり力士第一号が、野見宿禰《のみのすくね》である。

十一代垂仁《すいにん》天皇の時代、大和国の当麻蹶速《たいまのけはや》という力自慢の男の噂が天皇の耳に届く。その力は素手で牛を倒すほどであった。自分と闘える相手がいたら、命を懸けた力比べをしたいという彼の望みを知った天皇は、国中に広く呼びかけ、力自慢の男を求めた。すると、出雲《いずも》国に野見宿禰という者がいるとわかり、使者を送って呼び寄せた。

二人は垂仁天皇の前で戦い、角力《かくりよく》（相撲）をとった。当時の相撲は現在とは異なり、殴る蹴るは当たり前。どちらかが相手の命を奪うことで勝敗が決するという激しいものであった。

宿禰は蹶速の脇骨《わきぼね》を折ると、さらに腰を踏み折って蹶速を殺した。こうして勝利を収めた宿禰は、命を落とした蹶速の領地・当麻村を天皇から与えられ、朝廷に出仕することになったのであった。

『日本書紀《にほんしょき》』が伝えるこの逸話は、相撲の起源を説くとともに、古代宮廷で毎年七月七日に行なわれる相撲節会《せちえ》の起源でもある。

古墳につきものの埴輪の起源

こうして朝廷に出仕した宿禰は、力士の元祖として記録されることになったわけであるが、宿禰の功績はそれだけに留まらなかった。皇族の死に際し、一人も殉死者を出さずに済むようにしたのである。

もともと皇族の死にあたり、数多くの近習《きんじゅ》の者が生きたままその陵墓に埋められるのが常であった。垂仁天皇はこの習慣に我慢がならず、臣下に対して何か案を考えるよう、申し渡した。これに応じたのが、宿禰であった。

彼は、故郷の出雲から土師部《はじべ》（土器製作者）百人を呼び寄せると、人や馬などを模した焼き物をつくらせた。いわゆる埴輪《はにわ》である。これを殉死者の代わりに陵墓に埋葬することで、殉死の形式は守りながらも、命ある者を生き埋めにするという悪しき習慣を打ち止めにしたのだった。この伝説から、宿禰は埴輪の創始者という名誉も与えられた。

天皇は宿禰のこの功を称え、土師部の司《つかさ》の職を与えるとともに、「土師臣《はじのおみ》」という姓を名乗らせた。土師氏はのちの古墳時代、古墳築造に大きな役割を果たすこととなる。

日本武尊

全国の反乱を鎮圧した古代の英雄が死後に変身したのは、なんと白鳥!?

父親の命令で東奔西走する日本武尊

日本武尊《やまとたけるのみこと》は、十二代景行《けいこう》天皇の皇子であり、幼名を小碓尊《おうす》という。大和王権に従わない者たちを平定すべく、西へ東への遠征を繰り返した古代史の英雄であるが、彼が眠るといわれる墓は、なぜか三重・奈良・大阪にまたがっていくつも存在している。

『古事記《こじき》』によると、彼は幼い頃から乱暴者で、相当の猛者《もさ》だったといわれているが、『日本書紀』にはこうした記述は見られない。ただし、その実力を買われてか、父親の景行天皇から九州の熊襲《くまそ》征伐を申しつけられている。

こうしてまだ「童子《おぐな》」と呼ばれるくらいの年齢で九州へ向かった小碓尊は、策を用いて見事に熊襲の首領・川上梟帥《かわかみのたける》を討ち取った。このとき、瀕死の熊襲から与えられたのが「日本武尊」という名前だった。

次に日本武尊の活躍が見られるのは、東国遠征においてのこと。初めに出撃命令を受けた兄・大碓皇子《おおうすのみこ》が怯《おび》えてしまったため、日本武尊がこれに代わって再度の遠征を命じられることとなったのである。日本武尊は、出発前に伊勢神宮に立ち寄り、叔母の倭姫命《やまとひめのみこと》から天叢雲剣《あめのむらくものつるぎ》（草薙剣《くさなぎのけん》）を借り受けた。この剣は天皇家に伝わる三種《さんしゅ》の神器《じんぎ》の一つであり、日本武尊が駿河《するが》で賊に火責めにされた際、この剣を振るって草を薙ぎ倒し、九死に一生を得たことから、草薙剣とも呼ばれる。

故郷への帰還を夢見て力尽きる

やがて東国征討の任も無事に果たした日本武尊は、尾張《おわり》国に入り、尾張氏の娘・宮簀媛《みやずひめ》と結婚した。彼は草薙剣を新妻に預けると、伊吹山《いぶきやま》の神を退治すると言って山へ向かった。

しかし、日本武尊は神の祟《たた》りを受けて衰弱し、故郷への帰還を夢見ながら伊勢国能褒野《のぼの》で力尽きてしまった。享年三十と伝えられている。

日本武尊の死を聞いた天皇は大いに嘆き、その亡骸《なきがら》を能褒野に葬った。すると、ここで不思議な出来事が起こる。日本武尊が白鳥に姿を変え、大和国へ向けて飛び立ったのだ。天皇が柩《ひつぎ》を開いてみると、彼の着物だけが残されていたという。使いの者がこの白鳥を追いかけたところ、まず琴弾原《ことひきのはら》（現・奈良県御所《ごぜ》市）に留まったので、そこにも陵がつくられた。さらに白鳥はまた飛び立ち、今度は古市邑《ふるいちのむら》（現・大阪府羽曳野《はびきの》市）に留まったため、ここにも陵がつくられることとなった。

結局、白鳥はそのまま天高く飛び去ってしまい、行方知らずとなる。こうしてつくられた三つの陵を、世の人々は「白鳥陵《しらとりのみささぎ》」と呼んだ。

日本武尊については伝説の人物とする説が根強い。当時、大和王権が勢力拡大のために全国へ征服軍を派遣しており、その活躍を日本武尊という一人の人物に託して描いた物語ではないかというのである。もしこれが事実であれば、白鳥になって飛び立ったのは、征服の戦いで犠牲になった多くの兵の魂なのかもしれない。

物部守屋

仏教の受容を巡り、殺害されたはずの蘇我氏のライバルはじつは東北で静かな余生を送っていた!?

仏教受容と皇位継承権を巡る争い

物部守屋《もののべのもりや》は、蘇我馬子《そがのうまこ》とともに飛鳥《あすか》時代の政治を主導した人物である。しかし、両雄並び立たず。両者は、仏教導入の是非を巡って大きないがみ合いを起こすことになる。仏教受容を強く推す蘇我馬子に対し、物部守屋は日本古来の神を敬《うやま》う信仰、すなわち神道にこだわったのである。

敏達十三（五八四）年、百済から送られてきた二体の仏像を馬子が貰い受けた。馬子は翌年に大野丘（現・奈良県橿原《かしはら》市）に塔を建て、仏舎利《ぶっしゃり》（仏陀の骨）を納めた。

ところが、この頃から疫病が流行し、多くの人が死亡する事態となった。仏教導入に反対していた守屋は、「異国の仏教などを信じるからだ」と非難。寺を襲い、塔を倒してしまった。

こうした両者の亀裂は、皇位継承権を巡る争いにまで発展していく。用明《ようめい》天皇の治世、守屋は蘇我宗家と対立していた穴穂部《あなほべ》皇子を皇太子候補として推したのである。

結局、馬子が穴穂部皇子を討ち取り、用明二（五八七）年には、多くの皇族や豪族を従えて守屋の本拠地を襲撃、守屋は矢で射抜かれてこの世を去った。ここに朝廷の二大勢力の一角が崩れ、蘇我氏専横の時代が始まるのである。

守屋と馬子の関係は良好だった？

ここまでが『日本書紀』にも書かれている馬子と守屋の戦いのいきさつであるが、その後の展開について、まったく異なる説を唱えている書物もある。『九鬼文書《くかみもんじょ》』である。

『九鬼文書』とは、和歌山県熊野本宮大社宮司《くまのほんぐうたいしゃぐうじ》・九鬼宗隆《くきむねたか》氏の家伝として遺されている文書である。九鬼家は中臣氏《なかとみ》（藤原）の係累で、後白河《ごしらかわ》天皇の代に熊野別当《べっとう》に任じられて以来、熊野神社と縁の深い家柄だ。

その文書によれば、なんと馬子の襲撃を受けて死んだはずの物部守屋はじつは生きていて、東北の国に逃げたというのである。

また、蘇我系の伝承『元興寺縁起《がんごうじえんぎ》』には、蘇我氏と物部氏はいがみ合ったものの、その後和解したとある。物部系の伝承『先代旧事本紀《せんだいくじほんぎ》』にも、当時の物部氏が蘇我氏と深く結びついていたことや、蘇我入鹿《いるか》が物部系の女性から産まれたことなどが、まるで誇らしいことのように記載されている。

犬猿の仲だったというのが史実のように伝えられている蘇我氏と物部氏。もし両者の関係がじつは良好だったとしたら、守屋がどこかで生きていたとしても不思議ではない話である。

聖徳太子

政治家として数々の事績を残すも、晩年はこの世に生きる虚しさを感じて妻と心中!?

意外と短い？　聖徳太子の政治家人生

推古元（五九三）年に推古天皇の摂政《せっしょう》となった聖徳太子《しょうとくたいし》は、「冠位十二階《かんいじゅうにかい》」の制度を定め、「憲法十七条《けんぽうじゅうしちじょう》」を制定するなど、律令《りつりょう》に先駆ける国内政治体制を整え、中央集権化を推し進めたことがよく知られている。また、小野妹子《おののいもこ》を遣隋使《けんずいし》として大陸に派遣し、中国の王朝・隋との対等外交を試みている。そのほか、法隆《ほうりゅう》寺《じ》や四天王寺《してんのうじ》を建立《こんりゅう》するなど、仏教興隆にも多大に寄与した。

しかし、これほどの業績を残していながら、その活動期間は意外と短い。

聖徳太子の生年は敏達三（五七四）年、没年は推古三十（六二二）年とするのが通説である。

冠位十二階と憲法十七条が制定されたのは、推古十一（六〇三）年から推古十二（六〇四）年の間頃。遣隋使を派遣したのは推古十五（六〇七）年。しかしそれ以後、とくに目立った業績を残すことなく、政治の表舞台から唐突に姿を消している。

「斑鳩宮」での太子の謎めいた後半生

それでは、亡くなるまでのおよそ十五年の間、聖徳太子は何をしていたか。どうも法隆寺近くに造営していた斑鳩宮《いかるがのみや》で仏教三昧《ざんまい》の暮らしを送っていたという。実際、この時期の彼の手によるものと伝えられる、仏典に関する書も残されている。

『日本書紀』によれば、聖徳太子は推古二十六（六一八）年から病の床についたとされているが、『伝暦《でんりゃく》』という書では、同年に聖徳太子は南河内磯長《みなみかわちしながさん》山に自分の廟《びょう》を築かせており、その工事の検分に出向いて指図していたことを伝える。廟といえば、死者の霊魂を祀る建物である。聖徳太子の死は推古三十（六二二）年のことであるが、その四年も前から自らの死を予感していたのかもしれない。

これをもとに、『世界遺産　飛鳥・法隆寺の謎』の著者・有賀訓氏は、晩年の聖徳太子は、深い虚無感や絶望感を募らせていたのではないかと推論している。根拠としているのは、聖徳太子が「世間皆虚仮《せけんみなこけ》」と口にしていたという点だ。これは「現実の世界は仮のものにすぎない」という意味だが、聖徳太子は諸改革を成し遂げたあと、仏典を読みふけり、仏教により深く傾倒していく過程で、虚無感にとらわれるようになったという。

有賀説はまた、太子が死の前日に、「自分は今夜、死ぬだろう。お前も一緒に死

斑鳩宮周辺図

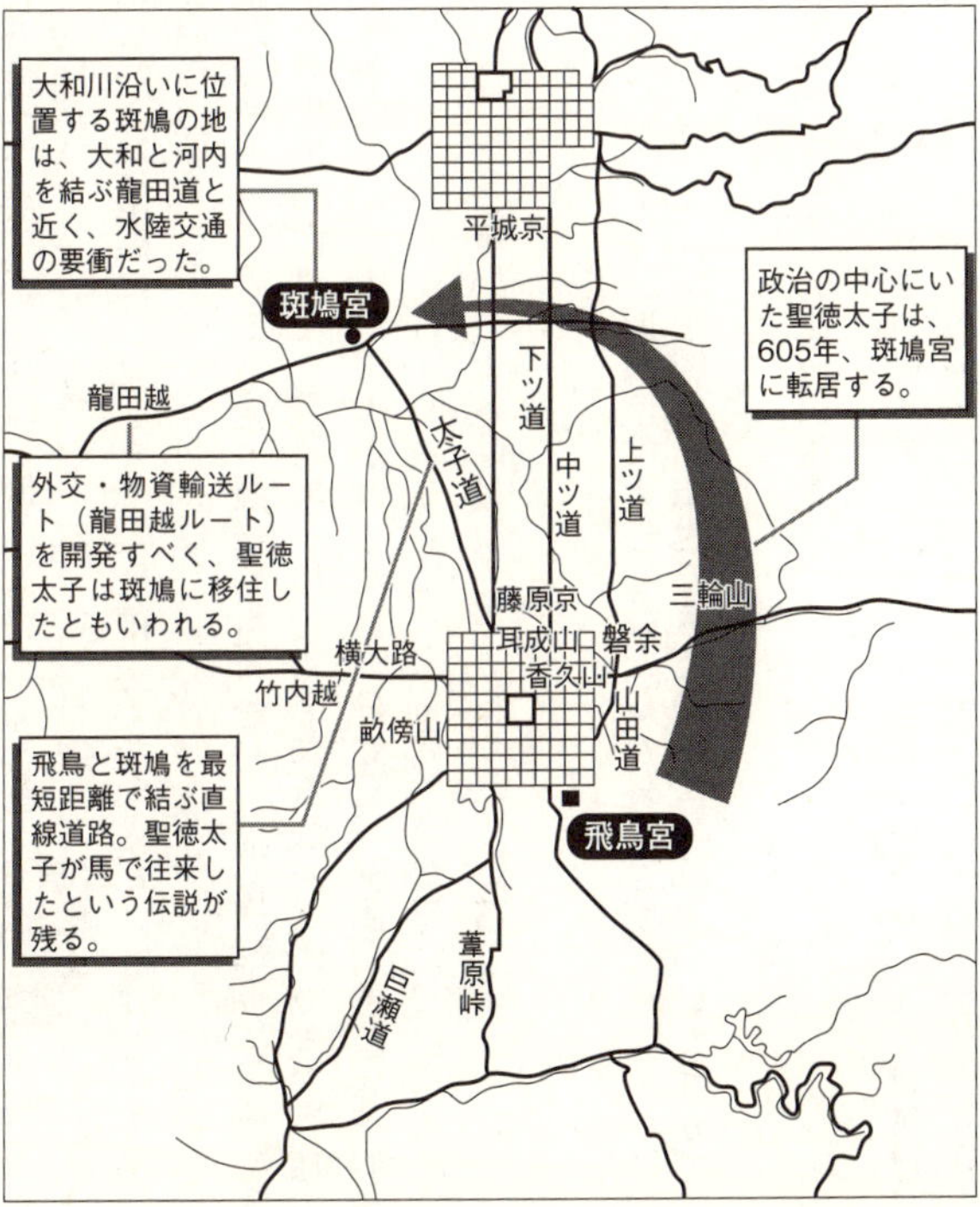
大和川沿いに位置する斑鳩の地は、大和と河内を結ぶ龍田道と近く、水陸交通の要衝だった。
平城京
政治の中心にいた聖徳太子は、605年、斑鳩宮に転居する。
斑鳩宮
龍田越
下ツ道
太子道
中ツ道
上ツ道
外交・物資輸送ルート（龍田越ルート）を開発すべく、聖徳太子は斑鳩に移住したともいわれる。
藤原京
三輪山
耳成山
磐余
横大路
香久山
竹内越
山田道
畝傍山
飛鳥と斑鳩を最短距離で結ぶ直線道路。聖徳太子が馬で往来したという伝説が残る。
飛鳥宮
葦原峠
巨瀬道

ぬだろう」と夫人の一人・膳大郎女《かしわでのおおいらつめ》に告げており、そのとおりになった点に疑問を投げかけている。夫婦がそろって一日のうちに亡くなるなどめったにあることではない。絶望感にさいなまれた聖徳太子が夫人とともに心中を遂げたのではないかというのである。

また、そのほかの聖徳太子関連の史料では、推古二十九（六二一）年の暮れに聖徳太子の生母が亡くなり、同年一月、聖徳太子が病床につき、二月二十一日、聖徳太子の看病をしていた夫人が没する。その翌日、聖徳太子が息を引き取るという時系列になっている。短期間のうちに一家を見舞った死に、古代大和王権でありがちであった、勢力争いによる暗殺説もささやかれている。

小野妹子

遣隋使の大任を果たした外交官が、帰国後に出世できたのは「ウソ」をついたおかげ⁉

隋帝の怒りを買った倭国の国書

遣隋使といえば小野妹子《おののいもこ》の名とともに記憶されるが、じつは彼は最初の遣隋使ではない。彼に先立ち、推古八（六〇〇）年に第一陣が送り出されている。日本史上、倭王《わおう》・武《ぶ》以来、約百二十年ぶりの中国への使者だった。

遣隋使が倭王・武らの朝貢外交と決定的に違うのは、隋との対等外交を目論んだという点にある。しかし第一回の交渉は、倭国内の政治の未発達もあって失敗に終わった。

推古十五（六〇七）年の第二回遣隋使の使節となった小野妹子は、改めて対等な外交関係を宣言する国書を携えて渡航したが、この国書が物議をかもした様子が『隋書《ずいしょ》』に記録されている。

国書には、「日出づる処の天子、書を日没する処の天子に致す」という文章が記されていたが、煬帝《ようだい》はこれを見て激怒した。煬帝にとって、天子という存在は自分唯一人であったためである。

それでも煬帝は、今後の高句麗《こうくり》侵攻を見据え、高句麗の背後に存在する日本という国を捨て置くことはできなかった。そこで返書をしたためるとともに、裴世清《はいせいせい》という官人を国使として、帰国する妹子に同行させた。

ところが、帰国した妹子は煬帝からの返書を紛失したと報告した。帰路に立ち寄った百済《くだら》で奪われたというのだ。外交官が相手国の皇帝の文書をなくしたのだから、大失態である。朝廷の重臣たちは妹子の責を問うて流刑に処すことを決めた。

しかし、妹子は推古天皇によって命を助けられた。隋使が来日中であったことから、外聞をはばかって妹子を許したのである。おかげで妹子は、帰国する裴世清を送って再び隋に渡るなど、以降も外交面で活躍し、冠位十二階の最高位までのぼりつめることができたのであった。

最初からなかった？「返書紛失事件」の真相

ただし、妹子が流刑にまで処せられる原因となった返書の紛失は、妹子による虚言だったという説が唱えられている。彼が帰国した際、裴世清が煬帝の国書を推古天皇の前で読み上げている。そこには「皇帝、倭皇に問う」などといった文言があり、対等外交とはほど遠い様子がうかがえる。妹子が預かった返書も同様の内容だったとすれば、それを聖徳太子ら群臣たちが喜ぶはずがない。妹子は、そんな国書が誰の目にも触れないよう、あえてなくしたことにしたのではないかというわけだ。

また、最初から返書はなかったとする見解もある。煬帝の書は裴世清の携えてきた一通だけで、体裁をつくろうために奪われたことにしたという説である。

事実は定かではないが、ともあれ妹子の機転が功を奏したのか、彼は以降も栄達の道を歩むことができた。

鞍作止利

釈迦三尊像を残した仏工集団が忽然と姿を消した理由、それは世間から飽きられてしまったから!?

独特の技術で「仏像造形」に長けた止利

七世紀前半、飛鳥時代の代表的な仏師《ぶっし》として活躍した鞍作止利《くらつくりのとり》は、六世紀に百済から渡来した鞍部《くらつくりの》司馬達等《しばたっと》の孫である。司馬達等は日本に仏教を伝えた人物といわれ、蘇我馬子のもとで活躍。孫の止利もまた蘇我氏に重用された。

止利と、止利を長として仏像をつくる人々は止利派と呼ばれ、当時数々の仏像を建立した。代表的なものは、聖徳太子の病平癒《へいゆ》を祈願して制作された法隆寺金堂《ほうりゅうじこんどう》釈迦三尊像《しゃかさんぞんぞう》で、光背《こうはい》の裏に刻まれた銘文にはしっかりと「釈迦三尊像を司馬鞍首鳥（止利）仏師に命じてつくらせた」とある。ほかにも、止利及び止利派が手がけた仏像として現存しているのは、法隆寺戊子年銘の釈迦如来と脇侍《わきじ》像、法隆寺宝蔵殿《ほうぞうでん》の金銅菩薩《こんどうぼさつ》像など。さらには、法隆寺から皇室に献納された「四十八体仏」のうち、数仏を制作したと伝わる。

止利派の仏像の特徴は、像の底から頭部までが空洞で、銅の厚みが均一となっているところにある。また、鋳造の際、鋳型《いがた》を固定するのに使用した鉄心を鋳造後に取り去っているなど、ほかの金銅仏よりもはるかに高い技術を用いてつくられている。

止利は非常に卓越した造型感覚の持ち主だったようで、中国南朝に始まり、北魏《ほくぎ》や百済を経て日本に伝わった仏像や彫刻の様々な技術を統一的に完成させて止利派という独特の技術を生み出し、これが法隆寺金堂釈迦三尊像という形で結実したのである。

パトロンだった蘇我氏の失脚が痛手

飛鳥時代にこれほどまでに高い技術を誇り、数々の名作を残した止利派であるが、なぜか大化《たいか》の改新《かいしん》後、忽然《こつぜん》とその姿を消してしまう。

その理由として考えられるのが、遣唐使による中国文化の直接流入である。これにより、止利派のような半島経由の様式とは異なる造形美に人気が移ったのではないかといわれている。

そしてもう一つが、大化の改新によって蘇我氏が失脚したことである。朝廷に大きな力を持っていた蘇我氏は熱心に仏教を擁護しており、止利はその蘇我氏にかわいがられていた人物である。蘇我氏の失脚後、止利と止利派の立場が一転してしまったことは想像に難《かた》くない。止利の仏像技術は、蘇我氏と一緒に滅びてしまったというのが通説だ。

中大兄皇子

邪魔者はみな排除！ 大化の改新を推進した気鋭の皇子は〝暴君〟と化した⁉

政敵を次々と葬り去る中大兄皇子

七世紀、時の皇極《こうぎょく》天皇の皇子・中大兄《なかのおおえ》皇子は、天皇をないがしろにする蘇我氏の専横に憤りを感じていた。ある蹴鞠《けまり》の会において、同じように国の行く末を憂えていた中臣鎌足《なかとみのかまたり》と出会った皇子は、皇極四（六四五）年、権力をほしいままにしていた蘇我本宗家の当主・蘇我入鹿を討った。史上名高い乙巳《いっし》の変である。

変後、中大兄皇子は皇太子として国政の主導権を握り、班田《はんでん》制や、税制の改革方針を示した「改新の詔《みことのり》」を発した。いわゆる「大化の改新」である。

まさに、理想に燃える若き政治家の大躍進であるが、これは彼の一面の評価に過ぎない。乙巳の変後の皇子は暴君と化し、推し進められた大化の改新の陰には、次々と葬られていく政敵や、かつての同志たちの姿があった。

まず中大兄皇子の毒牙にかかったのは、舒明《じょめい》天皇の第一皇子で、蘇我馬子の娘を母に持つ古人大兄皇子《ふるひとのおおえ》であった。乙巳の変の直後、出家して野心のないことを示した古人大兄皇子であったが、大化元（六四五）年九月、謀反《むほん》の疑いをかけられ、殺害された。これにより、蘇我系の王統は完全に消滅することになった。

大化五（六四九）年には、乙巳の変の際、中大兄皇子と協働して事にあたった蘇我倉山田石川麻呂《くらやまだのいしかわのまろ》が謀反をでっちあげられて自害している。

また、政治の実権を巡り、中大兄皇子と孝徳《こうとく》天皇の間に軋轢《あつれき》が生じるようになると、中大兄皇子は母・皇極天皇や主だった臣下を難波宮《なにわのみや》から連れ出し、強引に飛鳥宮へと遷《うつ》ってしまう。一人難波宮に取り残された孝徳天皇は、白雉《はくち》五（六五四）年、失意の内に亡くなった。さらに斉明《さいめい》四（六五八）年十一月、孝徳天皇の子・有間《ありま》皇子もまた、謀反の疑いをかけられて処刑されてしまうのである。

民衆の不満をそらすための外征だった？

孝徳天皇の死後、中大兄皇子は、母・皇極天皇を再び天皇の位につけた。斉明天皇の誕生である。そして自身は皇太子として天皇の政務を支え、実権を一手に握ったのであった。

こうして政権内には中大兄皇子に対抗でき得る人物は誰一人としていなくなった。だが、中大兄皇子の暴挙はまだ続く。

斉明七（六六一）年、唐《とう》・新羅《しらぎ》連合軍に滅ぼされた朝鮮半島の同盟国・百済復興のため、中大兄皇子は朝鮮半島へ援軍を派遣することを決した。

折しも、巨額を投じて大規模な土木工事を展開する斉明天皇に対して民衆の不満が渦巻いていた。中大兄皇子にしてみれば、この戦いを機として民衆の不満を外地へ向けさせようという意図があったのかもしれないが、何しろ相手は中国全土を支配する超大国の唐である。中大兄皇子の計画は、失敗に終わることとなる。

斉明七年一月、斉明天皇自ら援軍を率いて出陣したものの、七月、筑紫国朝倉《あさくらの》宮《みや》に着いたところで斉明天皇が崩御してしまう。それでも中大兄皇子は出兵を中止させることなく、称制《しょうせい》（即位をしないで政務をとること）という形をとって斉明天皇の跡を引き継ぎ、全軍の指揮をとった。天智《てんじ》元（六六二）年には五千の兵を、その翌年の天智二（六六三）年三月には二万七千もの大軍を朝鮮半島へと派遣した。しかし、同年八月、白村江《はくすきのえ》で唐・新羅連合軍の前に倭軍は敗れ去り、百済復興は夢と終わったのであった。

もともと百済救援は多くの反対の声を押し切り、中大兄皇子が独断でなしたものであったことから、中大兄皇子は民衆ばかりか群臣からも反感を抱かれることとなってしまった。そのうえ膨大な戦費を浪費することとなり、朝廷の疲弊をも招いた。

天智七（六六八）年一月、中大兄皇子は天智天皇として即位したが、暴君ぶりは健在であり、最晩年には争いの種をまいて亡くなっている。

即位後、天智天皇は弟・大海人《おおあま》皇子を皇太子としたが、やがて実子の大友《おおとも》皇子に跡を譲りたいと考えるようになった。そこで天智十（六七一）年、天智天皇は大友皇子を太政大臣に任命し、大友皇子即位への布石を打っていったのである。こうして大海人皇子という後継者がいるにもかかわらず、大友皇子を政治の中枢に据えて事実上の後継者としたことで、天智天皇の死後、壬申《じんしん》の乱が勃発したことは歴史の記すところである。

教科書ではあまり扱われない、気鋭の皇子のイメージを覆す「その後」の逸話だ。

中臣鎌足……遺髪から砒素が検出！　中大兄皇子の側近は毒殺された⁉

「政権の表」には出てこない鎌足の功績

中臣鎌足《なかとみのかまたり》は、中大兄皇子とともに蘇我入鹿を討った名臣として歴史に名を残す。だが、その後の大化の改新政権において、彼の功績を伝える史料はない。朝廷での職務についてですら、何も書き残されていないのである。

ただし、新政権を揺るぎないものにすることになったいくつかの事件、たとえば中大兄皇子の異母兄弟・古人大兄皇子や、政権の中枢にあった蘇我倉山田石川麻呂、孝徳天皇の子・有間皇子らの抹殺に関しては、乙巳の変と同様、鎌足が計画・立案した可能性を否定できないという。

中大兄皇子が、皇太子になりながらなかなか皇位につかなかったように、鎌足も左大臣・右大臣といった朝廷の要職についてはいない。それでも彼の存在は、中大兄皇子の政治にとって欠くことのできない存在だったようで、天智八（六六九）年には、大織冠《たいしょくかん》という冠位制度にはない最高の位と藤原の姓を与えられている。

多くの恨みを買った鎌足の死の真相とは

鎌足の死の原因は、一般に落馬がもとで病床につき、そのまま亡くなったと伝えられる。

ところが、この病状に関して、砒素《ひそ》中毒だったのではないかという説が浮上した。昭和九（一九三四）年に発見されていた鎌足の遺髪から、近年の科学調査によって砒素が検出されたからだ。

有賀訓氏によると、鎌足の生涯を伝える書には、彼の墳墓《ふんぼ》が築かれたことが記されていたという。大阪・阿武山《あぶやま》古墳がそれであるといわれ、遺体の存在も確認されたわけだが、戦前、内務省が「皇族の陵墓の可能性があり、科学的調査は非礼にあたる」として埋め戻してしまった。

しかし、埋め戻す前に撮影した写真と、採取された少量の毛髪が、昭和五十七（一九八二）年に京大の研究室で見つかる。これをもとに遺体のレントゲン写真を最新科学で解析したところ、落馬の事実と、それが原因となって下半身不随になっていたであろうことが確認された。寝たきりの療養中に内臓疾患を併発し、それが死因であることも確かめられたのだが、それ以上に、人体に存在するはずのない砒素が毛髪から検出されたことが衝撃を与えた。これにより、内臓疾患も砒素中毒が原因ではないかとする説が唱えられた。

中大兄皇子の手となり足となり、その実務を支えてきた鎌足であったが、その反面、多くの恨みを買うこととなり、ひそかに暗殺されたのではないかといわれている。

蘇我入鹿

蘇我氏は悪者ではなかった!? 乙巳の変で滅亡後、雷神となって復讐を果たす！

「蘇我氏が悪いほど都合がいい」

皇極四（六四五）年、蘇我入鹿《そがのいるか》が中大兄皇子や中臣鎌足によって殺され、蘇我宗家は滅亡した（乙巳の変）。以降の政治は「大化の改新」と称され、乙巳の変は専横を極めた蘇我氏を中大兄皇子らが討った象徴的な出来事とされてきた。このため、長年「蘇我氏＝悪党」という認識がなされてきたが、じつは蘇我氏はやり手の改革者であり、彼を暗殺した中大兄皇子らがわざと事実を歪めたという可能性が近年、指摘されている。

蘇我氏が天皇家にとって代わろうとし、聖徳太子の長子である山背大兄王《やましろのおおえのおう》の一族を自殺に追い込んだなどという悪逆ぶりが克明に記されているのは、『日本書紀』である。だが、『日本書紀』の編纂がなされたのは、藤原《ふじわらの》不比等《ふひと》がすべての実権を握っていた時代であり、不比等は蘇我氏を討った中臣鎌足の息子なのである。父親たちが正義の味方だったとすれば、自らの地位と権力を正統づけることができる。そのためには、蘇我氏が悪ければ悪いほど都合がいいのだ。

そもそも入鹿の殺害は、皇極天皇や朝鮮諸国からの大使が居並ぶ「三韓進調《さんかんしんちょう》」という儀式の場で決行された。もし蘇我氏が謀反の企てをしていたというのであれば、天皇の名で詔が発せられ、形式だけでも取り調べがなされたはずである。だが、入鹿は騙し討ちにされたのであり、中大兄皇子らを罰しなかった皇極天皇もなんらかの形で加担していたことになる。

ともあれ、入鹿は「臣《しん》、罪を知らず」という言葉を残して死んでいった。

無実を訴え、見殺しにされた入鹿の祟り

近年の研究では、入鹿こそがやり手の改革者だったのではないかという説が出されている。蘇我氏は、自家の娘を次々と天皇家に送り込み、強い姻戚《いんせき》関係を結んでいった。わざわざ天皇家を滅ぼす必要はなく、むしろ天皇を頂点とした政治体制を強化するほうが理にかなっている。

蘇我入鹿も中臣鎌足らとともに学問を学び、もっとも優秀だったと伝えられているし、父親の蝦夷《えみし》よりも政治能力に長《た》けていたという。

以上のことから、蘇我氏になんらかの反感を覚えていた中大兄皇子らが、それまで改革を推し進めてきた入鹿を滅ぼし、その功績を我がものとしたとも考えられる。

いったん皇位を降りた皇極天皇は、乙巳の変から十年後、再び皇位につき斉明天皇となる。その時代、『日本書紀』には、奇妙な記述が見られるようになる。斉明元（六五五）年、「唐人」に似た身なりで青い笠を着た者が竜に乗って現れ、葛城《かつらぎ》山から生駒《いこま》山の方へ飛んでいったという。

さらに斉明七（六六一）年、斉明天皇は百済救援のため、自ら軍を率いて九州へ向かうのだが、このとき不気味な出来事が続いた。五月、宮を造るため、近くの神社の木を伐《き》り倒したのがいけなかったのか、雷神が雷を落とし、宮中には鬼火が出た。さらに側近たちの変死が続き、ついには斉明天皇までが急死したのである。この葬儀の様子を、大きな笠をかぶった鬼が近くの山からのぞいていたという。

平安時代の書物『扶桑略記《ふそうりやっき》』には、これとそっくりな出来事が記されており、空を飛んだ者や鬼の正体を「蘇我豊浦大臣《とゆらのおおおみ》」だとしている。これは『日本書紀』では蘇我蝦夷の別名であるが、平安時代の歴史書『先代旧事本紀《せんだいくじほんぎ》』では入鹿の別名だとしている。入鹿は雷神となって空を飛び、無実を訴えた自分を見殺しにした斉明天皇を祟り殺したのかもしれない。

大友皇子

……………壬申の乱に敗れた悲劇の皇子、じつは房総半島に逃げ延びていた！

後継者争いの壬申の乱、勃発！

大友皇子《おおともおうじ》は天智天皇の第一皇子ではあったが、天智天皇の弟の大海人皇子が皇太子とされていたため、当初は皇位を継ぐ権利がなかった。しかし天智天皇の晩年、我が子かわいさゆえか、天智天皇は大友皇子を後継にしたいと考えるようになった。乙巳の変以降、政敵を次々と抹殺してきた天智天皇のこの動きに対し、身の危険を感じた大海人皇子は、出家して吉野へ隠棲《いんせい》した。

天智十（六七一）年に天智天皇が亡くなると、近江《おうみ》大津京にあった朝廷の後継者となった大友皇子は、父の墳墓の造営のため、近隣諸国から多数の人夫を徴用した。吉野でそれを知った大海人皇子は、この動員を挙兵の準備だと受け取って自分も兵力を集めて進軍を開始した。こうして天武元（六七二）年に始まったのが壬申の乱だ。しかし敗れ去った大友皇子は、七月二十三日、山前《やまざき》で自害して果て、その首は大海人皇子に捧げられた。

逃げた大友皇子は東国で宮を築いた?

　これが、『日本書紀』の伝える大友皇子の最期《さいご》だが、千葉県君津市に伝わる『久《く》留里記《るりき》』という江戸時代の古書は、大友皇子のもう一つの最期を記している。『久留里記』によれば、大海人皇子に献じられた首はじつは身代わりの与多王《よたのおおきみ》のもので、大友皇子は近江からひそかに脱出していたという。間道をたどって遠江《とおとうみ》に抜け、小田原までたどり着くと海路をとって上総《かずさ》に向かう。そこに上陸してから落ち延びた先が君津市の遣水山《やりみず》だったと同書は記す。その地で大友皇子は遣水城を築いて宮とするのだが、すぐに大海人皇子の知るところとなった。

　壬申の乱後、天武天皇として即位した大海人皇子の対応は早かった。中納言《ちゅうなごん》・山野辺義家《やまのべよしいえ》を征東《せいとう》大将軍に任じ、数万の兵を東国へ送り込んだのである。絶対数で勝る朝廷軍に攻撃された大友皇子は、敗走して御腹川《おはらがわ》まで逃げたが、ついにそこで自刃したという。

　大友皇子の遺体は遣水山頂に葬られ、山の中腹には祠《ほこら》がつくられたと『久留里記』は記している。この祠が、現在の白山《はくさん》神社の前身と伝えられ、神社の背後には古墳群が控えている。『日本名勝地誌』は、この古墳のうち社殿南の小高いものが大友皇子の陵で、ほかは彼の妃と、つき従っていた官女たちの墳墓としている。近くの十二所神社も、皇子の死を知って殉死した十二人の官女を祀ったものと伝えられている。

『日本書紀』での大友皇子は、天智天皇没後に近江大津《おおつ》京で即位はしなかったとして、皇統に数えられていない。これは天武天皇の命を受けて編纂された『日本書紀』の編者が、大友皇子の即位を認めると壬申の乱が謀反になってしまうため、単なる後継争いとするために即位を認めなかったのだといわれる。

皇統からも抹殺されてしまった大友皇子だが、明治時代、明治天皇により弘文《こうぶん》天皇の諡号《しごう》を贈られたことにより、ようやく三十九代天皇として名を連ねることが認められた。

役小角……日本の霊山に様々な伝説を残す、修験道の開祖が新羅王に⁉ 伊豆に流された後の驚きの結末

山の神、鬼神を使いこなす行者

役小角《えんのおづぬ》は、修験道《しゅげんどう》の開祖である行者《ぎょうじゃ》とされ、日本各地に様々な伝説を残している。彼の開基と伝えられる山寺があったり、彼が修行した道場が残されていたり

と、あちこちの霊山の開祖として名を残す。

しかし、実際の役小角には、大和地方から出たという記録がほとんど残らない。『続日本紀《しょくにほんぎ》』によれば、彼は葛城山に住んで行を積み、霊法を得て呪術を行なった。伝説では、山の神、鬼神などを使いこなして水を汲ませたり、薪《まき》を集めさせたりしていたという。

その役小角は、「妖術で人を惑わす」という理由で、文武《もんむ》三（六九九）年、伊豆への流罪に処せられている。これは、韓国広足《からくにのひろたり》という彼の弟子が、師の能力をねたんで讒訴《ざんそ》したためであるといわれる。

役小角と新羅王との意外な共通点

ところが、これに異論を述べているのが小林惠子氏だ。小林氏は『すり替えられた天皇』（文藝春秋）のなかで、役小角はただの行者ではなく、支配者階級の出身で、文武天皇ゆかりの人物ではないかとしている。『続日本紀』や『日本霊異記《にほんりょういき》』、朝鮮半島の国で書かれた『新羅本紀《しらぎほんぎ》』などを併せ読むことで、役小角の流罪の真の意味と、流罪後の彼の行動が推察できるというのだ。

役小角が伊豆に流罪になった年は、日本が新羅と海戦を行なって勝ち、入唐のルートを確保した年だ。時の新羅王は孝昭王《こうしょうおう》で、文武天皇はこの王に退位を迫った可能性がある。このとき、次の新羅王として役小角を指名したのだという。

役小角の伊豆への流罪はじつは見せかけのことで、実際は日本を脱出させて新羅へと向かわせ、戦いの準備をさせたというわけである。新羅の孝昭王の次に王になったのは聖徳王《せいとくおう》で、この王こそが役小角だと小林氏はいう。『三国遺事《さんごくいじ》』に記される五台山で念仏修行をしていた宝山という人物の伝説に山岳修行者である役小角の投影が感じられる点と、孝昭王を継いだ聖徳王と役小角の年齢が近いこと、そしてなにより聖徳王の即位後、犬猿の仲であった日本と新羅の関係が好転しているということが理由として挙げられている。

それでは、なぜ文武天皇はこうした重要な役割を役小角に与えたのだろうか。『古今著聞集《ここんちょもんじゅう》』によれば、文武天皇時代に当麻寺《たいまでら》で供養が行なわれたとき、役小角は田畑や山林など多くの私領地を施入《せにゅう》していて、ただの行者ではなく支配者階級の人物だったことがうかがえる。また『日本霊異記』は、役小角の本名を高賀茂朝臣《たかかものあそん》と記している。これが母方の姓だとすると、役小角は文武天皇と高賀茂一族の女性との間に生まれた実子だった可能性も出てくるのである。

修験道の開祖は、果たして日本と新羅の和平の道を切り拓《ひら》いたのであろうか。

山上憶良

本当は農民の気持ちなどわからない!?
意外と裕福な生活を営んでいた万葉歌人の晩年

「正義感の強い高潔な歌人」は本当か

山上憶良《やまのうえのおくら》は、奈良時代初期の歌人である。『万葉集《まんようしゅう》』に七十八首も選ばれるほど、優れた歌を数多く残した。大伴家持《おおとものやかもち》や柿本人麻呂《かきのもとのひとまろ》、山部赤人《やまべのあかひと》らとともに奈良時代を代表する歌人だが、憶良の歌は社会の暗部を取り上げたものが多く、正義感の強い高潔な歌人として高い評価を得ている。なかでも有名なのが、『万葉集』巻五に掲載されている『貧窮問答歌《ひんきゅうもんどうか》』である。

山上憶良は下級貴族の出身で、大宝元（七〇一）年に時の遣唐使《けんとうし》の一員に選ばれて唐に渡った。家柄の劣る憶良には官位がなく、遣唐使の書記として同行したのが憶良の役人生活の始まりとなった。

じつは野心家で他人の歌を参考にした!?

その帰国後に歌われたのが『貧窮問答歌』であり、歌には当時の農民の悲哀に満ちた生活が切々とつづられている。下級貴族の出身であることに加え、庶民の視点に立った歌から、憶良には「貧乏な人」「庶民の味方」といった印象がつきまとうこととなった。

ところが、資料を繙《ひもと》いて調べてみると、じつは憶良はさほど貧乏だったわけでもなく、それどころか晩年はかなり裕福な暮らしを営《いとな》んでいたようだ。

役人としての始まりこそ無官だったものの、遣唐使の役目を終えて帰国した後は、役人として順調に出世していった。『続日本紀』には、唐から帰国したのが慶雲元（七〇四）年で、それから十年後の和銅七（七一四）年には従五位下《じゅごいのげ》になったという記述が見える。

従五位下といえば、奈良時代の役人としては中級クラスである。役人は全部で七千人ほどいたというが、そのなかでも五位以上はわずかに百五十人ほど。そのことから考えると、憶良の待遇はそんなに悪くはなかったはずだというのが定説となっている。実際、庶民の住居が十坪《つぼ》ほどだったのに対し、五位の役人の敷地は二千坪以上だったといわれている。

こういった背景から、じつは憶良の『貧窮問答歌』は他人の歌を参考にした創作なのではないかという説が唱えられた。遣唐使として渡った唐で庶民の生活を歌った詩人の歌を耳にし、それを土台としてつくり上げたのではないかというのである。

貧乏で悲嘆に暮れていたどころか、憶良はかなりの野心家であったようで、七十四歳で死ぬ際に残した歌でも、「このまま名を上げずに死ぬのは残念だ」と嘆いている。後の世で自分に清廉で貧乏なイメージが定着していると知ったら、憶良はいったいどういう感想を持つだろうか。

吉備真備

遣唐使・政治家として活躍した秀才が、七十歳のときに与えられた意外な役割とは!?

政界において着実に地歩を固める真備

吉備真備《きびのまきび》は、養老元（七一七）年に遣唐留学生として唐に渡った。このとき、ともに唐へ渡った人物には阿倍仲麻呂《あべのなかまろ》らもいた。

唐で儒学や天文学、音楽などを学び、多くの書物や器物を持って帰国した彼は、日本の学問や文化に大きな貢献を果たし、政界においても着々と地位を築いていった。藤原氏の勢力が強い世であったが、真備は後に孝謙《こうけん》・称徳《しょうとく》天皇となる阿倍内親王の個人教授となって信任を得ていたこともあり、活躍の場は広かった。天平勝宝三（七五一）年には遣唐副使として再び唐に渡り、さらに新しい知識を身につけている。

「軍師」としても大活躍する多才ぶり

政治家である一方、真備は日本人軍師の第一号といわれている。日本の歴史に、戦いの策を練る専門家・軍師がはじめて登場するのは、『日本書紀』の「天智十(六七一)年正月」の記述である。ここには、百済から日本にやってきて、兵法をもって朝廷に仕えていた四人の人物の名があるが、実際、彼らがどのような働きをしたかについてはわかっていない。

天平宝字八(七六四)年、真備は造東大寺司《ぞうとうだいじし》長官に任命されている。これには、藤原仲麻呂《ふじわらのなかまろ》(恵美押勝《えみのおしかつ》)の動きを警戒する孝謙上皇の意向があったと思われる。上皇の読み通りに仲麻呂が乱を起こすと、真備は軍師として戦略を練った。仲麻呂勢の布陣、行動経路を考え、間道を通って先回りすると、橋を落として退路を塞ぐ。そして仲麻呂勢を追いつめ、その背後をついて全滅させるという鮮やかな手際を見せたのである。このとき、真備は七十歳であった。

じつは、真備が唐で学んだ学問のなかには孫子や諸葛孔明《しょかつこうめい》の兵法も含まれており、日本へ弓などの武器も持ち帰っていたのである。彼は、天平勝宝八(七五六)年には筑前怡土城《ちくぜんいとじょう》を築いているが、これも兵学の知識を駆使したものと推測されている。

さらに古代中国の兵法は陰陽道《おんみようどう》との関わりが深く、真備は日本の陰陽道の先駆者だとも考えられている。彼の影響もあって、陰陽道と軍師の関わりは戦国時代まで続き、戦いの日取りや出陣の方角を軍師が決めるなど、呪術的要素の強い存在となっていった。

称徳天皇が没すると、次の天皇を誰にするかの後継者問題が起こった。真備はこの問題で藤原氏らと対立して敗れると、すべての職を辞して隠居し、八十一歳で没した。

小野小町

宮中に仕えた美しき女流歌人を待ち受けていた、晩年のわびしく悲惨な人生

謎に包まれた「教養あふれる美女」

平安前期の女流歌人・小野小町《おののこまち》は、六歌仙《ろっかせん》、三十六歌仙の一人にも選ばれるほど秀逸で情熱的な和歌を数多く残した。出羽《でわ》国の郡司《ぐんじ》・小野良真《よしざね》の娘として生まれ、長じては宮中に仕えたといわれているが、確たる証拠は何も残っておらず、出自は

謎に包まれている。それでも、『古今和歌集《こきんわかしゅう》』や『百人一首』に収録されている歌は漢詩の深い教養なくしては成立し得ないことから、貴族の娘であったことは間違いないと見られる。こうした教養に加えて、小野小町の美貌《びぼう》は当時でも大変な評判であったようだ。世界三大美女の一人に数えられているように、世にたぐい稀《まれ》なる美女であったのだろう。

“盛者必衰”の格好の題材にされた!?

これほどの女性なら、さぞや幸《さち》多き一生を送ることができたはずだ。実際、小町は天皇の寵愛を受けたとも、数多くの男性と浮き名を流したとも伝えられている。

ところが、どうしたことか晩年になると、悲惨な境涯に落ちていたという逸話が数多く伝わっている。

謡曲《ようきょく》の『卒塔婆《そとば》小町』『関寺《せきでら》小町』などでは、年老いて美貌も衰えた小町は、都を離れてみすぼらしい格好で諸国をさまよい、果ては行き倒れとなって命を落とす場面が描かれている。しかも葬る者もなく、しまいには髑髏《どくろ》となり、その目からはススキが生えていたという。各地にも多くの小町伝説が残っているが、いずれも老《ろう》残《ざん》の身となった小町が、たまたまやってきた旅人に、かつての栄華と現在の境遇を語るというものである。

じつのところ、当時の女性はどんなに身分が高くても、出自も生没年も明らかではないのが普通である。しかし、全盛期の活躍のみが伝えられ、晩年の消息はまったくわからない人物が多い。しかし、なぜか小町だけは落ちぶれた姿をこと細かに伝えられている。

このイメージは、いったいどこから想起されたのだろうか。じつは、平安時代後期に著された『玉造小町子壮衰書《たまつくりこまちしそうすいしょ》』によるものだという説がある。それによると、小町の家は父の野望のため没落し、小町は猟師と結婚した。ところがその猟師には本妻がおり、小町は冷遇されつつ子を産むが、年とともに容色《ようしょく》も衰え、やがて夫にも疎《うと》まれるようになったと涙ながらに語ったという。

没落したとはいえ、当時の貴族の娘が猟師と結婚するなど何やら無理のある展開である。そもそもこれは「玉造小町」の話であって、小野小町のことだとは一言も書かれていない。

それなのに小野小町のことであるとされたのは、多くの男を袖《そで》にするような驕《きょう》慢《まん》な美女は、人のやっかみを浴びやすかったからだと見られている。そんな女は、落ちぶれて当たり前だというのであろう。また、その頃から全国の民衆の間にも浸透した仏教の無常観を表わす考え方〝盛者必衰《じょうしゃひっすい》〟、つまり「驕れる者も久しからず」の例として、取り上げやすかったためとも考えられている。

紀貫之

摂関家にこびへつらい、食い扶持を得る!?
『古今和歌集』を編纂した天才歌人の必死の就職活動

『土佐日記』の著者として名を馳せる

紀貫之《きのつらゆき》は『土佐日記《とさにっき》』の著者として有名な人物だが、歌人としても名を馳せた人物である。延喜五（九〇五）年の完成と伝わる『古今和歌集』の撰者の一人にも選ばれており、屏風《びょうぶ》の絵に合わせて絵を読む「屏風歌《うた》」の第一人者としても活躍した。

延喜十（九一〇）年には、紫式部《むらさきしきぶ》の曾祖父・藤原兼輔《かねすけ》の家人となり、その庇護を受けている。

四十六歳前後で従五位に昇叙《しょうじょ》しており、歌人としての名声も得ていた貫之の生活は、さぞかし華やかなものだっただろう。

延長八（九三〇）年、土佐守を命じられた貫之は、六十歳前後の老境にして土佐での生活を五年ほど送った。帰京は承平五（九三五）年二月。この帰京する際の旅行記が、『土佐日記』である。

晩年もスポンサー探しに苦労が続く……

しかし、帰京した貫之を待ち受けていたのは、それまで自分を後見してくれていた藤原兼輔の死であった。

大事な後ろ盾を失い、途方に暮れる貫之であったが、再び彼はスポンサー探しを開始した。摂関家にひたすら接近し、時の権力者である藤原忠平《ただひら》の長男・実頼《さねより》や師輔《もろすけ》に近づいて、子どもの元服の歌などをつくったりしながら、実頼や師輔に就職を依頼したり、父親の忠平に紹介して貰えないか介添えを頼んだりしている。

貫之が土佐から帰ってきたのは、すでに六十五歳くらいだったはずで、現代ならばとうに定年を迎えているはずの年齢だが、貫之は、朱雀院別当《すざくいんべっとう》や玄蕃頭《げんばのかみ》などをして、その後も働いている。これが当時のごくありふれた姿だったのである。

とはいえ、売れっ子歌人にしては寂しい晩年だったといえるだろう。現代のように著作権が保証されていれば、貫之も悠々自適の印税老後生活を送れたかもしれないが……。

清少納言

華やかなりし宮廷生活に別れを告げた才女の老後は、思いのほか惨めなものだった!?

「宮廷サロン」の花形・清少納言

日本最古の随筆『枕草子《まくらのそうし》』の著者・清少納言《せいしょうなごん》は、『後撰和歌集《ごせんわかしゅう》』の撰者でもあった肥後守《ひごのかみ》・清原元輔《きよはらのもとすけ》の末娘として生まれ、父親から高度な教育を受けて育ったと伝わる。平安期の官人・橘則光《たちばなののりみつ》と結婚して一児を儲けたものの、反りが合わずに離婚。その後、正暦四(九九三)年、二十八歳のときに一条《いちじょう》天皇の中宮定子《ていし》のもとに出仕した。

藤原氏による摂関政治が敷かれていた当時、時の権力者たちは中宮となった自分の娘に才女の誉れ高い者たちを仕えさせ、いわばサロンのような後宮をつくり上げていた。藤原道長《みちなが》も中宮彰子《しょうし》に紫式部や和泉《いずみ》式部といった当代一流の才女を仕えさせている。

清少納言は、持ち前の明るさと才気で、宮中に入るやいなや宮廷サロンの花形となった。当時権勢を極めた藤原道隆《みちたか》の娘で、一条天皇の寵愛を一身に集めた定子に仕えていた清少納言は、当時のもっとも華やかな宮廷生活を体験し、その様子を

『枕草子』に描いた。

しかし、清少納言の華やかな宮廷生活は、ほんの七年ほどで終焉を迎えている。道隆の子・伊周《これちか》と隆家《たかいえ》が左遷され、定子が長保二（一〇〇一）年に死去すると、主人を失った清少納言に宮廷での居場所はなくなってしまった。ほどなく彼女は宮廷を辞去したといわれている。

「どれだけ老いても自分は役に立つ！」

その後、清少納言は藤原棟世《むねよ》の妻となり、一子を産んだ。その時期については、宮中を去った後とも定子に仕えていたときだったともいわれているが、彼女はかなり年の離れた夫と結婚し、棟世が摂津守《せっつのかみ》に任命されて摂津国府に赴いた際には、夫とともに摂津に住んでいたようである。

定子の死後は、定子の遺児・脩子《ながこ》内親王や敦康《あつやす》親王などの養育にも専念し、四十三歳のときには脩子内親王の女房となった。彼女は皇后や内親王に忠実に仕えた女性だったのである。

ただ、清少納言の老後は、かなり落ちぶれたものだったという説もある。

『古事談《こじだん》』によれば、ある日清少納言の家の前を通った若い殿上人《てんじょうびと》が彼女の家を見て、「清少納言もずいぶん落ちぶれたものだ」と口走ったところ、尼が簾《すだれ》を上げたかと思うと、鬼女のような形相で、「駿馬《しゅんめ》の骨をは買はずやありし」と、啖呵《たんか》を切るような調子でいい返したという逸話がある。この尼こそが、晩年の清少納言だった。

清少納言の吐いた言葉は、中国の書に見える故事で、役に立たないと思う者でも厚遇すれば、やがて有能な人物が集まってくるというたとえである。年をとった自分でも、召し上げてくれる人さえいれば役に立つということを、いいたかったのだろう。

藤原隆家

政争に敗れ、左遷された貴族の名を再び高からしめた、異民族の撃退！

道長との権力闘争に兄弟で敗れ去る

藤原隆家は、大宰府《だざいふ》において在地武士団を率い、異民族を撃退する武勲を立てたという、意外な経歴を持っていることで知られる。

藤原道長と激しく権力闘争を繰り広げた藤原道隆の子として生まれた隆家は、父の死後、兄・伊周とともに姉の中宮定子を後ろ盾に道長に対抗した。しかし、長徳二(九九六)年、伊周の勘違いから、花山法皇へ矢を射かけるという暴挙に出たことが発覚。伊周とともに配流を命じられてしまい、権力闘争から脱落することとなってしまった。

名を天下にとどろかせた「刀伊の入冠」

長徳三（九九七）年に赦免《しゃめん》されて帰京した隆家であったが、すでに道長の権力は磐石なものになっていた。だが、彼の才能が生かされたのは、平安貴族たちもおののいた、この後の大事件においてである。

長和三（一〇一四）年、大宰権帥《だざいごんのそち》を拝命した隆家は九州大宰府に下る。その任期中に起こったのが、「刀伊《とい》の入寇《にゅうこう》」と呼ばれる異民族侵入事件だ。

中国北東部を支配する契丹《きったん》族の国家・遼の支配下にあって半農半猟の生活を送っていた女真《じょしん》族の一部が、寛仁三年（一〇一九）年三月末、五十隻ほどの船団をもって対馬《つしま》・壱岐《いき》に来襲し、略奪を行なった。さらに筑前国怡土郡《いとのこおり》に上陸して千人以上の住民を捕らえ、四百人余りを殺害するなど北九州各地で暴れまわった。

壱岐では急報に接した壱岐守・藤原理忠《まさただ》が軍を率いて迎撃に向かうも、衆寡敵《しゅうかてき》せず、敗死している。

いよいよ大宰府周辺に迫る賊徒。ここで大宰府にあった大宰権帥・藤原隆家は、九州の豪族や在地官人などを率いて刀伊を迎え撃ち、四月十三日の松浦郡での戦いを最後に撃退に成功したのだった。

かくして、隆家は日本の領土に上陸した敵を撃退した最初の人物として名を残した。また、彼が率いた軍は、九州の豪族たちの兵が主力と考えられ、これらの豪族を巧みに信服させていた形跡が見られる。豪族たちも隆家を慕い、後世の九州の武士のなかからは隆家の子孫を標榜《ひょうぼう》する者も数多く現われたのであった。

第二章

中世を彩る英雄・美女の驚きの「結末」

以仁王

源氏との戦いで無念の戦死！
しかし、じつは「あの観光地」へ落ち延びていた⁉

本当は皇位に就きたかった？　以仁王の挙兵

源平の対立は、平治の乱において平清盛《たいらのきよもり》が源義朝《みなもとのよしとも》を下したことにより、一時的には平氏の圧倒的な勝利で終わる。だが、のちに源氏が息を吹き返し、最終的には平氏の滅亡という結末に終わったのは歴史が語る通りである。

一時は滅亡の淵にまで追いつめられた源氏が、なぜ息を吹き返すことができたのか。そのきっかけをつくったのが、以仁王《もちひとおう》である。

以仁王は後白河《ごしらかわ》天皇の第三皇子として仁平元（一一五一）年に生まれたが、兄の守覚法親王《しゅかくほっしんのう》が早くに出家したため、一般的には第二皇子として認められていた。以仁王も幼くして天台座主である最雲《さいうん》の弟子となったものの、師がこの世を去ったことを契機として出家はせずに寺を出ている。つまり、皇位継承者としての資格を失うことはなく、なおかつ有力候補者として存在していたのだった。

頭脳明晰で皇位継承を望む気持ちも強い以仁王だったが、皇位に就くためには難題を抱えていた。その血筋である。

以仁王の母親は藤原季成《ふじわらのすえなり》の娘である成子《しげこ》。だが、藤原季成は藤原家に属するとはいっても、有力な血筋となる摂関家とは遠い関係にあった。

これに加え、時代は平清盛が武士の頂点へとのぼりつめ、さらに地盤を強固なものにしようと朝廷への接近を図っていた頃である。権力を手中にせんとする清盛は、妻の妹である滋子《しげこ》を後白河法皇と結びつけ、以仁王の異母弟にあたる憲仁《のりひと》親王を産ませていた。

やがて、その異母弟・憲仁親王が高倉《たかくら》天皇として即位し、さらに清盛の娘・徳子《とくこ》との間に皇子を儲けるに至る。

そして治承四（一一八〇）年、その皇子がわずか三歳の身の上ながらも安徳《あんとく》天皇として即位したことで、以仁王の希望は絶たれることとなった。望んで久しい皇位の座を、異母弟、さらにはその子どもに奪われてしまったのである。

そんな以仁王のもとに、源頼政《よりまさ》が近づき、平氏打倒計画を持ちこんだ。平氏が倒れることになれば、自分が皇位に就く可能性が高くなる。そう判断した以仁王は、諸国に平氏追討の令旨《りょうじ》を発した。

だが、諸国の源氏が京に結集する前に、計画は清盛の知るところとなる。すぐに、源頼政と以仁王討伐の命令が下り、二人は手近の兵を結集して抵抗したものの敗れてしまう。以仁王はいったん園城寺《おんじょうじ》へと逃れ、奈良に落ち延びて再起を図ろうとしたが、宇治《うじ》で追手の放った矢を受け、落馬。首を討たれてこの世を去ることとなった。享年三十。

こうして失敗に終わった以仁王の挙兵であったが、世の中に与えた衝撃は大きかった。これを機として平氏政権への反発を声に出す者が多くなり、やがてその動きは平氏を滅亡へと至らしめるのである。

尾瀬や日光などで語り継がれる生存伝説

一方、じつは以仁王は戦死しておらず、どこかで生き延びているという噂が方々で流れていた。

たとえば、ミズバショウで有名な群馬県の尾瀬《おぜ》。この尾瀬という名称は、以仁王の侍臣《じしん》であった尾瀬中納言頼実《ちゅうなごんよりざね》の名前に因《ちな》んだものといわれている。頼実は以仁王らとともにこの地まで落ち延びたものの、ここで病没したという。湿原のなかに尾瀬塚が今も残されているが、地元ではこれが頼実の墓だと伝わる。

以仁王が尾瀬から日光へと逃げ延びたという伝説もある。南会津郡下郷町に建つ高倉神社には、次のような話が伝わる。ある刺客がこの地に逃れてきた以仁王を討とうとしたが、そのとき雷鳴が急にとどろいた。刺客は、天が以仁王を討つことを禁じていると感じ、以仁王を殺すことをやめた。その後、残念ながら以仁王は亡くなってしまうが、刺客は王の御霊《ごりょう》を祀《まつ》る神社を建立したということである。

源為朝

身代わりを立てて伊豆大島を脱出！沖縄への逃亡後、子孫が琉球王朝を設立した⁉

追放された先の北九州を勝手に統一⁉

源平時代の弓の名手といえば、まず名が挙がるのは那須与一《なすのよいち》ではないか。だが、スケールの大きさや弓のパワーなど総合的な観点から見ると、源為朝《ためとも》に軍配が上がる。

為朝は、源為義《ためよし》の八男として生まれた。長兄は源義朝なので、為朝は鎌倉幕府を創建した源頼朝《よりとも》の叔父にあたる。戦場で活躍したのは保元の乱だけであるため、あまり注目されない人物ではあるが、その荒武者ぶりは数々の伝説となっていまに伝えられている。武芸はどの分野にも秀でていたが、とくに弓矢の名手として名高かった。弓を構える弓手《ゆんで》（左手）のほうが、矢を引く馬手《めて》（右手）よりも四寸ほど長かったこと、そして怪力であったことから、強弓《ごうきゅう》をもって知られた。

幼少の頃から暴れん坊だったようで、十三歳のとき、為朝は父によって九州へと追放されてしまう。しかし、これにへこたれる為朝ではなかった。自らを鎮西《ちんぜい》（九州）を平定する使者・惣追捕使《そうついぶし》と称して、各地の豪族たちに次々と戦いを挑んでいき、なんと三年間で北九州を統一してしまうのである。

もちろん、為朝は朝廷から惣追捕使という役職に任ぜられてもいなければ、九州平定の命令も下されていない。すべて勝手にやったことだった。そのため朝廷からは事態を説明するよう、出頭令が発せられた。しかし、朝廷なぞさらさら尊重する気持ちのない為朝はこれを無視。九州の地に居座り続けた。

だが、為朝のせいで父は検非違使《けびいし》の職を解かれてしまった。さすがに為朝も反省し、わずか十八騎の手勢を率いてようやく上洛することを決した。時に為朝、十八歳であった。

こうして京都に赴いた為朝であったが、ちょうどこの頃、都では保元の乱が勃発した。崇徳《すとく》上皇と後白河天皇の対立に、摂関家、武士団が巻き込まれる形で起こった戦いである。このとき、為朝は崇徳上皇方に与《くみ》した父・為義とともに、後白河天皇方についた兄・義朝と刃を交えることとなってしまった。為朝は得意の弓をもって敵を蹴散らすなどの活躍を見せたが、戦いは後白河天皇方の勝利に終わった。

最後の最後まで好き勝手に暴れまわる

戦後、為朝は近江《おうみ》の地に潜伏したが捕らえられ、京の都に護送された。このとき、本来であれば為朝の生涯は幕を閉じていたはずだ。事実、父親の為義は処刑されて命を落としている。だが、為朝ほどの武芸の才の持ち主を殺すのはしのびないとされ、伊豆大島への流刑へと減刑されたのであった。

普通であれば身をおとなしくして過ごすところであるが、為朝はちがった。なんと国司に反抗し、あっという間に伊豆大島を制圧してしまうのである。だが、為朝の勢いもここまでであった。朝廷から追討軍が送られると、為朝はついに覚悟を決め、自害して果てた。享年三十二とも三十九ともいわれる。

しかし、じつはこのときに自害を遂げたのは為朝の身代わりであり、為朝自身はひそかに伊豆大島を脱出したと伝わる。そして、九州から奄美《あまみ》大島を経て沖縄へ流れ着いたと語り継がれているのだ。

沖縄では地元の姫君との間に男子を儲けた。この男子こそ、のちに琉球王朝の王の座に就く舜天王《しゅんてんおう》だったという。

最後の最後まで、勇壮な逸話には事欠かない為朝であった。

源 義平

あと一歩のところで平家に敗れ、処刑された悪源太、雷となって怨みを晴らす！

天下にとどろいた悪源太の勇名

歴史に「もしも」は禁句だ。だが、源平の戦いの歴史のなかで、もしも悪源太義平《あくげんたよしひら》という一人の武将が若くして斬首されていなかったとしたら、源頼朝は鎌倉幕府を開くことができたのか、おおいに興味を引かれるところではある。

悪源太義平の本名は源義平で、父親は源義朝。頼朝よりも六歳年上の異母兄にあたる。つまり、義平の人生が短命に終わらなかったとしたら、頼朝ではなく、義平こそが源氏の棟梁《とうりょう》となっていたかもしれない。

また義平は同じ源氏一族の間柄でありながら、木曾義仲《きそよしなか》の父である叔父の源義賢《よしかた》を殺害した張本人でもある。その義賢を殺害した理由は、義朝・義賢の間に所領についての争いがあったことに加え、義賢の評判が高いことを知った義平が、父・義朝の名声を保つことを主眼としつつ、十五歳だった彼自身の武勇を高めることを目的としていたものと考えられている。

義賢を倒した後、義平は「悪源太義平」と称するようになった。自らを「悪」と名乗ったのは不思議な気がするかもしれないが、この場合の「悪」とは「強い」ことを意味している。事実、京で東宮《とうぐう》を護衛する団の兵士長（帯刀先生《たちはきせんじょう》）を務めて武勇の誉れが高かった義賢を十五歳の若さで倒したことで、義平の武名はたちまち京でも評判となっていった。

超人的な活躍と恐るべき執念

そんな義平が武名通りの実力を発揮したのが、平治元（一一五九）年に起こった平治の乱だった。義平は父・義朝とともに宿敵・平清盛と対決することになった。まず、義朝は朝廷を牛耳る藤原信西《しんぜい》に恨みを抱く藤原信頼《のぶより》らとともに、清盛が熊野参詣のために京を出た隙をついて信西を殺害、二条《にじょう》天皇と後白河上皇を手中に収めた。

このとき、義平はただちに清盛追撃を開始すべきだと献策している。これは戦い方としては理にかなった建議であり、このあたりにも武将としての能力の高さがうかがえる。

しかし、天敵ともいえる信西を討った反乱軍の首魁《しゅかい》・藤原信頼は、勝利に酔いしれており、すぐに追撃軍を出すことをしなかった。そのため、急遽京へと戻った清盛に態勢を立て直す機会を与えてしまったのである。清盛は錦《にしき》の御旗《みはた》となる天皇と上皇を信頼から奪還。官軍となった平氏は、圧倒的な兵力で源氏方が籠《こも》る大内裏《だいだいり》に押し寄せた。

戦いは明らかに義朝と義平にとって不利なものとなった。待賢門《たいけんもん》に清盛の嫡男・重盛《しげもり》を大将とする五百騎の軍勢が押し寄せると、信頼は現場を放棄して逃げ出してしまったのである。義平は義朝から待賢門を死守するよう命じられ、わずか十五騎で五百騎の重盛軍に向かっていった。ここで義平は超人的な働きをする。手勢だけで平氏の軍勢を待賢門の外へと追い出しただけでなく、敵の大将・重盛をあと一歩のところまで追いつめたのである。

だが、いかんせん多勢に無勢。寸前で重盛の家来が立ち塞がり、重盛を討ち漏らしてしまう。やがて平氏の策にはまった源氏は内裏を占拠される。こうなると父・義朝とともに義平も京を脱出して落ち延びるしか方法はなかった。

追手をまくため、途中で義朝と別れた義平だったが、やがて義朝が暗殺されたという知らせを聞く。その際、義平に追従してきた兵たちも逃げ出し、義平は一人残されてしまうが、彼の闘志は一向に衰えることを知らない。せめて清盛あるいは重盛の首を取ってやろうと、一人京へと潜入していった。

だが、密告によって義平は捕らえられる。そして、永暦元（一一六〇）年一月二十五日、京都の六条河原で首を斬られ、その命を散らせた。二十歳になったばかりであった。

ところで、義平にまつわる後日談がある。義平が六条河原で処刑されようとしたとき、平治の乱の際、清盛をすぐに追撃すべきだという自分の建議が受け入れられなかったことを悔いていた。その様子を見ていた処刑執行役の難波三郎恒房《なんばさぶろうつねふさ》が、愚痴をこぼすのは武士らしくないと咎《とが》めたところ、うまく自分を斬らないと顔に食いついてやると脅したという。そのうえ、百日以内に雷へと化身《けしん》して、殺害してやると予告して処刑されていった。

するとどうだろう。後日、恒房は清盛の使者として福原へ下る途中、落雷にうたれて本当に死亡してしまったと『平治物語《へいじものがたり》』に記されている。恒房の死を聞いた京の人々は、義平が雷となって怨みを晴らしたと噂した。恐るべき執念である。

俊寛……………なぜ自分だけ!? 鬼界ヶ島に一人取り残され、絶望のままに最期を遂げる

後白河法皇、平家打倒の謀議を企てる

後白河法皇といえば、源平両家が争乱を繰り広げた時代に活躍した朝廷を代表す

る人物である。その本心を計り知ることは難しく、「日本一の大天狗」と呼ばれるほど、様々な策略を張り巡らせた。その根底には一貫して、朝廷中心の政権を維持するという目的があったものの、法皇の謀略に、周囲の人々は大いに混乱させられた。こうした混乱の渦中に投げこまれたがゆえに悲劇的な末路を歩むことになった人物の一人に、平安時代末期の僧・俊寛《しゅんかん》がいる。

法勝寺《ほっしょうじ》の執行《しぎょう》という地位にあった俊寛は、後白河法皇の信任の厚い僧でもあった。安政三（一一七七）年、俊寛は法皇の命を受けて、平氏打倒の密談の場所として法勝寺の山荘を用意した。しかし、この場所の選択がのちの俊寛の運命を大きく左右することになった。

ところで、この謀議に至る流れも、いかにも日本一の大天狗である後白河法皇らしいものだといえる。

後白河法皇は平清盛と組んで平治元（一一五九）年の乱に勝利を収めたものの、次第に清盛を中心とする平氏が煙たい存在になっていった。自らが院政を行ない、世の中を仕切っていこうと考えていた後白河法皇であったが、勢力を増した清盛に院政を中止させられるという屈辱も味わっている。

そのような状況下、後白河法皇はなんとか自分の息のかかった人物を政治の中枢に据えたいと考え、空位となっていた左大将の地位に寵臣《ちょうしん》・藤原成親《なりちか》をつけようとした。ところが、平清盛が指名した後任の左大将は、当時、右大将だった平重盛だった。そして、右大将の座には重盛の弟である宗盛《むねもり》を就任させたのである。

　このままでは自分の地位も危ういのではないか。そう危機感を抱いた後白河法皇は、左大将の座を逃して怨みを抱いていた成親をけしかけ、平氏打倒の密謀を図ろうと決心したのである。

　平家のなかでも主流の座にないことを怨みに思っていた平康頼《やすより》や、藤原家の復権を願う藤原成経《なりつね》なども賛同し、この会議に参加することを密《ひそ》かに表明していた。さらに、僧や貴族だけでは武力が心もとないという理由から、北面の武士である多田《ただ》行綱《ゆきつな》を仲間に引き入れて具体的な戦略を練ることにもした。

俊寛を待ち受けていた悲劇に次ぐ悲劇

　しかし、多田行綱を引きこんだことが、致命的な誤りとなる。発覚して処分されることを恐れた行綱がこの密議を清盛に密告したため、平氏打倒の陰謀が露見することになってしまったのだ。

　清盛によって後白河法皇を除く関係者全員が逮捕され、ただちに処分が下された。俊寛は斬罪は免れたものの、平康頼や藤原成経とともに薩摩の沖に浮かぶ鬼界《きかい》ケ島《がしま》へと流された。

島の名が示す通り、通常は人間が居住する場所ではない、硫黄が煙る孤島に三人は取り残された。そこで木の芽を摘み、海岸で貝を拾っては食料とし、なんとか都に帰る日を夢見て励まし合い、生活を送った。

流刑から一年後、朗報がもたらされる。高倉《たかくら》天皇の中宮で清盛の娘である徳子が妊娠したことを受け、清盛は安産を祈願して大赦《たいしゃ》を行なったのだ。鬼界ヶ島にも船が現われ、大赦の文面が読み上げられて都に帰ることができる旨が正式に告げられた。

しかし、俊寛の本当の悲劇はここから始まる。大赦の文面には平康頼と藤原成経の名前しか書かれておらず、俊寛の名はなかったのだ。二人を乗せた船が島から去ろうとするとき、俊寛は船にすがりつき、「これ、乗せて行け、連れて行け」と懇願したと『平家物語《へいけものがたり》』には書かれている。

こうして、都に戻るという俊寛の願いは叶えられることもなく、彼は一人絶海の孤島に取り残されることになった。

なぜ俊寛だけが赦免《しゃめん》されなかったのか。その理由について後世の歴史家たちは、清盛は俊寛を引き立ててやったのに、自分を倒す謀議の場所として自らの山荘を提供したことを許しがたい行為と見なしたからだと解釈している。

また、ほかの二人には赦免を促す手紙が数多く寄せられたのに対して、俊寛に対するものは一通も届けられなかったという事実もある。

その後の俊寛は、絶望に打ちひしがれたまま鬼界ヶ島で世を去ったといわれているが、家臣だった有王《ありおう》という人物が密かに救い出して薩摩の本土へと連れ帰ったという説もある。事実は不明だが、島には憐れな末路をたどった俊寛の墓がいまも残されている。

源義経

モンゴルの英雄チンギス・ハーンとなって、ユーラシア大陸を席捲!?　語り継がれる伝説の数々

兄を怒らせた「許し難い反逆行為」

「判官《ほうがん》びいき」という言葉がある。気の毒な身の上の人や弱い人などに同情して肩を持ったり、応援したりするという意味である。この「判官」という言葉が示す人物こそ、源義経《よしつね》である。

なぜ義経が「判官」なのかというと、義経が平氏追討に活躍したことを受け、後白河法皇が義経に検非違使と左衛門尉《さえもんのじょう》という官職を授けたことに由来する。この職が判官と呼ばれていたため、義経には九郎判官《くろうほうがん》義経という呼び名がついたのだ。

さらに平氏討伐後、義経を大変気に入っていた後白河法皇から従四位伊予守《じゅしいいよのかみ》に任ぜられるなど、義経は京の都にあって手厚くもてなされることとなった。これは義経の意図したところではなかった論功行賞《ろんこうこうしょう》だったが、異母兄である源氏の総大将・頼朝を激怒させてしまう結果となった。東国に武家の独立政権を築こうとしていた頼朝にとって、武家の棟梁たる自分に無断で朝廷から官職を得るということは許し難い反逆行為だったのである。

そして、平氏を滅亡させた壇ノ浦の戦いからわずか七か月後、文治元（一一八五）年十月に義経は謀反人《むほんにん》とされて追討令が出される身の上となってしまった。その後、義経はこの追捕《ついぶ》を逃れて奥州平泉《おうしゅうひらいずみ》に向かい、庇護者だった藤原秀衡《ひでひら》のもとに潜伏する。だがその秀衡が死去すると彼の運命は尽きた。秀衡の子・泰衡《やすひら》は頼朝からの義経追討命令に抗しきれず、文治五（一一八九）年閏《うるう》四月末、衣川《ころもがわ》に義経を急襲。襲撃を受けた義経は、妻子ともども自害したといわれている。

空想とはいい切れない伝説の奇妙な符合

しかし、義経については衣川の戦いにおいて死んではいないという伝説がいくつも残されており、いまだに終焉の地となった東北地方を中心として義経のその後を巡る伝説が信じられている。

たとえば、義経が奥州からさらに北へ逃げ、蝦夷《えぞ》（現・北海道）へと渡ったという伝説がある。

さらには、蝦夷から大陸へと渡り、モンゴルを制圧したという伝説も残る。得意の騎馬戦術でユーラシア大陸を席捲《せっけん》したモンゴルの英雄チンギス・ハーンこそ、義経にほかならないというのである。

この義経伝説は一見、突拍子もないつくり話に思われるが、あながち空想のものとはいい切れない奇妙な符合を残している。

たとえば、蝦夷に渡ったとする説では、アイヌの人々が祭壇を設けてオキクルミと呼ばれる存在を奉《たてまつ》っているが、これが義経だといわれている。また、奥州の各地に義経が落ち延びる際にしたためたとされる借用書や、夜営地跡と伝えられる場所が今も伝えられており、それらの地点を結んでいくと、一つのルートが浮かび上がるのも興味深い事実であろう。

さらに、モンゴルでは騎馬で弓を射ることを「ヤブサメル」と発音するのだが、これは日本で武士が盛んに行なった「流鏑馬《やぶさめ》」と同じ発音であり、そんな言葉を使ったのは義経以外に考えられないのではなかろうか。そして、のちに大帝国を築き上げる清朝はモンゴル族の後裔《こうえい》とされ、「清」という名が、義経が清和源氏《せいわげんじ》の流れを汲んでいることと無関係ではないという指摘まである。

4 倶梨伽羅峠の戦い
寿永2（1183）年5月、源（木曾）義仲の「倶梨伽羅落とし」の奇襲により、平氏敗走。
9 衣川の戦い
文治5年（1189）年閏4月、源義経が藤原泰衡によって殺害される。その首は源頼朝に差し出された。
10 阿津賀志山の戦い
文治5（1189）年8月、奥州へ侵攻した源頼朝が藤原泰衡・国衡を撃ち破る。泰衡は逃亡するも、味方の裏切りにあい、死亡。
2 石橋山の戦い
治承4（1180）年8月、源頼朝の挙兵後、初の合戦。頼朝は平氏方の大庭景親らに大敗し、海路、安房へ逃れる。
3 富士川の戦い
治承4（1180）年10月、平維盛勢と源頼朝勢が富士川両岸に対陣。平維盛勢、水鳥の飛び立つ羽音を源氏方の襲来と誤り、退却。
5 宇治・瀬田の戦い
寿永3（1184）1月、源範頼・義経が源（木曾）義仲を追討。義仲は粟津で敗死。
秋田城
平泉
倶梨伽羅峠
富士川
石橋山
鎌倉
宇治

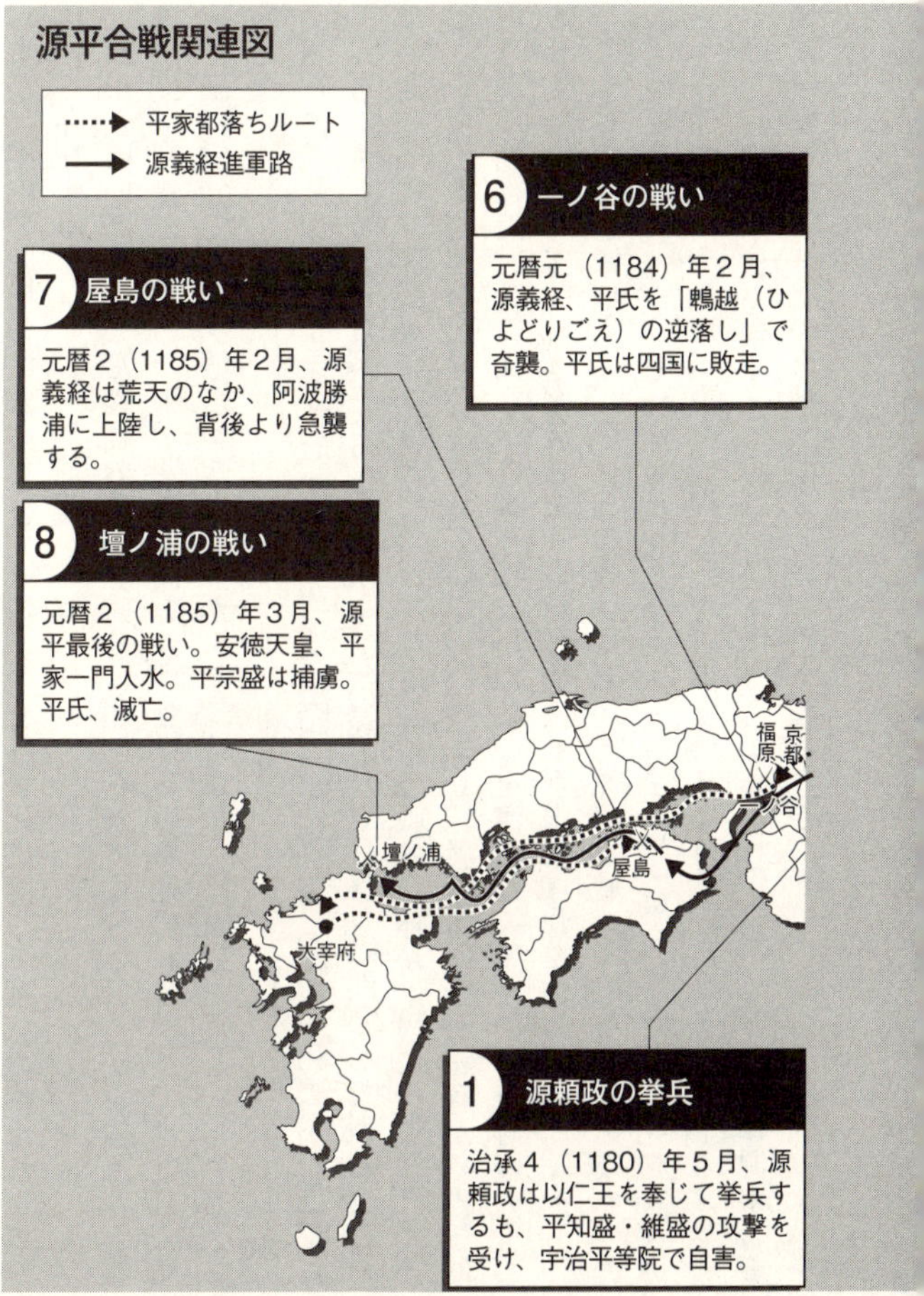
源平合戦関連図
平家都落ちルート
源義経進軍路
6 一ノ谷の戦い
元暦元（1184）年2月、源義経、平氏を「鵯越（ひよどりごえ）の逆落し」で奇襲。平氏は四国に敗走。
7 屋島の戦い
元暦2（1185）年2月、源義経は荒天のなか、阿波勝浦に上陸し、背後より急襲する。
8 壇ノ浦の戦い
元暦2（1185）年3月、源平最後の戦い。安徳天皇、平家一門入水。平宗盛は捕虜。平氏、滅亡。
福原
京都
一ノ谷
壇ノ浦
屋島
大宰府
1 源頼政の挙兵
治承4（1180）年5月、源頼政は以仁王を奉じて挙兵するも、平知盛・維盛の攻撃を受け、宇治平等院で自害。

また、国内の歴史書においても、衣川での義経の死に関して疑惑の持たれる点が数多く存在する。

衣川の戦いで自害した義経の首は、鎌倉に届けられて検分されたが、奥州から鎌倉まで、初夏の日差しの下、四十日間をかけてはるばる運ばれており、はたして顔を正確に検分できる状態だったかどうか……。それは、はなはだ怪しいといわざるをえない。

さらに、幼い頃から義経をかわいがった奥州藤原氏が、秀衡が死去したとたんに、あっさり義経を見捨てることができたのかという点も疑問として残るところだ。そもそも、義経が命を落としたとされる衣川の戦い自体が本当に行なわれたかどうかを示す明確な記録が残されていない。つまり、奥州藤原氏が鎌倉から再三催促される義経追討令に従うかのように衣川の戦いを演出し、誰かの首を義経のものとして差し出す、という大芝居をうった可能性も否定しきれないのだ。

こうした背景に加えて、平氏との戦いにおいて見事な戦略を練り上げて実行した天才戦略家の義経が、そう簡単に死に追いやられるはずはないという、「判官びいき」の感情がこうした伝説を後押ししているといえよう。

はたして、平氏を倒すことだけに一生を捧げた稀代の英雄・源義経は源平合戦後、伝説となって北の大地へ消えていったのだろうか。

武蔵坊弁慶

主君を守るために敵陣に斬り込み、立ったまま絶命した忠臣。しかし、なぜか北海道に生存の痕跡が⁉

人間離れした能力で義経を支えた弁慶

武蔵坊弁慶《むさしぼうべんけい》といえば、常に源義経の傍《かたわ》らにあり、股肱《ここう》の臣として主君・義経を支え続けた人物である。謎の多い生い立ちであることや、彼にまつわる話が人間離れしていることなどから、以前は架空の人物であるという説も出たほどだ。だが、『吾妻鏡《あづまかがみ》』のなかに弁慶法師や武蔵坊弁慶などの名前が見えることから、実在の人物であると考えられるようになった。

武蔵坊弁慶は熊野別当《くまのべっとう》・湛増《たんぞう》の子として、この世に生を受けたという。熊野別当とは、当時庶民などから篤《あつ》い信仰を寄せられていた紀伊熊野三山を統轄する長のことを指す。

そんな弁慶の誕生秘話がまた人間離れしている。

弁慶はなかなか生まれず、母の胎内に十八か月、あるいは三年三か月という長い期間あってから誕生したという伝説があるのだ。そのため母の胎内から出たばかりで、すでに黒髪は肩まで長く伸び、歯もはえそろっていたという。

湛増は驚き、異形《いぎょう》の童子《どうじ》を捨ててしまう。その後、叔母に引き取られ、比叡山《ひえいざん》で修行を積んだ弁慶は、京の五条大橋で運命の時を迎えた。牛若丸《うしわかまる》、のちの源義経との出会いである。『義経記《ぎけいき》』によれば、牛若丸の刀を奪おうとしたものの、反対に敗れてしまった弁慶は以後、義経の影のようにつき従うこととなったという。

平氏打倒に執念を燃やす義経をよく助けた弁慶は、三尺五寸の太刀を軽々と操り、その豪腕ぶりに敵方の武将は恐れおののいたといわれている。しかし、武力だけではなく、機知、奇略を繰り出すことのできる頭脳明晰な一面も併《あわ》せもち、義経が兄・頼朝の放った追討軍から逃れる際にも大きな手助けを幾度となくしている。

じつは弁慶も死んでいなかった!?

弁慶の最期《さいご》となった衣川の戦いでの活躍ぶりも、彼を英雄へと押し上げる一因となっている。

奥州の藤原秀衡のもとに身を寄せていた義経だが、秀衡の子・泰衡が父の死をきっかけにして裏切り、頼朝に通報して義経を襲撃する。

寄せ手二万に対して、義経や弁慶はわずか八人。いかに剛の者といってもあまりに兵の数が違う。手傷を負った弁慶は、義経に別れの挨拶をしてから敵の陣中へと斬り込んでいった。重傷を負いながらも退くことのない弁慶に対し、怯《ひる》んだ敵方はいっせいに遠矢《とおや》を放つ。矢は、次々と弁慶に突き刺さっていった。それでも、弁慶は倒れることなく戦い続け、立ったまま絶命した。世にいう「弁慶の仁王《におう》立ち」である。

中尊寺《ちゅうそんじ》の参道入り口のそばに、弁慶の墓といわれる五輪の塔が残されており、そこには「六道の道の巷《ちまた》に君待ちて弥陀の浄土へすぐに参らん」という彼の辞世の句が刻まれている。

史実としてはここに完結する弁慶の生涯だが、義経が衣川の戦いで生き延び、蝦夷や中国大陸へと渡ったという伝説があるのと同様に、弁慶もまた衣川の戦いでは戦死しておらず、生き延びたという伝説が数多く残されている。

たとえば、岩手県気仙《けせん》郡住田《すみた》町には、平泉を脱出した義経一行が峠を目指して登ったときについた足跡が残されていると伝えられ、大きな足跡は弁慶のものと信じられている。また、同じ岩手県奥州市の菅野家は、義経一行が平泉脱出後に立ち寄った家だと伝えられており、「弁慶屋敷」と呼ばれている。さらに、青森県むつ市には、「琵琶石」が残る。義経一行が蝦夷へと渡る前、弁慶が琵琶を演奏して渡航の安全を祈願した岩だという。

北海道にも義経たちが無事に到着したとされる伝説がある。松前郡松前町にある海渡山阿吽《あうん》寺は、弁慶と義経が無事に渡航に成功したことを感謝し、義経が建立したといわれている寺だ。また北海道西部には弁慶崎という場所もある。

果たして、弁慶は危機を脱して逃亡に成功したのだろうか。数々の伝説に彩られ、ひたすら主君・義経を守り続けた弁慶は、いまも日本人から支持される源平の英雄の一人となっている。

平知盛……海に身を投げたと見せかけて、ひそかに伊勢へ逃亡!? 家臣とともに切り拓いた村で抑えた最期の時

器量の足りない兄・宗盛を支えた実弟

平安時代後期、平氏の全盛期を現出した平清盛の息子としては、清盛に先んじて没した長子の重盛、清盛の死後に総大将となった宗盛が比較的よく知られている。『平家物語』では重盛は聖人のように、宗盛は腰抜けであるかのように描かれた。

ここで紹介する知盛《とももり》は、宗盛の弟である。宗盛が父の跡を継いで平家の棟梁となったのち、器量の足りない兄を助けて平家一門を支えた。

平氏と源氏との間にいわゆる源平合戦が勃発したとき、知盛は武をもって平家に貢献した。治承四（一一八〇）年には、後白河天皇の第三皇子・以仁王を奉じた源

頼政の軍を征討し、その翌年には尾張で源行家《ゆきいえ》を撃ち破った。

しかし寿永二（一一八三）年、木曾義仲の前に平氏は敗れ去り、ついには都落ちを余儀なくされてしまうのであった。

その後、一ノ谷の戦い、屋島の戦い、壇ノ浦の戦いと続けざまに源氏とぶつかった平氏であったが、いずれも源氏の前に敗れ去り、最後はみな次々と海中にその身を投じ、自害を遂げた。知盛はその様子を見届けると、

「見るべき程の事は見つ。いまは自害せん」

といい、海にその身を投げ出したのであった。

こうして平家は滅亡した。

伊勢神宮近くに残る「知盛落人伝説」

しかし、各地に平家落人《おちゅうど》伝説が残るように、知盛もまた、自害したように見せかけ、ひそかに伊勢へ渡ったという逸話が残る。

船江《ふなえ》で陸に上がり、源氏の追手を逃れた知盛は前山から鷲嶺山《しゅうれいさん》を越え、矢持《やもち》の里へと落ち延びたことを記した文書が、いまに伝えられている。

矢持は伊勢神宮内宮から六キロ程南の山中にある小さな谷間の村で、一帯を開墾《かいこん》したのは知盛であるという。江戸時代には五つの村があったといい、村民はすべて

知盛の家臣の末裔だったと伝わる。

また、村には知盛が平家一門の菩提《ぼだい》を弔うために建立した久昌寺《きゅうしょうじ》という寺院も残る。さらに、鷲嶺山の頂には知盛が平家の冥福を祈願して祀ったという鷲峰観音があり、観音像は壇ノ浦の方角を向いて建てられている。

はたして見るべきものをすべて見た知盛は壇ノ浦で覚悟の死を遂げたのか、それともまだ見ることを見つけて伊勢に落ち延びたのか。いまとなっては真偽のほどはわからない。

平維盛

愛しい妻と子、会いたさに戦場から逃亡！生き延びるため、自分の助命に奔走した⁉

平家を敗軍へと導いた「清盛の嫡孫」

平維盛《これもり》の父は、平氏隆盛の礎《いしずえ》を築いた平清盛の嫡男・重盛である。

平家本流の血を引くという血統のよさに加え、維盛は「桜梅少将《おうばいのしょうじょう》」と周囲からもてはやされるほどの美貌の持ち主として生を受けた。『平家物語絵巻』の維盛像は、瓜実顔《うりざねがお》をした色白の美青年ぶりで描かれている。皮肉屋として知られた公

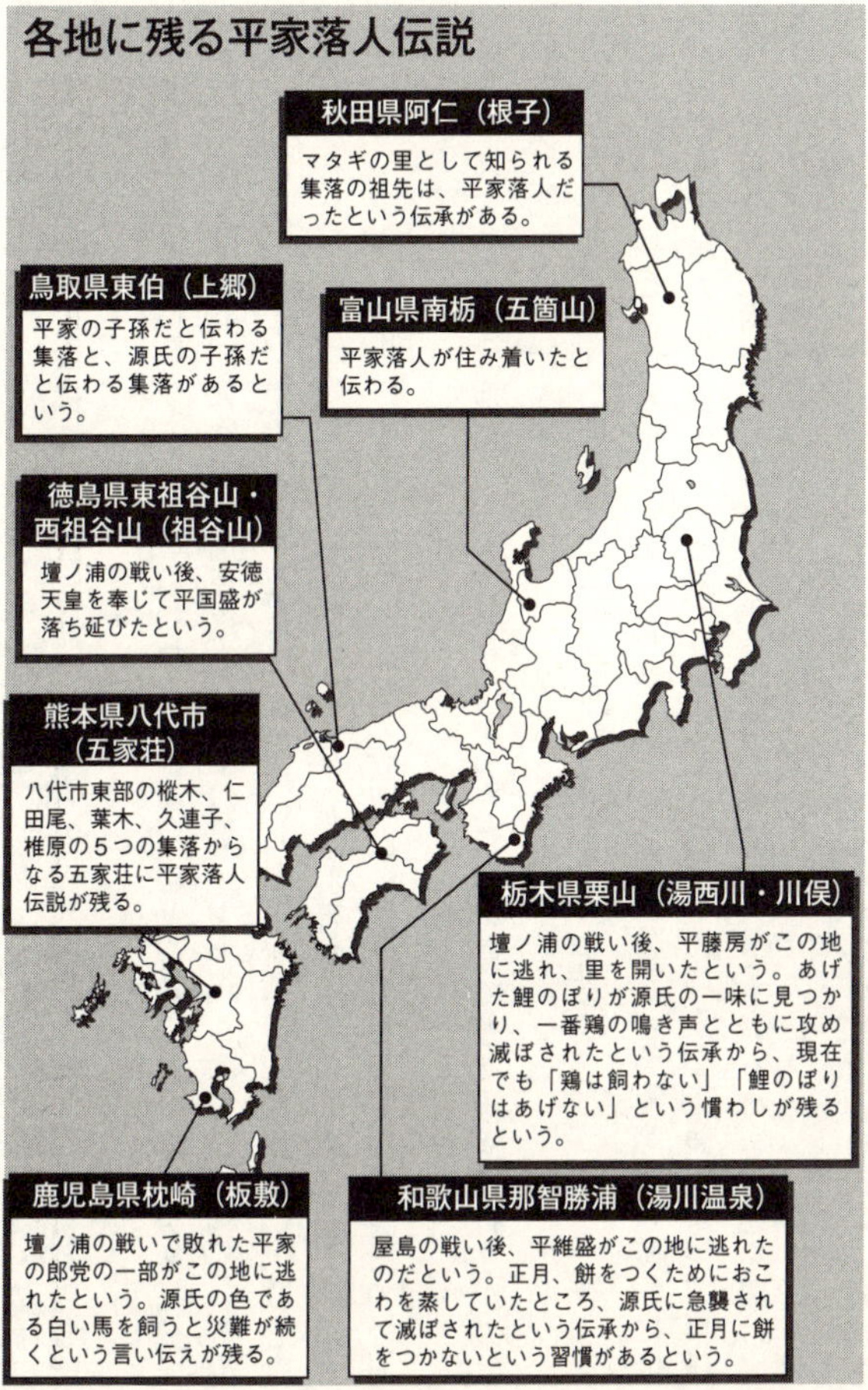

各地に残る平家落人伝説
秋田県阿仁（根子）
マタギの里として知られる集落の祖先は、平家落人だったという伝承がある。
鳥取県東伯（上郷）
平家の子孫だと伝わる集落と、源氏の子孫だと伝わる集落があるという。
富山県南栃（五箇山）
平家落人が住み着いたと伝わる。
徳島県東祖谷山・西祖谷山（祖谷山）
壇ノ浦の戦い後、安徳天皇を奉じて平国盛が落ち延びたという。
熊本県八代市（五家荘）
八代市東部の樅木、仁田尾、葉木、久連子、椎原の５つの集落からなる五家荘に平家落人伝説が残る。
栃木県栗山（湯西川・川俣）
壇ノ浦の戦い後、平藤房がこの地に逃れ、里を開いたという。あげた鯉のぼりが源氏の一味に見つかり、一番鶏の鳴き声とともに攻め滅ぼされたという伝承から、現在でも「鶏は飼わない」「鯉のぼりはあげない」という慣わしが残るという。
鹿児島県枕崎（板敷）
壇ノ浦の戦いで敗れた平家の郎党の一部がこの地に逃れたという。源氏の色である白い馬を飼うと災難が続くという言い伝えが残る。
和歌山県那智勝浦（湯川温泉）
屋島の戦い後、平維盛がこの地に逃れたのだという。正月、餅をつくためにおこわを蒸していたところ、源氏に急襲されて滅ぼされたという伝承から、正月に餅をつかないという習慣があるという。

卿・九条兼実《くじょうかねざね》でさえ維盛の容貌の美しさを讃《たた》えているし、建礼門院徳子《けんれいもんいんとくこ》の女房で歌人でもある右京大夫《うきょうのだいぶ》も『源氏物語《げんじものがたり》』の主人公の光源氏を連想させると書き記している。

しかし、天は二物を与えないといわれるように、こと合戦において軍勢を指揮する武将としては才能に欠けていた。平家凋落《ちょうらく》の第一歩を記したといわれている治承四（一一八〇）年の富士川の戦いでは、旗揚げしたばかりの源氏相手に大敗を喫した。それも、富士川の小鳥がいっせいに飛び立つ羽音を源氏の大軍による襲撃と勘違いして戦場から逃げ出すという、面目の立たない負け方をしてしまったのである。

自軍の兵士たちの統制をまったく取れなかったことを見ても、維盛に将才が欠けていたのは明らかといえよう。

清盛から叱責を受けた維盛は、名誉挽回を図るべく、寿永二（一一八三）年、今度は北陸路へ兵を進める平氏軍の大将として、木曾義仲率いる軍勢との戦いに臨む。倶利伽羅峠《くりからとうげ》の戦いである。だが、ここでも義仲軍の巧みな夜襲によって平氏軍はもろくも敗れ去った。維盛は、平家没落の先導役とでもいうべき失態を続けて演じてしまったのである。

こうした失敗により、維盛は平氏の嫡流嫡子でありながらも信頼を失い、昇進も止まった。やがて、平家一門を統率する権限も叔父の宗盛に奪われていくことになったのである。

昇進が止まったのには、別の理由もあったようだ。父親の重盛は清盛の嫡子といいながらも、正室である時子《ときこ》の子ではなかった。そのため、維盛に対する時子の目も冷たいものだったといわれている。加えて、維盛が大恋愛の末に妻に迎えたのは、清盛を排斥しようと謀議を図った鹿ケ谷《ししがたに》事件の首謀者の一人、藤原成親《なりちか》の娘であることも、一族の不興を買う一因となっていた。

やがて、都落ちすることになった平氏だったが、非主流派となってしまった維盛は、主流派の宗盛や知盛らと意見の相違があったことや、京に残してきた妻と幼《おさな》子《ご》のことが忘れられなかったこともあって、三人の供だけを連れて戦場から離脱してしまう。屋島の戦いの前とも、一ノ谷の戦いに敗れた後ともいわれている。

京に戻るため、維盛は舟に乗って紀州（現・和歌山県）へと向かっていった。だが、武将としての後ろめたさがあったのか、それとも平氏の未来を悲観してしまったのか、京に戻る途上、那智《なち》の海に入水《じゅすい》して世を去ったといわれている。

様々な伝説で彩られた維盛の最期

だが、平氏の落人伝説が数多く残る紀州方面では、維盛が那智の山里に隠れ住んで子孫も残したという隠れ里伝説が現代まで伝えられている。また、阿波《あわ》国（現・徳島県）で仙人になったという登仙《とうせん》伝説も残るなど、維盛の最期は様々な伝説に彩られることになった。

一方、念願かなって京の都に舞い戻ったという伝承もある。妻子に会って生への執念が芽生えたのか、ここで維盛は法皇に助命を直訴したところ、法皇は源頼朝に知らせ、頼朝は維盛に鎌倉まで出向くよう求めたという。そこで鎌倉に向かったのだが、途中の相模《さがみ》国（現・神奈川県）近辺で病にかかって没したという記録も残されている。

その美貌をもてはやされた平維盛だったが、晩年の生活は幸福なものではなかった。しかし、その最期を伝える記録はなく、これが美青年の生存伝説を各地で生む要因となったのかもしれない。

平資盛……壇ノ浦の戦い後、征夷大将軍に就任！　安徳天皇を守りながら奄美大島へ逃げ延びた!?

清盛直系なのに一門での孤立を余儀なくされる

平氏の落人伝説は各地に多々残るが、その南限は奄美大島だと見られている。海を越え、その南の島にはるばる落ち延びたとされるのが、平資盛《すけもり》である。

資盛は保元三（一一五八）年、清盛の長男・重盛の次男として生まれた。母は藤原親方《ちかかた》の娘で、資盛は重盛の長男・維盛とは異母兄弟の関係にあたる。越前守、右近衛少将《このえしょうしょう》、右近衛権中将《うこのえごんちゅうじょう》、蔵人頭《くろうどのとう》となり、従三位《じゅさんみ》にまで昇進した。

だが、順風は続かない。父・重盛は後白河院を尊重し、鹿ヶ谷事件が起きた時にも後白河院を処罰しようとする清盛を諫《いさ》めたことで知られている。資盛の父と祖父・清盛は政治的立場が食い違っていた。おまけに父は鹿ヶ谷事件に参画した藤原成親の妹を、兄・維盛は成親の娘を妻としていた。

こうした事情に加え、維盛が武将としての才覚に恵まれていなかったこともあり、直系であるにもかかわらず維盛は清盛に疎《うと》まれ、重盛の死後も清盛の後継とはならなかった。そして、弟である資盛もまた、維盛とともに一門のなかで孤立していくのである。

事実、資盛自身も後白河院の側に立っていた。資盛は建礼門院の女房・右京大夫とのロマンスで知られるが、じつは後白河院とも性愛の関係にあったらしい。一門が都落ちした際にも、早々に避難した後白河院と連絡を取って都に留まろうとしている。しかし、後白河院を頼ることがかなわず、泣く泣く京を離れたのである。

その後、資盛は源氏との和平を唱え続けたが、平氏主流を成すのは主戦論派であり、受け入れられるはずもなかった。一族が大宰府から屋島へ移動した頃、兄・維盛は脱走、那智に消えた。資盛の立場はますます悪くなるが、それでも一門と運命をともにして壇ノ浦の海に散った。

「平家の違う結末」を伝える資盛の伝承

ただし、これは『平家物語』が描いた資盛の最期であって、先に挙げたように、大宰府から屋島へ向かう一門と離れ、奄美大島まで落ち延びたとする伝承もある。一説に屋島の戦い後、知将・知盛の策により、資盛は安徳天皇をはじめ千五百人余とともに別行動を取ったという。維盛が脱走した後ゆえに、正系を継ぐ資盛が征《せい》夷大将軍《いたいしょうぐん》に任ぜられ、本隊と離れて豊後《ぶんご》水道を南へ向かった。壇ノ浦に沈んだ安徳天皇は身代わりで、平氏の窮地をくぐり抜けるため、本物には護衛をつけて別方向へ向かわせたということである。

かつて、平氏全盛の時代、資盛は「殿下乗合《でんかのりあい》」事件に巻き込まれ散々な目に遭っている。これは資盛が時の摂政・藤原基房《もとふさ》の行列と出会った際、下馬しなかったことを咎められ、馬から引きずり下ろされた事件だ。これに激怒した重盛が基房に仕返しをしたというが、資盛は何もできない、いわばお坊っちゃんであった。そんな彼が平家の運命を握り、一行を率いたのである。まさに大冒険であったといえよう。

資盛一行は源氏につこうとする九州の武士たちが気勢を上げるなか、志布志湾《しぶしわん》にたどり着き、肝属《きもつき》一族の好意を受ける。それから大隅《おおすみ》半島の南岸を進み、苦難の果てに大泊《おおどまり》へ着いた。さすがに脱落する者が続出し、その時点で三百名足らずになっていたという。

次に行き着いたのが鬼界ヶ島。だが、この島は硫黄の臭気漂《ただよ》う火山島であり、硫黄島とも呼ばれる不毛の地だった。

そこで資盛は、幼い安徳天皇は大隅半島の牛根《うしね》麓《ふもと》に送り、肝属氏に庇護を求めることにする。そして、資盛は数名の一門の者とともに奄美大島へ渡ったという。奄美大島には資盛の墓、資盛を祀る大屯《おおちょん》神社が残っている。

壇ノ浦の戦い後、恋人だった右京大夫は資盛の菩提を弔《とむら》ったが、資盛が奄美大島まで落ち延びた可能性があることなど、よもや思いつきもしなかっただろう。睦《むつ》まじい関係にあったともいう後白河院の胸中にいたっては、推測することも難しい。

安徳天皇

……幼くして自害を遂げた悲劇の天皇……。だけど海に飛び込んだのは替え玉だった⁉

三種の神器とともに海に沈んだ天皇

『平家物語』がいまも人の心を惹《ひ》きつけてやまないのは、武家政権草創期の牽引役《けんいんやく》となった栄華の時代と、源氏との合戦に敗れてはかなく歴史から消えていった悲劇の時代との対比が鮮やかな点にある。

最後の戦いとなった元暦二（一一八五）年三月の壇ノ浦の戦いでは、平氏の武将たちだけではなく、その妻や女官など、平家一門に連なる弱い立場の人々も運命をともにしていった。生きて源氏に捕らえられるよりは、死をともにしたほうが美しい生き様だと考える美学に則《のっと》った行動である。極めて日本人的な発想であることから、永らく日本人の共感を呼ぶ一因となっているのかもしれない。

こうした平家一門と運命をともにした天皇が、安徳《あんとく》天皇である。わずか八歳の幼帝だった安徳天皇だが、祖母・二位尼《にいのあま》（時子）とともに壇ノ浦の海に身を投じ、その短い生涯を閉じたといわれている。

そんな悲劇的な最期を遂げた安徳天皇は、平清盛が保元の乱、平治の乱を通じて得た権力を、より強固なものとするために必要とされた存在だった。安徳天皇の父親は高倉天皇、母親は清盛の娘・徳子。つまり、安徳天皇の誕生は清盛が念願としていた朝廷との血縁関係が生まれたことを意味していた。

清盛はさっそく高倉天皇に譲位させ、わずか三歳にして安徳天皇を即位させている。これで平氏の体制は盤石《ばんじやく》なものとなり、安徳天皇自身の人生も華やかなものになるはずであった。

ところが、安徳天皇が即位した治承四（一一八〇）年は、平氏打倒を旗印に源氏が各地で反撃の狼煙《のろし》をあげ始めた年でもあった。さらに、翌治承五（一一八一）年には、総帥の清盛が病で没したのをきっかけに、反平家の気運はさらに高まっていき、安徳天皇の身にも不吉な影が忍び寄っていった。

寿永二（一一八三）年には、木曾義仲が軍勢を率いて京の都へと進攻。平家一門は都落ちの憂き目に遭う。このとき、平氏の正当性を示すために、安徳天皇は西へと落ち延びた一門と行動をともにすることになった。その後、平氏は得意の海戦で失地回復を図ろうとしたものの、壇ノ浦の戦いに敗れ、安徳天皇も滅びゆく平氏と運命をともにする結果となったのである。

だがわずか八歳の安徳天皇に、すべての事情を理解するのは無理なこと。清盛の妻である二位尼は、もはやこれまでと悟り、朝廷から安徳天皇とともに持ち出した三種の神器のうち、神璽《しんじ》（勾玉《まがたま》）を脇に抱え、宝剣を腰に差して天皇を抱いて海中へと身を投げようとした。そのとき、安徳天皇は「私をどこに連れていくのか」と無邪気に尋ねたという。この問いに対して、二位尼は極楽浄土にお連れするとしたうえで、波の下にも都があると言い含めて安徳天皇とともに海の藻屑《もくず》となって消えたと言い伝えられている。

いずれも長寿で伝わる「安徳天皇生存説」

しかし、その一方で安徳天皇は落ち延びたとする説も根強く残っており、日本の各地に伝説として残っている。

たとえば、清盛の命によって僧の俊寛が流された島とされる鬼界ヶ島（現・硫黄島）に安徳天皇が逃げ延び、この島で六十六歳まで生きたという。同島には安徳天皇の子孫と称する家もある。同家によると、安徳天皇はじつは壇ノ浦の戦いの前に勃発した屋島の戦いの際、すでに平家の主力軍から離れて鬼界ヶ島に逃げており、壇ノ浦で入水したのは替え玉だったという。

また対馬には明治時代までこの地を統治した宗家という一族がある。じつはこの宗家の始祖こそ、壇ノ浦から逃げおおせた安徳天皇であり、彼は七十三歳まで生きたという伝説が残っている。

ところで、伝説上の安徳天皇はいずれも当時としては長寿というべき年齢である。幼くして命を絶たれた天皇に対する人々の同情の念が、彼を生き延びさせ、長寿というべき年齢まで命を永らえさせたのかもしれない。

金売吉次

奥州藤原氏へ牛若丸を売り払った商人が残した埋蔵金はいったいどこへ!?

「義経伝説」は一人の商人から始まった?

源義経が彗星《すいせい》のごとく世に登場し、疾風のごとく駆け去っていった背景をたどっていくと、後ろ盾となった一人の人物の存在が浮上する。その人物とは奥州藤原氏の総帥・藤原秀衡である。

藤原秀衡は、京の鞍馬寺《くらまでら》に預けられ、いつ僧にさせられるかと戦戦兢兢《せんせんきょうきょう》として いた義経を、武将として成長するよう奥州に招いたといわれる。さらに、義経が平氏打倒の殊勲者でありながら、源頼朝から追討の対象とされると、追手から逃れて落ち延びてきた義経をかくまい、保護した。

だが、当時の日本において辺境の地ともいえる奥州に君臨していた藤原秀衡が、平氏に厳しく監視されていたはずの源義経をなぜ引き取ることができたのか。素朴な疑問を感じる人もいるのではないだろうか。じつは、藤原秀衡と義経の間を取りもった一人の商人がいた。その商人の名は通称「金売吉次《かねうりきちじ》」という。

『義経記』によると、この金売り吉次が鞍馬寺に源氏嫡流の一人、遮那王《しゃなおう》（義経）がいることを発見し、これで一儲けしようと企んだのが始まりだとされている。言葉巧みに遮那王に声をかけた吉次は、遮那王を伴って奥州平泉の藤原秀衡のもとへと下っていった。ここで吉次は、遮那王をより高く売りつけようと画策。途中、近江国鏡宿《かがみのしゅく》で元服した義経をひとかどの人物であると藤原秀衡に伝えると、秀衡は三百騎を義経のもとに送りつけて仰々しく出迎えする儀式を取りはからった。

こうして、金売り吉次の策略は成功し、義経を迎えたことを喜んだ藤原秀衡から砂金をはじめとする数多くの褒美《ほうび》を与えられた。これを京に持ち帰り売りさばいたことで、金売り吉次は大儲けをしたという。

伝説によって異なる吉次の人物像

だが、この物語に関しては多くの謎が残されているのも事実だ。なぜ藤原秀衡が多額の褒美を与えてまで義経を欲したのか、義経の評判をどのように聞き知ったのかなどである。そもそも、金売吉次がいったいどんな人物だったのかもわかっていない。

確かに、当時の書物は義経と秀衡の間を取りもった商人がいたことを記してはいる。だが、その商人の名前や素性は微妙に異なっている。『義経記』では毎年奥州へ下っていた京都三条の商人・吉次信高《きちじのぶたか》となっているが、『源平盛衰記《げんぺいじょうすいき》』では京都五条の橘次末春《きつじすえはる》とされている。ほかにも、吉次は砂金商人ではなく、奥州生まれの炭焼藤太《すみやきとうた》の息子であるという伝説や、金の鉱山で働いていた鉱山師である金掘り吉次など、様々な名前と素性が語られている。なかには、のちに義経に仕えた堀弥太《ほりやた》郎景光《ろうかげみつ》が金売吉次の後身であるとする説もある。この景光は文治二（一一八六）年に捕らえられ、義経の情報を漏らした人物である。

このように、多くの金売吉次像が残されていることから、それに付随して様々な伝説も生まれた。なかでも興味深いのは、吉次の埋蔵金伝説である。

吉次が義経の供をして、現在の栃木県足利市あたりを通りかかったときのこと。ここで吉次は急病になって瀕死の状態に陥ってしまう。ちょうど奥州から金を運んでいた途中であり、吉次は用心のため、病床の身を押して金を埋めた。そして、「東に向いて日の当たるところ」という遺言を残して死んだという。

この埋蔵金のある場所は吉次塚となって後世に伝えられていった。その場所は足利市の久保田町という場所にあり、周囲約九十センチメートル、高さ約五メートルの塔だったといわれているが、残念なことに現在ではそれがどこなのか見当もつかないという。

また、金を元手に大儲けしたという吉次の屋敷や別荘が、東北地方各地に残されていると伝えられているが、本当に吉次の屋敷だったのかは確認されていない。素性や活躍ぶりがはっきりとしないことで、金売吉次の人物像がどんどんと膨らんでいったのだろう。

文覚……怖いものなしだった激動の人生、最後は亡霊となって承久の乱を引き起こす!?

頼朝に決起を促し、篤く信頼された文覚

日本の歴史を振り返ると、時代の転換点となる事件の背景に僧侶が深く関係していることが少なくない。一度は平氏に敗れて一族そのものが風前の灯火《ともしび》となった源氏が、頼朝を中心に勢力を取り戻すことになった背景にも、一人の僧が関係していたといわれている。それが真言宗の僧・文覚《もんがく》である。

文覚は、源頼朝と配流先である伊豆で対面し、平氏追討の挙兵を促した。このと

き、文覚は頼朝を説得するため、頼朝の亡き父・義朝の髑髏《どくろ》を見せて決起を促したという。

こうした行動に見られるように、この文覚という僧、なかなか破天荒で直情型の性格の持ち主だったようだ。そもそも、文覚自身が伊豆にいたのは、彼にもまた伊豆への配流という処置が下されていたためだった。その理由も、後白河法皇が遊んでいる宴《うたげ》の場所に乗りこみ、神護寺《じんごじ》再興を促す勧進帳を読み上げ、院の怒りを買っていたというものであった。

さらに遡《さかのぼ》って僧になった経緯自体も興味深い。文覚がまだ遠藤盛遠《えんどうもりとお》という名の北面の武士だった頃、彼は人妻の袈裟御前《けさごぜん》に恋をした。想いを遂げようと迫る盛遠に対し、その袈裟御前は夫を殺害してくれたら妻になると告げる。そして、彼女は自分自身が男装をして夫を殺しに来る盛遠を待った。そうとは知らず盛遠は男装の袈裟御前を殺害してしまうという、あまりに悲劇的な事件を起こしている。その後、文覚は袈裟御前の菩提を弔うために十八歳で出家。荒行を重ねて霊感の強い験《げん》者《じゃ》と呼ばれるようになったのである。

やがて鎌倉に武家政権を樹立した頼朝は、当初、伊豆時代の関係者を重用した。文覚も例外ではなく、頼朝の厚い信任のもと護持僧《ごじそう》という役割を与えられる。これは頼朝の身体の近くで祈禱して安泰を祈る僧のことで、いかに頼朝から信頼を寄せられていたかが推察できよう。同時に、鎌倉と京都を何度も往復し、情勢を頼朝に伝える役目を負ったり、東寺《とうじ》の修造活動を行なうなど、精力的な働きをしている。

亡霊となって後鳥羽上皇を祟ったその後

そんな文覚だったが、頼朝の死を境として、没落することとなる。文覚自身の生来の激しい性格が現われ、無謀な画策をしてしまったことがそのきっかけであった。

文覚は、あろうことか後鳥羽《ごとば》天皇を皇位から引きずりおろし、高倉天皇の第二皇子で壇ノ浦で没した安徳天皇の弟・守貞《もりさだ》親王を皇位につけようとした。文覚曰く、後鳥羽天皇が遊芸ばかりに熱心で、政治に本腰を入れないからであった。

当たり前のようにこの計画は失敗に終わり、流刑を言い渡された文覚は、配流先に向かう途上で亡くなった。享年六十六。

だが彼の物語はこれで終わらない。文覚は死後も亡霊となって暴れ続ける。高弟・明恵《みょうえ》の枕元に現われ、後鳥羽上皇を罵《ののし》ったかと思えば、承久の乱まで引き起こしたという。さらに『平家物語』によれば、この乱に敗れ、壱岐《いき》へと流された上皇の枕元にまで現われて暴れたとされる。

どんな権力者であろうと、気に入らなければ、怯《ひる》むことなく喧嘩をふっかけた文覚。まさに怖いものなしの生涯、そしてその後である。

平清盛

この世の栄華を極めた覇者が志半ばで死を迎えたのは、神仏に祟られたせい!?

閻魔庁の使者が迎えに来た清盛の最期

平清盛の波瀾に満ちた生涯は、治承五（一一八一）年閏二月四日、六十四歳で幕を閉じた。歴史を概観すれば貴族政治から武家政治への大変革を推し進める偉業を成したといえるが、清盛本人にしてみれば志半ばにして迎えた無念の死である。

福原遷都は反感を買い、内乱の鎮圧もままならない。この年の正月には平氏に従順だった高倉天皇が、二十一歳の若さで崩御している。清盛が目指した平氏末代までの繁栄を約束する盤石の体制とはほど遠い状況にあった。次々に押し寄せる難題への対応に迫られるなか、清盛は突然病に倒れてしまった。

『養和元年記《ようわがんねんき》』によると、頭痛を発症したのが二月二十二日で、二十四日には発熱したという。『吾妻鏡』には一月二十五日の発病とあり、『玉葉《ぎょくよう》』では一月二十七日に初めて頭痛を起こしたことに触れている。いずれにせよ、翌月の閏二月四日まで一週間から十日程度しかなく、まさに急死だったことがうかがえる。

清盛は大変な高熱を出した。『平家物語』に記された症状の激しさは並大抵のものではない。比叡山の井戸水を石の水槽に張って水風呂に浸《つ》かったところ、水が熱で沸騰してしまったというほどである。

清盛が発熱に悶《もだ》え苦しむなか、妻の時子は、間断なく苦しみを受ける無間《むげん》地獄へ夫を連れて行くために閻魔《えんま》庁の使者が訪れる夢を見たという。

そして、臨終を迎えた清盛は「追悼供養の必要はない。頼朝の首を墓前に供えることこそ最高の供養だ」と言い残し、悶死《もんし》したといわれる。

本当の死因はマラリア、インフルエンザ、肺炎？

ただし、このすさまじい最期の様子は、仏罰による死だということを強調する狙いがあったと見られている。悪行を重ねた清盛が現世に執着したまま、罪深く死んでいったというわけである。

源氏の時代に語られた『平家物語』では、清盛は悪行に悪行を重ねた末に滅びたように描かれた。その原型とされる『養和元年記』にも同じような悶死の描写が見られる。さらに『玉葉』でも、清盛の勝ち得た比類ない栄光を挙げつつ、悪行を非難しており、戦《いくさ》で討ち死にするべき運命にもかかわらず病死したことを「神罰・

冥罰《みょうばつ》の条、新たに以て知るべし」と記している。

こうして見ると、罰・悪行といった形容ばかりが目につくが、これには、清盛が死の数か月前に行なった「南都《なんと》焼き討ち」の影響が大きい。清盛は、反平氏の寺社勢力を一掃すべく、興福寺《こうふくじ》・三井寺《みいでら》などを攻撃。この際、興福寺に放った火が各地に飛び火し、南都を広範囲にわたって焼き尽くす大惨事へと発展していたのだ。

神仏への信仰篤い当時のこと、清盛の死が神罰と決めつけられてしまうのも無理からぬことであった。

では、現実的には何が死因だったのかというと、古くから唱えられているのがマラリア説である。蚊が媒介するマラリアは「おこり」「わらわやみ」と呼ばれ、古代から日本にあった伝染病だ。マラリア原虫が赤血球に寄生し、十日から数週間の潜伏後、突然、寒気や高熱が出る。大量に発汗していったんは熱が治まるものの、数日後には再び激しい症状が表われ、衰弱していく病気である。

一方、二月という時期からいって、インフルエンザまたは風邪をこじらせ、肺炎を起こしたとする説もある。六十四歳という年齢は平均寿命の延びた現代とは違い、当時にしてみればかなりの高齢である。休む間もなく敵と争ってきた長年の負担が積み重なり、さすがの清盛も体力が落ちていたのであろう。

こうした様子を見た当時の信心深い人々は、宗教的な聖地であった南都・奈良を焼き討ちにした清盛の所業を、因果応報の考えからその死と結びつけていったのである。

源範頼 ……………平氏打倒に多大な功を残すも、不用意な一言で頼朝の信を失い、迎えた非業の末路

温厚で従順に兄を支え続けた範頼

源頼朝の弟といえば真っ先に浮かぶのは義経だが、もう一人、範頼《のりより》の存在を忘れてはならない。源義朝の六男であり、母は遠江《とおとうみ》池田宿の遊女。義経にとっては兄にあたる人物だ。蒲御厨《かばのみくりや》で生を受けたことから、蒲冠者《かばのかじゃ》と呼ばれる。

頼朝が挙兵すると、範頼は兄に従って転戦した。義経とともに木曾義仲を破り、一ノ谷の戦いでも平氏打倒に貢献している。

歴戦の武将であるにもかかわらず知名度が低いのは、やはり弟・義経の華々しい活躍があったからであろう。

天才的な閃《ひらめ》きでもって鮮やかな勝利を収める義経に対し、範頼の戦い方は派手さには欠けるが、堅実なものだった。これでは範頼の影が薄くなってしまうのも無理

はない。それでも頼朝は、平氏追討において範頼を最後まで用い続けているのだから、信頼は厚かったといえよう。

性格も温厚で、兄に逆らうことなく、常に従順であり続けた。だが、そんな範頼も兄の意向に従わなかったことがある。奥州に送る義経追討軍の総大将に指名されたときのことだ。範頼は才気あふれる弟・義経を妬《ねた》みそねむようなタイプではなく、むしろ好ましく思っていた。そのため、総大将への任命をかたくなに拒んだ。

とはいえ、頼朝に逆らうつもりなど毛頭なかった彼は、この一件の後、「義経のような真似はするな」と脅されると、慌てて忠誠を誓う起請文《きしょうもん》を届けている。

鎌倉に「頼朝が殺された」誤報が伝わる

ところが、結局のところ範頼も頼朝によって破滅へと追い込まれてしまう。

範頼の失敗は、緊急事態を告げる知らせを受けて、少々軽率な言動を取ったところにあった。建久四（一一九三）年五月二十八日、曾《そ》我《が》祐成《すけなり》・時致《ときむね》の騒動に際してのことである。

この事件は、頼朝が富士山麓で狩りを催《もよお》した時に起こった。頼朝の寵臣である工《く》藤祐経《どうすけつね》に父を殺された曾我兄弟が、狩場に忍び込んで仇討《あだう》ちを決行したのである。もちろん頼朝も狩場にいたので、現場は大混乱となり、情報が錯綜した。結局、頼朝は難を逃れたのだが、鎌倉には頼朝が殺されたという誤報が伝わることとなった。

このとき、鎌倉で留守居役を務めていた範頼は、頼朝の妻・北条政子《ほうじょうまさこ》のところへ駆けつけて、励ましの言葉をかけた。

「大丈夫です。兄に何事が起きても、私がおりますからご安心ください」

範頼としては政子を力づけるつもりだったのだろうが、これが命取りとなる。政子は額面通りに受け取ってはくれなかったのだ。政子がどのような伝え方をしたのかは明らかではないが、話を聞いた頼朝は、自分に取って代わるつもりなのかと猜《さい》疑《ぎ》心を抱くようになった。

範頼はこれに気づいて再び起請文を差し入れたが、今度は頼朝の疑いを晴らすことはかなわない。

同年八月、範頼は捕らえられ、伊豆の修禅寺《しゅぜんじ》に幽閉された。さらに頼朝は梶原景《かじわらかげ》時《とき》率いる兵を送り込み、とどめを刺す。これに対して範頼は反撃したものの、武運つたなく敗れ、屋敷に火を放って死んだといわれている。

ただし、範頼は修禅寺で命を落とすことなく、逃げ延びたとする説もある。その証《あかし》として挙げられるのが、『吾妻鏡』に範頼が死んだという記述がないことである。現在の埼玉県比企《ひき》郡吉見町の安楽寺《あんらくじ》で余生を送ったとする説、舟で横須賀に落ち延びたとする説、ひいては愛媛に渡ったとする説もある。

頼朝の手で歴史の表舞台から抹殺されたことは確かだが、義経と同じように謎めいた最期を持つ人物だ。

伊勢義盛

鈴鹿山で迎えた壮絶な最期！ 義経四天王の一人が見せた華々しい散り際

山賊？ 罪人？ 謎に包まれた義盛の出自

源義経は戦いの天才だといわれる。だがそれも、自らの意志のままに動くことができる優秀な戦闘員あってのことである。

伊勢三郎義盛《いせさぶろうよしもり》は義経軍団を代表する郎党の一人で、「義経四天王」とまで謳《うた》われるほど武勇に優れた武将だった。

ただし、その出自についてはよくわかっていない。一説に伊勢国の出身だったといわれている。実際、屋島の戦いにおいて、平氏方の越中次郎兵衛盛嗣《えっちゅうじろうべえもりつぐ》から、伊勢の鈴鹿山で山賊を生業《なりわい》として妻子を養っていたとののしられている。そのほか、『源平盛衰記』では伊勢のあたたけ山という場所で、伯母の夫・与権守という人物を殺したために投獄され、罷ず免後、東国で暮らしていたとしている。一方、『義経記』では、人を殺《あや》めた父が上野国《こうずけ》への流刑に処せられたとき、現地の女性を娶《めと》って産ませた子が伊勢義盛だったとする。いずれにしても、低い身分の出であることを示唆していよう。

平氏の総大将も捕らえた義盛の最期は？

それから義経に仕えた経緯も定かではないが、ともかく、義経の軍団に加わった伊勢義盛は目覚しい活躍を見せる。屋島の戦いにおいては、平氏方の三千騎の軍団に対してわずか十三騎で対峙。数の不利をはね除《の》けて言葉巧みに敵を籠絡《ろうらく》し、無血のまま敵の武装を解除させるという離れ業を演じている。壇ノ浦の戦いで平氏の総大将・平宗盛を生け捕りにしたのも義盛だった。弁慶などと並び、義経四天王の一人といわれるのにふさわしい活躍ぶりである。

頼朝が義経およびその一派の追討を決定すると、当然、義盛も捕らえるべき人物の一人に数えられていた。この後の義盛の運命に関しても、諸説入り乱れて伝えられている。

一つは、義経とともに都落ちした後、一行とは別れて故郷の伊勢に帰ったという話だ。帰国したものの、伊勢の守護に任じられていた首藤四郎の討伐隊に追われ、鈴鹿山にこもって抵抗したものの最後は自害して果てたといわれている。伊勢国というと、現在の三重県になる。四日市市の西福寺には、現在も義盛の墓や供養塔が残されており、最も信憑性《しんぴょう》の高い説となっている。

一方、奥州まで義経と行動をともにし、衣川の戦いで討ち死にしたともいわれている。

平宗盛……………親子で泳ぎが達者で死ねなかった!? なんとも情けない新平家棟梁の末路

兄の死で平家一門のトップに立った宗盛

平宗盛《むねもり》は清盛亡き後、平家一門の総大将となった人物である。久安三（一一四七）年に清盛と正室・時子との間に三男として生まれた（時子の子としては長男、重盛らは異母兄弟）。着々と出世の階段を駆け上がり、権中納言《ごんちゅうなごん》兼右衛門督《うえもんのかみ》、右近衛《うこのえ》大将《たいしょう》、そして権大納言《ごんだいなごん》、春宮大夫《とうぐうだいぶ》と重職を歴任した。

治承五（一一八一）年に清盛が突然の病で無念の最期を迎えたとき、兄・重盛はこの世になく、宗盛が平家一門の統率の任につくことになる。『平家物語』などでは、この兄との対比がことさら際立つように描かれている。父の激しい気質と専横を諫《いさ》める聖人のような重盛に対して、宗盛は腰抜け武将とされたのである。

とはいえ、宗盛に棟梁としての器量が欠けていたことは否定し難い事実であろう。清盛のような闘志も積極性もなく、事を荒立てないことを旨としていたようだ。実際、父の跡を継いで間もなく、後白河法皇に政権を返し、院政を復活させてしまった。清盛の野望を果たすどころか、平家繁栄のために入念に立てた政策もすべて頓挫《とんざ》させたことになる。

後白河法皇の意向に縛られ、他家の兵力に頼り、やがて平家一門は滅亡への道をたどり始めることとなった。

寿永二（一一八三）年、木曾義仲が都に迫った際、宗盛は安徳天皇を擁《よう》して都落ちを決するが、このとき、後白河法皇がひそかに比叡山へと脱出したことに気がつかず、法皇を同行させることができなかった。権謀術数に長《た》けた法皇に対するには荷が重かったのであろう。

宗盛に率いられた平家一門は瀬戸内海を西へ進み、大宰府へと下るが、そこでも土地の武士たちによって追い払われ、今度は瀬戸内海を東へ取って返すこととなった。しかし一ノ谷の戦いで源氏相手に大敗を喫し、続く屋島の戦いにも敗れて壇ノ浦へと追いつめられてしまった。

「善良さ」ゆえに武士の道を踏み外す

そしてついに、元暦二（一一八五）年三月二十四日、平家一門は壇ノ浦にて海の藻屑と消えた。総大将である宗盛もそこで命を落として然《しか》るべきだと誰しも思うだろう。

しかし、宗盛は潔く自決してはいない。一門の人々が次々と入水するのを舟の甲板で見て途方に暮れるばかり。見苦しさに耐えかねた平氏方の武士が海へ突き落とす始末だった。それを見て息子の清宗《きよむね》も海へ飛び込んだ。

それでも父子は死ななかった。ともに泳ぎが達者で、波間を漂っているうちに、あろうことか源氏方に救い上げられる。宗盛は清宗と生死をともにしようと思っていて、清宗が舟に引き上げられると、自分からそこに泳ぎついて生け捕りになったという。

また、『愚管抄《ぐかんしょう》』には泳ぎが上手なために何度も浮き上がるうちに、生への執着が生まれたのだと記されている。

こうして生き延びた宗盛は清宗とともに、源義経によって鎌倉に護送された。いうまでもなく頼朝にとって平氏の棟梁・宗盛は親の仇であり、それゆえ鎌倉まで連れてこさせたのだ。

宗盛は頼朝と対面したが、卑屈な態度を取ったことから、ここでも武士らしからぬ態度だと嘲《あざけ》りの対象となった。

では、宗盛はその後どうなったのか。生き延びるためにひたすら励んだ努力も空しく、鎌倉から京へ送り返される途中、あと少しというところで命を断たれている。生きて京まで帰ることができそうだと安堵していたところ、近江国篠原宿で息子と引き離されて、父子ともに斬られてしまったのだ。

『平家物語』によれば、このとき、義経が呼んだ聖《ひじり》に勧められ、宗盛は念仏を唱え始めたが、いよいよという段になって息子の死を確かめようとしたという。自害しなかったのも息子のためだと、泣き叫ぶところを斬られたともいわれる。

しかし、なぜ平家の名を辱《はずかし》めるような真似までして宗盛は生き延びようとしたのであろうか。

じつは彼は、妻子に対して極めて強い愛着を持つ人物であった。妻を愛し、その妻亡き後は大切に我が子を育てた。つまりは善良な父親であり、善良な人間でもあったというわけだ。怒りを感じても抑え込み、裏切った人間の命をも救っている。

だが、そうした気質は武将として、そして平家一門を率いる総大将として取るべき道から外れてしまう。そのために不評、酷評を被《こうむ》ってしまう結果を招いたのである。

那須与一

弓の名手として名をとどろかせたのち、出家し坊主となった鮮やかな転身ぶり

見事、扇の的を射ぬいた与一

『平家物語』に登場する数多くの武将のなかでも、弓の名人として名高いのが、那《な》須与一《すのよいち》である。『平家物語』には、そんな与一の一世一代の逸話が残されている。

元暦二（一一八五）年、屋島の戦いにおいて、平家方の女房が、小舟の上で扇《おうぎ》を射るように手招きした。そして棹《さお》に扇を立てると、この扇を射抜いてみよとばかりに源氏方を挑発した。それを見た源義経は、与一に扇を射るよう命じる。海岸から小舟に立てられた扇までの距離は約六十メートルほど。しかも小舟は波に漂っていた。

しかし、与一が放った矢は見事にこの的を射抜いた。この妙技により、与一の名は敵方の間にもとどろくこととなったのである。

頼朝の追討軍を撃退し、法然の弟子へ

この後、彼がどのような人生を歩んだのかは、あまり知られていないところであ

る。

源平合戦が終わり、世は源頼朝の天下となった。鎌倉幕府から疎《うと》んじられる存在となった与一は、幕府からの追討軍に追われることとなった。しかし、頼朝の腹心・梶原景時率いる幕府軍を見事に撃退し、無事、有利な条件で幕府と和睦を結ぶことに成功している。

その後、与一は自慢の武の腕を捨てると、唐突に剃髪《ていはつ》し、仏門に入ってしまった。時に三十四歳頃のことであったという。

なぜ与一が出家したのかは定かではないが、一説に多くの人々を死に至らしめたことを悔いたからであったと伝わる。

浄土宗の開祖・法然《ほうねん》に弟子入りした与一は、入門からわずか二年で法然の高弟と目されるまでに仏道を極めた。まこと鮮やかな転身ぶりであった。

自分が殺《あや》めた死者の菩提を弔うため、西国巡礼へと赴いた途上、現在の神戸市に鎮座する北向八幡《きたむきはちまん》神社で与一は六十四年の生涯を終えた。同神社の境内には与一を祀る那須神社が建立され、境内の西の丘の上に彼の墓がつくられた。

静御前

鎌倉で捕らわれの身となった貞女に襲いかかる苛酷な現実

吉野山での義経との哀しい別れ

源義経の愛妾《あいしょう》として知られる静御前《しずかごぜん》は、京の白拍子《しらびょうし》の出身である。白拍子とは神事や宴席で歌舞を舞い踊ることを業《なりわい》とした女性のことで、母の磯禅師《いそのぜんじ》も白拍子だった。

静御前の名前を聞いただけで、「しづやしづ　しづのおだまき繰り返し　昔を今になすよしもがな」という歌を思い出す人も多いだろう。静御前がこの有名な歌を謡《うた》ったのは、源頼朝、北条政子の前である。義経と別れた後に捕らえられ、鎌倉へ送られたときのことだった。尋問を受ける身でありながら、義経を慕《した》う歌を堂々と謡うとは、どのような覚悟があってのことだったのか。

後白河法皇の策謀が一因となって兄・頼朝に疎まれた義経は、静御前を伴って文治元（一一八五）年、京を出て西国を目指すが、大物浦《だいもつのうら》を船出した後、嵐に遭い、岸に吹き戻されてしまった。これで大勢の部下は散り散りになり、吉野山へ逃れたときには、静のほか源有綱《ありつな》、堀弥太郎景光、武蔵坊弁慶だけになっていた。

ここで静は最愛の義経と別離のときを迎える。流浪の旅となる先々に思いを巡らせた義経は、静をひとまず京へ戻すことにした。京には彼女の母の磯禅師がいる。金銀と供をつけられ、彼女は泣く泣く義経の決断に従った。

最愛の人も子も失った静の消息とは

ところが、静はこの後、供についてきた者に金銀財宝を奪われたあげく、冬の最中、雪深い金峰山《きんぶせん》に置き去りにされてしまう。迷い歩くうちに蔵王堂《ざおうどう》にたどり着き、やがて京の守護職にあった北条時政《ときまさ》に引き渡された。

そして、義経の居所についてさらに尋問を受けるため、母の磯禅師に伴われ、鎌倉へと送られていった。だがいくら厳しく追及されようと、知らないとしか答えようがない。彼女自身が知りたくて仕方ないくらいだっただろう。

そんな静が頼朝と政子の前で舞を舞ったのは、文治二（一一八六）年四月のこと。舞を鶴岡八幡大菩薩に供えるという名目で、度重なる要請を拒みきれなくなっていた。静は前述した歌に加え、やはり有名な「吉野山　峰《みね》の白雪踏み分けて　入りにし人のあとぞ恋しき」という歌を謡っている。義経と別れた悲しみ、慕い続ける心を大胆にも表現したわけだ。

居並ぶ御家人たちの間に緊張が走ったのも無理はない。案の定、頼朝は激怒した。関東の万歳を祝うのが筋であるのに、謀反人を慕う歌を謡うとはけしからんというのだ。

これをとりなしたのは妻の政子であった。もはや夫の敵とはなりえない義経を慕う静の姿が政子の哀れみを誘ったのであろう。頼朝への思慕と挙兵したおりの不安を引き合いに出し、夫を思う女の気持ちを訴えた。義経を恋い慕ってこそ貞女《ていじょ》だといわれては、頼朝も怒りを治めないわけにはいかず、褒美までとらせた。

おそらく静は死を覚悟していたのであろう。それが思わぬ展開を見たのである。ただし、彼女の苦悩は深まる一方だった。このとき静は義経の子を身籠っており、女児なら助けるが、男児なら殺すと言い渡されたのである。不幸なことに生まれたのは男児だった。母・磯禅師は必死で抵抗する静から赤児を取り上げ、頼朝の使者に渡してしまった。義経の忘れ形見のように育《はぐく》んだ命は由比ヶ浜《ゆいがはま》の海に消えた。

この後、静は失意のままに鎌倉を去る。政子は多くの贈り物をして送り出したが、最愛の人も子も失った静の心中はいかばかりであっただろう。

その後の消息は明らかではない。『義経記』では京に戻った後に出家し、天龍寺の麓で庵《いおり》を結んだとされ、また『異本《いほん》義経記』には、出家した後に名を変えて南都で暮らしたとする説もある。一方で奥州へ向かったとする説がある。もしかすると義経が奥州で死んだということを信じられず、愛する人を捜して各地を巡る余生を送ったのかもしれない。

源頼朝……落馬による死はカモフラージュ？鎌倉幕府の創始者はじつは暗殺された⁉

通説は落馬による脳出血だが……

源頼朝は不世出の武将であるが、実戦での武勇よりは政治家としての力量が卓越していたことで知られる。だからといって、武術がまるで駄目だったわけではない。石橋山の戦いにおいては自ら弓を取って奮戦している。

鎌倉幕府を開き、武家政権を創始した頼朝は、定説によると、建久十（一一九九）年に亡くなった。

建久九（一一九八）年十二月、頼朝が相模川の橋の開通式に臨席したときのことである。この橋は、稲毛重成《いなげしげなり》が北条政子の妹にあたる亡き妻の追悼のために架けたものだ。式は無事に終わり、頼朝は家来を連れていざ鎌倉へ帰ろうとした。ところが、あろうことか頼朝はその帰路で馬から振り落とされてしまったのである。そして年明けの一月十三日、無念にも最期のときを迎えた。死因は、落馬による脳出血であったといわれる。

平家や義経の祟りか、北条一族の暗殺か

馬から落ちたことが原因で死んだとは、有能な武将にはあまりに似つかわしくない最期である。馬術云々は抜きにしても、馬には乗り慣れているし、戦の最中の出来事でもない。

こうした事実が諸説を生んだ。

そもそも落馬原因説は、没後十余年にして『吾妻鏡』に登場した落馬の記述から生まれたと見られている。ただし、そこには開通式の帰りに落馬したこと、それから十余日して頼朝が死去したことが書かれているだけで、落馬と死を結びつけてはいない。

『吾妻鏡』は鎌倉幕府の準公的な記録であるにもかかわらず、肝心の死去当日の条が欠けている。それから十余年の後の記述が、死因を探る手がかりとされているのだ。これはあまりに不可解なことである。何か記録できない事情があったと考えるのは当然だろう。

古くは平家の祟りであるとか、義経や安徳天皇の怨霊の仕業だといった説が流布

したこともあった。ほかに、北条政子が嫉妬のあまり暗殺したとする説、政子の父・北条時政がクーデターを起こしたとする説などもある。

また、京の公卿の著した『百錬抄《ひやくれんしよう》』や藤原定家《ふじわらのさだいえ》の『明月記《めいげつき》』、慈円《じえん》の『愚管抄』などでは、心労、過労、急病といった死因が挙げられている。

近年では、脳卒中《そつちゆう》を起こしたとする説が注目されている。その根拠の一つが、近衛家実《このえいえざね》の『猪隈関白記《いのくまかんぱくき》』に見える「飲水の重病」という記述である。大量の水を欲する病気を飲水病といい、現代でいう糖尿病にあたると考えられている。糖尿病が進行した場合、合併症として恐れられるのが血管障害。これが脳で起こると脳卒中となる。

糖尿病になると抵抗力が弱まり、風邪などをひきやすい。こうしたことから、風邪をひいて馬に乗っていたときに軽い脳卒中を起こして落馬、やがて死に至ったという説を唱える人もいる。

もちろん記述通りの単なる落馬事故で、打ち所が悪くて死亡した可能性も捨てきれない。乗馬の名手であっても、ふとしたことで落馬することはある。真偽のほどはいまとなってはわからないが、突然訪れた無念の死であったことだけは確かだろう。

巴御前

愛した男が次々と殺害される……。源平合戦を彩る絶世の美女が直面した無残な運命

旭将軍の愛妾にして一騎当千の女武将

巴御前《ともえごぜん》というと、源平合戦に登場する女性のなかでも、一、二を争う勇猛果敢な戦士である。また、日の出の勢いで京の都に進軍して平氏を都から駆逐し、旭《あさひ》将軍《しょうぐん》と謳われた木曾義仲の愛妾と目されてもいる。

『源平盛衰記』には、巴御前は大弓の名手であり、荒馬も巧みに乗りこなし、武芸に秀でた剛の者であると記されている。それでいて容姿端麗《たんれい》な美しい色白の女性であったことから、その活躍ぶりが後世にまで語り継がれることとなった。

古くからドラマや戯曲のなかでスポットライトを当てられることが多い巴御前だが、その出自となると不明な点が多い。そもそも巴御前がいつこの世に誕生して、いつ没したのかも不明である。家柄は、信州木曾谷の豪族・中原兼遠《なかはらかねとお》の娘だとする説が有力だが、はっきりはしていない。

また、義仲が京都から落ち延びた際、巴御前は二十八歳だった、いや三十一歳だった、三十二歳だったなどといわれ、とにかく謎めいた女性なのである。

巴御前が残した逸話のなかで最も有名なものは、義仲と今生《こんじょう》の別れをする場面であろう。京都で源義経率いる東国武士との戦いに臨んだ後、敗走することになった義仲は、なんとか琵琶湖の打出《うちで》ヶ浜《がはま》まで落ち延びた。当初五万騎といわれていた義仲の軍勢であったがすでに多くは離散し、残った者も次々と討ち倒されてしまった。最後まで義仲に従っていたのはわずか七騎とも八騎ともいわれている。この状況下、巴御前はまだ義仲の傍《かたわ》らにあった。このことからも、彼女がいかに剛の者であったのかがわかる。

だが、一人で千人の相手と戦えるといわれた巴御前と、義仲はここで別れる決心をする。その理由については、自分の死期を悟った義仲が、最後の戦いに女性を連れていたのでは面目が立たないとしたという説や、故郷へ帰って自分の戦いの様子を後世に伝える役目を与えたからだともいわれている。

なかなか納得しなかった巴御前だが、義仲の願いを渋々受け入れ、最後の奉公とばかりに敵将を探す。そして、怪力で聞こえる敵将・恩田八郎師重《おんだはちろうもろしげ》を見つけるや、見事その首を取ってみせた。そして、鎧《よろい》や兜《かぶと》などを脱ぎ捨て、美しい女性の姿になって姿を消したとされている。

敵に命を救われ、その男を愛したが……

戦場を離れた巴御前のその後は、意外な動向をたどっている。それは、義仲の仇《かたき》となった源頼朝の部下の妻となったというものだ。

故郷の信濃国に帰り、悲嘆の日々を過ごしていた巴御前は鎌倉から召還されたが、どうしても義仲の仇である頼朝に打ち解けた態度を取ることができなかった。これに怒った頼朝は巴御前の首をはねるよう命じる。しかし、これを押し留めた人物がいた。のちに侍所《さむらいどころ》の別当にまで出世する頼朝の腹心・和田義盛《わだよしもり》である。巴御前の美しさと武勇を惜しみ、自分がもらいうけて妻にしたいと願い出たのだった。

その後、これに感謝した巴御前は義盛の妻となり、一人の男子を儲けた。その名を朝比奈三郎義秀《あさひなさぶろうよしひで》という。

ようやく落ちついた生活を過ごすことができるかと思われたが、それもつかの間のことであった。和田一族が北条氏の策略にかかり、合戦に巻き込まれてしまったのである。この戦いで義盛や義秀が戦死したうえ、和田一族までもが滅ぼされることとなった。あまりにも無残な運命に直面した巴御前は衝撃を受けて越中へと身を寄せる。そして出家して尼となり、残りの半生は義仲、義盛、義秀の菩提を弔いながら静かに暮らしたと伝わる。

しかし、信濃に帰った後の巴御前の心情や、その後、戦いの場で活躍しなかった理由なども明らかにされていない。出生や義仲と別れた後に巴御前がたどった道も、完全には解明されていない。

平安時代の小野小町《おののこまち》といい、この巴御前といい、絶世の美女とされる人物にはえてして謎が多い。こうした神秘性が後世の人々の想像をかき立てていったのだろう。

北条政子

夫の死後、不甲斐ない息子を暗殺⁉
北条家繁栄の道を選択した非情の母

流人時代から頼朝を愛した政子

北条政子《まさこ》は、源頼朝の妻にして尼将軍《あましょうぐん》の異名を取った人物である。聡明にして気丈夫、大きな目的の達成のためには母親としての情まで切り捨てたとまでいわれている。一般には冷酷非情の女性とされるが、激動の世に翻弄された多くの女性とは異なり、逆風に遭っても自らの意志で状況に対処していく姿勢が強烈な印象を残す。

政子は北条時政の長女として生まれ、六歳下に弟の義時《よしとき》がいた。後に時政は北条政権の礎をなし、義時が執権政治を確立したわけだが、そもそも政子の父・時政は地方の一豪族に過ぎなかった。娘の政子が伊豆へ流されていた頼朝と結ばれ、時政が流人である頼朝の器量と将来性を見抜いたことが、北条氏を権力の座へ引き上げる端緒《たんちょ》となるのである。

とはいえ、政子は純粋に頼朝に惚れ込んでいたようだ。政子は平家に盾突いて流人となった頼朝に恋をし、押し掛け女房のようにして妻となるのである。

政子は頼朝との間に、頼家《よりいえ》、実朝《さねとも》、大姫《おおひめ》、乙姫《おとひめ》と二男二女を儲けた。夫の偉業を継ぐべき子をなし、幸せに包まれ、平和な日々が訪れるのを期待していたことだろう。

頼朝の浮気に悩まされもしたし、その相手には情け容赦ない仕打ちもした。それでも、弱い立場にある女には憐憫《れんびん》の情を隠さない。義経の愛人・静御前が頼朝の前で平然と義経を慕う歌を謡ったときには、激怒する頼朝に対し、これぞ貞女であると自らの過去の心情をもあわせて述べ、夫をたしなめている。

父や息子より北条政権の存続を優先

ただし、不世出の男を夫とした政子も、子どものことでは恵まれなかった。長女・大姫は幼い頃に許婚《いいなずけ》（木曾義仲の嫡男）を頼朝に殺された悲しみから立ち直れぬままに早世。次女の乙姫も頼朝が没して間もなく他界した。

それでも息子が頼朝の後継にふさわしい人物であれば、少しは救われたであろう。しかし、それもかなわぬ望みだった。独裁色を強めていた頼朝が建久十（一一九九）年に五十三歳で急逝すると、厳しい現実に直面することになる。

長男・頼家が頼朝の跡を継いだのは十八歳のときであった。独裁制は停止され、北条氏、三浦氏、畠山《はたけやま》氏をはじめとした有力御家人による合議の体制に移行したものの、北条時政は将軍の外祖父として権力の強化に乗り出し、幕府草創期からの有力御家人は次々と粛清されていった。

当の将軍・頼家は力を削《そ》がれ、不満を持つが、その言動は愚かしいばかりで頼朝とは比べものにもならなかった。しかも、この暗愚な頼家と巧みに、そして密接に結びついた比企《ひき》一族が権勢をふるうようになる。比企能員《よしかず》は頼朝の乳母の養子で、妻は頼家の乳母だった。比企一族は外戚《がいせき》勢力であり、なおかつ頼家の後見としての地位も有していたのである。

そうしたなかで頼家が病床につくと、早くも時政は頼家と頼家の嫡男・一幡《いちまん》だけでなく、頼家の弟の実朝にも家督を継がせ、分割譲与としてしまった。六歳になる一幡は頼家と側室となった能員の娘との子であるため、比企一族に権力を掌握されるのを恐れたのである。

回復した頼家は憤怒《ふんぬ》して能員に北条氏の追討を命じるが、政子の知るところとなり、比企一族と一幡は時政により抹殺された。頼家も伊豆・修善寺《しゅぜんじ》に幽閉された後、殺されている。

この暗殺事件は北条氏が背後にあるとされる。実際に命令を下したのが時政であるにしろ、政子がこの事実を知らないわけがない。北条氏繁栄のために政子は息子の殺害を黙認したとみてよいだろう。その後、政子は、権力を握ろうとする父・時政の後妻・牧《まき》の方《かた》との対立を深める。時政はやがて牧の方の意のままに畠山重忠《しげただ》を誅殺《ちゅうさつ》し、三代将軍・実朝の暗殺さえ目論んだ。父とはいえ政子の我慢も限界であり、弟の義時と謀《はか》って父・時政と牧の方を伊豆に隠退させたのだった。

こうして義時が実権を握るわけだが、政子と義時が守ろうとした実朝も結局、頼家の子・公暁《くぎょう》に暗殺される。

この当日、義時は事件の直前に気分が悪くなって、その場を離れているため、暗殺劇の背後には義時がいたと見られている。そしてこの事件について傍らには政子の影がちらつく。公暁は実朝の猶子《ゆうし》となっていたものの、育てたのは政子である。

政子は頼朝の嫡流が跡絶《とだ》えることより、政権の維持と北条氏の繁栄を選んだとみていいだろう。

だが、いくら非情に徹したとしても、腹を痛めた我が子を殺すことは苦渋に満ちた決断だったに違いない。当然、御家人たちも諸事情はわかっていただろう。承久の乱に際して、将軍御所に集めた武士たちに演説を行なったとき、彼らが士気を上げたのも、そうした政子の姿勢を理解してのことだと見ることもできる。かつて公卿に犬扱いされた武士が一人前に扱われるようになったのは頼朝公のおかげであり、その恩がある、生き永らえて三代将軍の墓所を踏みにじられるのははなはだ悔しいとの頼朝の遺志を示し、上皇側につくなら、まずこの尼を殺して鎌倉を焼き払えと言い放ったのである。

やがて弟・義時も世を去り、政子はその子・泰時《やすとき》を執権《しっけん》に任命した。このときには義時の後妻・伊賀《いが》氏の陰謀をかぎとり、未然に防いでいる。こうして数々の難事に対処した末、政子にようやく永遠の休息が訪れた。

政子は六十九年の生涯で、夫と子供四人をはじめ、多くの喪失を味わっている。時には我が子を抹殺する企てに関わりもしたのだろう。それと引き換えに得た北条氏の天下を、どんな胸中で見つめていたのか、いまとなっては知る由《よし》もない。

第三章

戦国乱世を駆け抜けたあの人物、「その後」の明暗

北条早雲

八十五歳で二か国を支配下に！ 老いてますます盛んな大器晩成型

戦国武将に珍しい五十五歳での嫡男誕生

ほぼ百年にわたる戦国の乱世——その幕開けとなったのが、北条早雲《ほうじょうそううん》による下克上であることはよく知られている。

北条早雲という名前は通り名で、本名は伊勢盛時《いせもりとき》であると伝わる。早雲という名は、入道《にゅうどう》したときの名、早雲庵宗瑞《そうずい》に由来するものだ。ただし、北条の姓を名乗るようになったのは、長男・氏綱《うじつな》の代からである。

戦国武将の多くは早婚で、元服直後の十代後半から二十代前半には結婚するのが一般的だった。混迷の世にあって死と常に隣り合わせにあった状況下、一日でも早く跡取りをなす必要があったためである。

そのような時代にあって、早雲は晩婚だった。長男・氏綱が生まれたのは長享元（一四八七）年、早雲五十五歳のときである。氏綱誕生の二年後、延徳元（一四八九）年には次男・氏時《うじとき》が生まれた。このとき妻が亡くなったため、その翌年頃、葛山氏の娘と再婚し、三男・幻庵《げんあん》を儲けた。ときに早雲六十一歳であった。

相模・伊豆を治めたのは八十を過ぎてから

そもそも、早雲の名前が史料上に現われるのは四十歳を過ぎてからのことだ。はじめ駿河《するが》守護・今川義忠《よしただ》の室であった妹を頼って今川氏のもとに身を寄せ、石脇城を居城としたとされている。文明八（一四七六）年、義忠が戦没し、今川家に内紛が起こると龍王丸（今川氏親《うじちか》）を支持した。その後、今川範満《のりみつ》を支援する上杉定正《さだまさ》から派遣された太田道灌《どうかん》とともに内紛を調停したことで、歴史上にその名を残すこととなった。早雲が四十五歳のときである。

道灌が謀殺された翌年の長享元（一四八七）年、早雲は範満を攻めて自害させ、龍王丸を駿府《すんぷ》に移して今川家の家督とすると、その功績が認められ、興国寺城主となった。

このあたりから早雲の充実した後半生が開花していく。

延徳三（一四九一）年に伊豆の韮山《にらやま》に城を築き、さらに明応四（一四九五）年には小田原城を奇襲攻撃して奪った。

八十歳を過ぎてもなお、早雲の士気は衰えなかった。鎌倉以来の名門・三浦氏を破って相模を征服し、伊豆とあわせて二か国を治めたときは八十五歳だった。数ある武将のなかで、もっとも大器晩成型だったといえるだろう。

北条幻庵

……戦いに明け暮れながらも九十七歳で大往生！理想的な老後生活を送ったその秘訣とは⁉

後北条氏・五代百年を生き抜いた幻庵

戦国武将のなかでもっとも長寿といわれるのが、九十七歳まで生きた北条幻庵《げんあん》だ。常に死と隣り合わせにあった戦国時代、合戦に明け暮れたなかでは驚異といえる。

幻庵は明応二（一四九三）年に北条早雲の三男として生まれた。後北条氏二代目・氏綱の弟にあたる。

幻庵が亡くなったのは天正十七（一五八九）年。いわゆる秀吉による小田原征伐で北条氏が滅亡する前年にあたる。早雲、氏綱、氏康《うじやす》、氏政《うじまさ》、氏直《うじなお》と俗にいわれる「後北条五代百年」を生き抜いたのである。

「幅広い趣味」こそ長寿の秘訣

なぜ幻庵はこれほどまでの長寿を保つことができたのか。

当時の戦国武将の健康管理法は、簡単にいえば「快食、快眠、快便」。これを保つために武将たちは、「早寝、早起き、手水《ちょうず》（トイレ）」という生活パターンを守っていたという。しかし、幻庵にとっての健康法は、むしろ精神面に比重が置かれていた。幅広い趣味を持つことで、精神の安定を図ったのである。

幻庵は、早雲が六十一歳のときに生まれた子だった。早雲はこの息子に対して、これからは武力だけで国を治めることはできない、大事なのは「文」であるとよく言い聞かせていた。そして幻庵を京都や近江《おうみ》の三井寺などに出して、積極的に学問を積ませたのである。

それだけではない。早雲は幻庵に、自分の得意な、鞍《くら》づくり、尺八づくり、茶臼づくり、庭づくりなども手ほどきしている。これらの技術を身につけた幻庵は、非常に文化的な武将へと長じた。

幻庵の書いたものとして『幻庵おほへ書』が残る。これは、七十歳の幻庵が、甥にあたる氏康の娘が吉良《きら》氏に輿《こし》入れする際、夫の呼び方や結婚式当日の注意などを書き記した新婚生活マニュアルである。大変温かみのある手紙で、戦国時代にあって珍しいものと評判が高い。

こういった文化人の幻庵であったが、一方で戦場では常に先頭に立って猛然と戦ったという。広い教養を持ち、ボケとは無縁の生活。まさに理想的な老後だったようだ。

陶晴賢

毛利元就に敗れたのは、亡霊に復讐されたから⁉ 「主君殺し」の裏切り者を待ち受けていた驚きの結末

「文人肌」の主君を追い落とす

陶晴賢《すえはるかた》が父の跡を継ぎ、周防大内《すおうおおうち》氏の守護代の任についたのは十八歳のときだった。

しかし主君・大内義隆《よしたか》とは反りが合わなかったようだ。義隆は山口を「小京都」と呼ばれる町に発展させたほど文化の興隆に力を入れた人物だった。必然と重用する武将も行政手腕に優れた文化人らが中心となり、武功派であった晴賢は軽んじられていった。

そこで晴賢は、天文二十（一五五一）年、ついに主君を追い落とすことを決し、反乱の兵を挙げたのである。義隆を自害へと追い込んだ晴賢は、豊後《ぶんご》の大名・大友《おおとも》宗麟《そうりん》の弟で、義隆の姉の子にあたる晴英《はるひで》を大内家の当主として迎え入れた。ひとえに、主君殺しという汚名を免れるためである。政務をおろそかにする暴君をお家のために誅《ちゅう》するという大義名分を生み出したのであった。

厳島合戦要図

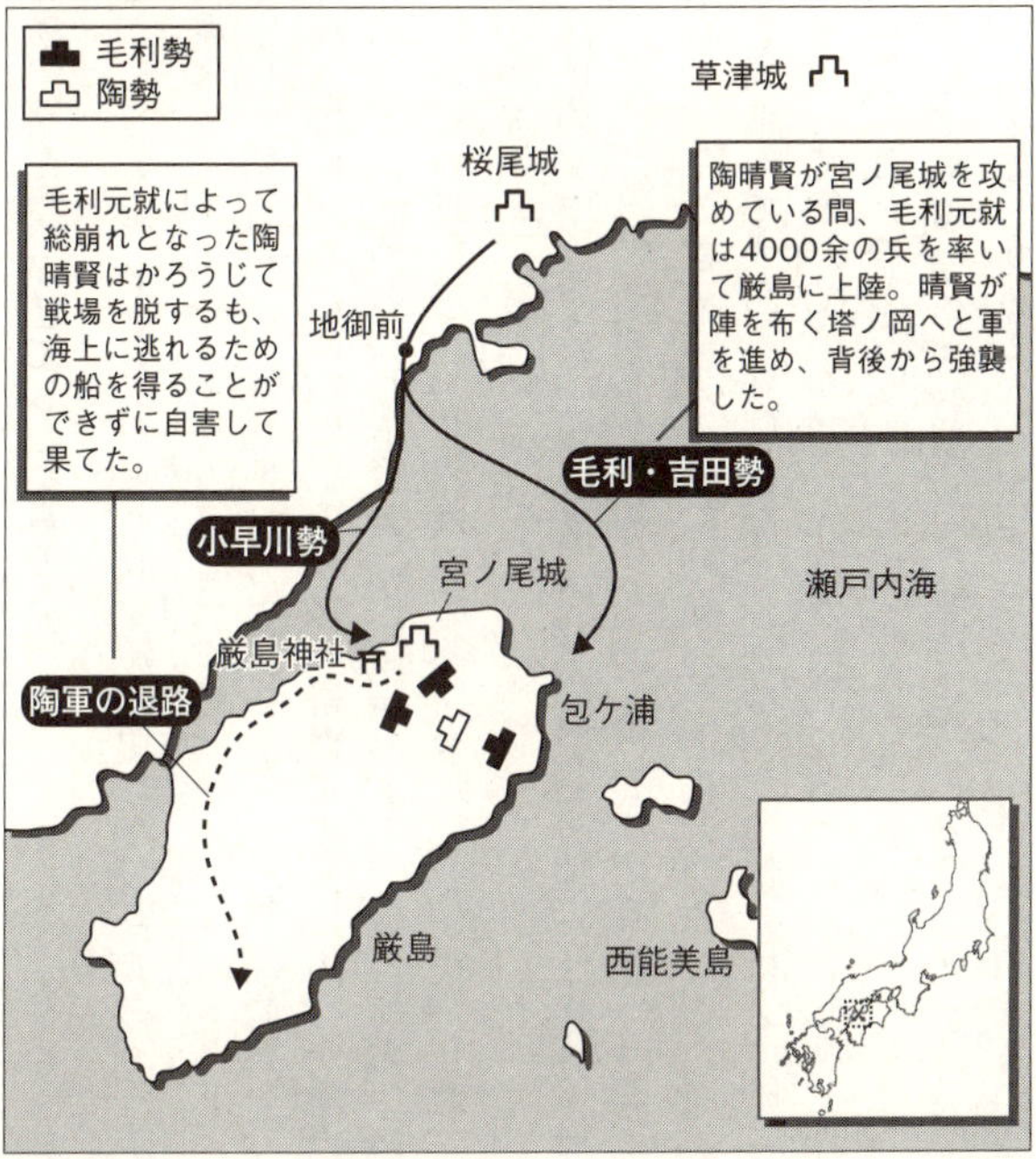

陶勢2万超に対して毛利勢は4000余に過ぎなかったが、毛利元就は謀略を凝らし、陶晴賢を討ち取ることに成功した。

厳島合戦で晴賢が目にした亡霊の正体

こうして実質、大内家の乗っ取りに成功した晴賢であったが、やがて大内家の家臣であった毛利元就《もうりもとなり》と対立するようになった。

そうして弘治元（一五五五）年に勃発したのが厳島《いつくしま》の戦いである。厳島を舞台として繰り広げられた戦いは、毛利勢の奇襲によって陶勢が総崩れとなったことで終わった。追い詰められた晴賢は逃亡を試みるも、途上で力尽き、自害を遂げた。

この晴賢の死を巡り、じつは亡霊となった武者が復讐したのではないかという話も伝わっている。

大内氏の家臣に厚狭弾正《あつさだんじょう》という者がいた。弾正は義隆に恩を受けていたことから、「主君が死ぬときは自分もともに死ぬ」と日頃から口にしていたが、ある武士が晴賢に、この言葉は弾正の謀略であると告げ口をしたため、晴賢は無実を訴える弾正を捕らえて火あぶりにした。弾正は「この恨みは必ず晴らすであろう」という言葉を残して死んでいった。元就が晴賢を討つために挙兵したのは、それからおよそ半年後のことである。

そして、戦場でのこと。晴賢の前に紫色の甲冑《かっちゅう》を着けた武者が鹿毛《かげ》の馬に乗り、太刀を振りかざしながら迫ってきた。晴賢はその武者の顔を見て恐怖におののき、「厚狭弾正だ」と大声を上げた。その衝撃で晴賢は落馬。態勢の乱れを毛利方につかれ、晴賢方は敗北を余儀なくされた。この武者こそ、じつは弾正の亡霊だったという。

毛利元就

毛利家を存続させたのは「三本の矢」ではない!? 豊臣秀吉を救い、所領を守った「毛利四本目の矢」とは？

すでに長男がいなかった「三本の矢」の逸話

余命いくばくもない毛利元就《もとなり》が三人の息子、隆元《たかもと》、元春《もとはる》、隆景《たかかげ》に対して教訓を述べた「三本の矢の訓」の逸話はよく知られるところである。一本の矢であれば簡単に折れてしまうが、三本束ねたら折ることはできない。このように兄弟三人で力を合わせれば、いかなる難事にも対処できると諭《さと》したものである。

とはいえ、これは後世の創作に過ぎない。元就が七十五歳で亡くなったとき、すでに長男・隆元はなかった。

ただし、元就五十九歳のときに息子たちに与えた『三子教訓状《さんしきょうくんじょう》』があり、これが後年になって脚色され、「三本の矢の訓」になったのではないかと見られている。

海で難破した秀吉を救った秀元

元就は七十一歳まで子づくりに励み、男女それぞれ十二人、計二十四人もの子をなした。そのうち男九人女二人が成人したが、後日、長府《ちょうふ》毛利家の祖となった毛利秀元《ひでもと》、すなわち元就の四男・毛利四郎元清《もときよ》の息子は、「毛利四本目の矢」といえるほどの功績を残している。

文禄の役で肥前名護屋《ひぜんなごや》に出陣していた豊臣秀吉《とよとみひでよし》は、生母・大政所《おおまんどころ》の危篤の知らせを受けて京都に帰ることになり、船を急がせていた。しかし、その日は波が高く、船は岩に激突して沈没してしまった。海に投げ出された秀吉らは、岩まで泳ぎついて助けを求めていた。すると、激しい波のなか、まっすぐに近づいてくる小舟がある。乗っていた若者は、裸の老人を自分の小舟に救出したが、それが太閤《たいこう》秀吉と知ると恐縮した。名を名乗るように求められると、毛利元就の四男・毛利四郎元清の倅《せがれ》だという。秀吉は地獄で仏に出会ったように喜んだ。

秀吉は、本能寺の変で急遽《きゅうきょ》和平を結んだままの毛利氏が気になり、いつか取り潰そうと思っていたが、その一族に命を救われることになった。この倅を大坂城に連れて帰り、自分の一字を与えて「秀元」と名乗らせる。やがて、秀元は子どものなかった毛利輝元《てるもと》の養子になった。そして秀吉は、長門《ながと》、周防の三十六万石は秀元の分で何人《なんぴと》もこれを奪うべからずという連判を、徳川家康《とくがわいえやす》ら五大老から取っている。

このため、毛利輝元が関ヶ原の合戦で大坂方につき、戦後、削封《さくほう》されても、長門、周防は没収されず、毛利の家系は続くことができた。

斎藤道三

因果応報!?　主君を裏切り、一国の主にのぼりつめた「美濃の蝮」を殺害したのは、なんとじつの息子!?

「蝮」の相次ぐ下剋上

「美濃の蝮《まむし》」と恐れられた斎藤道三《さいとうどうさん》の出自ははっきりしていない。伝えられるところでは、京都の地侍の子であったらしい。

いったんは京都・妙覚寺《みょうかくじ》の修行僧となり、仏僧としての才覚を発揮するものの、僧としての生活に飽き足らなかったのか、還俗《げんぞく》して油屋に婿《むこ》入りすると、油売りの行商人となって諸国をまわった。

商売をしながら、旧来の秩序が大きく揺らぎ、下克上の世が到来しているのを目のあたりにした道三は、やがて大名家の家臣となることを画策する。そのために職も女房も捨て、修行僧時代の知り合いや、商いの得意先だった長井《ながい》家の口利きを得て、美濃の守護大名・土岐《とき》家に召し抱えられることに成功した。

道三の主人となったのは、土岐家の当主・政房《まさふさ》の息子である土岐頼芸《よりなり》であった。奉公に励む道三を頼芸は気に入り、何かと引き立ててくれた。跡継ぎが途絶えた名《めい》家《か》の跡取りにと道三を推挙し、知行地が得られるようにしてくれたのも頼芸である。

そんな頼芸の恩に報いる気になったのかどうか、道三は土岐家の当主交代劇に乗じて頼芸を守護の座に就けることに成功する。

道三の野望が露骨にあらわれるようになったのはこの頃からだった。恩義のあるはずの長井家に謀反の企てがあるとして当主らを殺し、主のいなくなった長井家を乗っ取ってしまったのだ。

そしていよいよ天文十一（一五四二）年、道三はさんざん世話になった主君・頼芸の住む大桑《おおが》城を急襲する。城はあっけなく落ちて頼芸は逃亡、道三は美濃一国を手中に収めてしまった。

恩人や主君を立身のために利用し尽くした後、手の平を返すように裏切って、一国の主となったのである。

本当は主君の子だった!?　嫡男との対決

こんな道三にとって、嫡男の義龍《よしたつ》は歯がゆい存在だった。義龍は、道三と違って穏やかな性格で、大柄な容貌も道三には似ていなかった。

じつは義龍の生母は、かつて道三が主君の頼芸からもらい受けた美女であり、道三に嫁《とつ》いでから日数が満たないうちに義龍が生まれたことから、義龍の実父は頼芸ではないかとの噂が過去に絶えなかったのだ。その噂は、当然のことながら道三の耳にも、義龍の耳にも入っていたことだろう。道三は義龍を嫌い、ほかの息子にばかり愛情を注いだ。

結局は家督を譲られた義龍だが、いつかは廃嫡《はいちゃく》されるのではという疑いが捨てきれず、稲葉山《いなばやま》城に兄弟たちを呼び出すと殺してしまう。父に対する謀反であることは、誰の目にも明らかだった。

ついに弘治二（一五五六）年、父と子は長良《なが》川を挟んで対峙することとなる。義龍側の圧倒的な兵力の前に、権謀術数で世を震撼《しんかん》させた道三も敵《かな》わず、六十三歳の壮絶な生涯を終えた。

稲葉一鉄

数々の戦いに従軍し、戦功を挙げた猛将、織田信長に殺されかける!?

仏門から還俗して戦国武将になる

出世のために知識がそれほど意味をもたなかった戦国時代において、稲葉一鉄《いなばいってつ》は秀でた知性の持ち主であった。

一鉄は美濃国出身。五人の兄がいたため、一鉄ははじめ仏門に入った。これがのちに織田信長《おだのぶなが》を驚嘆させることになる。

当時、斎藤氏が治めていた美濃国は戦乱が絶えず、一鉄の兄たちは次々と戦死してしまった。そこで家の跡を継ぐべく、一鉄は還俗し、曽根《そね》城主となった。

下剋上の典型ともされる斎藤道三は嫡男・義龍との争いのうえに戦死。その義龍も三十代半ばにして病死した。義龍の跡を継いだ龍興《たつおき》は十四歳とまだ幼く、傍《かたわ》らに仕える一鉄は苦労が絶えなかった。

信長が美濃攻略に乗り出した際、一鉄は討ち死に覚悟で籠城《ろうじょう》したが、羽紫《はしば》（のちの豊臣）秀吉の説得もあり、信長の前に降伏。斎藤氏の滅亡後、一鉄は信長の家臣として仕えることとなった。

暗殺寸前、己の学識の高さが命を救う

一鉄がとくに戦功を残したのは、元亀元（一五七〇）年の姉川の戦いにおいてである。

姉川の戦いで、一鉄は信長から徳川家康への加勢を命じられ、家康軍と協力して朝倉・浅井連合軍を打ち負かした。このとき、信長は当初、一鉄の功績のみを讃《たた》えたが、一鉄が信長を目の前にして「このたびの戦勝は三河殿（家康）のお力によるもの。功名は三河殿の将士にあり、一鉄にありとの仰《おお》せは片腹痛うござる」といってのけた。信長は返す言葉もなく、家康の家臣にも恩賞を与えたという。

常日頃、自分の意見を臆することなく信長に言上《ごんじょう》する一鉄に対して、信長は「さては謀反を起こそうとしているのではないか」と疑念を抱くようになる。そして一鉄の暗殺を計画した。

こうして信長から茶室に招かれた一鉄ではあったが、そこには刺客も同席していた。彼らが床《とこ》の壁にかけてあった軸画を話題にしたところ、一鉄は軸の賛《さん》をすらすらと読み上げてその意味を説いた。すると信長は一鉄の学識に感心し、一鉄を殺害しようとした己の浅はかさを悔いた。そして以後、一鉄を重用したと伝わる。

一鉄は、信長の死後は秀吉につき従い、天正十二（一五八四）年、秀吉と織田信《のぶ》

雄《かつ》・徳川家康連合軍との間で戦われた小牧・長久手の戦いにおいて活躍をなしたが、その後は戦場に出ることはなく、天正十六（一五八八）年十一月十九日、七十四年の生涯を終えた。

フロイス……織田信長の保護を受け、キリスト教布教の礎を築くも、その後に待ち受けていた迫害の日々

フロイス、京都で信長と対面を果たす

語学・文筆の才能に優れ、『日本史』など多くの著作を書き残したイエズス会宣教師ルイス・フロイスは、織田信長との親交が深かったことで知られている。

フロイスが来日したのは、永禄六（一五六三）年のことである。肥前横瀬浦《ひぜんよこせうら》に上陸し、平戸を経て上京するが、正親町《おおぎまち》天皇の綸旨《りんじ》（天皇の意思を伝える文書）によっていったんは京都から追放されてしまう。しかし永禄十一（一五六八）年、織田信長が入京すると、その翌年、再度上京を果たし、信長と対面した。

この初対面を、信長はのちに「どのようにして迎えればよいのかわからなかった」と述べたという。信長はフロイスから異国の土産を献上されたが、遠くからた

だフロイスを眺めていただけだったようだ。

あやうく消滅しかけた著作『日本史』

元来、進取の気質に富んだ信長である。ときに比叡山《ひえいざん》の焼き打ちや本願寺派との対立もあり、キリスト教という新しい宗教を広めることで、仏教の勢力を弱めたいとする策略もあり、フロイスの布教活動を優遇した。

『日本史』には、信長が豪奢《ごうしゃ》な安土《あづち》城に案内してくれたことや、一緒に会食したことなどが記され、本能寺の変についても詳しく記載されている。しかし、順風だった布教活動も織田信長が亡くなったことで、風向きが変わってくる。

政権が豊臣秀吉に移ると、はじめのうちは優遇されていたキリスト教だったが、まるで手の平を返したかのように突如迫害されるようになる。天正十五（一五八七）年には秀吉によってバテレン追放令が出され、宣教師たちは迫害を受けた。

こうして平戸に送られたフロイスであったが、その後も日本に留まり、布教活動の歴史を描いた『日本史』の執筆を続け、慶長二（一五九七）年、長崎でその生涯を閉じたのであった。

フロイスが一生をかけ、心血を注いで作成した『日本史』だが、じつはイエズス会本部までは届けられていなかったという。検閲をしていたイエズス会の日本巡察師ヴァリニャーノが「無駄な部分が多い」として本部へは送らず、マカオにあるイエズス会学院の倉庫に眠らせていたためである。のちにこの倉庫は炎上し、『日本史』の原本は焼失してしまうが、これも神のおかげか、幸いなことに写本が残されており、その後の貴重な資料となっている。

濃姫

京都で墓を発見？ 信長の正室は、じつは江戸時代まで生き抜いた!?

斎藤道三の死で「宙に浮いた」濃姫

織田信長の正室は、通称濃姫《のうひめ》と呼ばれた斎藤道三の娘である。その名を「帰《き》蝶《ちょう》」と記した書物もあるが、実名は不詳である。名前だけでなく、信長との結婚後の生活についてもあまり伝えられておらず、いつどこで亡くなったのかさえわかっていない。

このように謎に満ちた女性であっただけに、古くから様々な推測がなされてきた。一般に、弘治二（一五五六）年、道三が息子の義龍と戦って戦死した後、美濃へ帰されたとされる。信長と濃姫は、そもそもが政略結婚であり、道三の死によって織田・斎藤同盟が崩れたことで、濃姫の存在が必要なくなってしまったのである。

信長が死んだ後も数十年生き続けた？

しかしこれも憶測にすぎず、永禄十（一五六七）年、信長が斎藤氏を滅ぼした後も、濃姫は信長の正室として生きていたともいう。山科言継《やましなときつぐ》による『言継卿記《ときつぐきょうき》』によると、永禄十二（一五六九）年、信長が義龍の後家がもっている壺《つぼ》を取りあげようとした際、義龍の後家とともに「信長本妻」も抗議したとある。この本妻は濃姫と考えるのが妥当だろう。

一方、この事件以前から信長は生駒家長《いこまいえなが》の妹・吉乃《きつの》を室に迎え入れ、信忠《のぶただ》、信雄、徳姫《とくひめ》を生ませている。濃姫にかわり吉乃が正室の立場になっていたともいわれており、その力関係ははっきりしていない。

では、濃姫はいつ頃まで生きていたのだろうか。

織田信長の菩提所、滋賀県安土町の摠見寺《そうけんじ》に伝わる織田家の過去帳に「養華院殿要津妙玄大姉　慶長十七壬子七月九日信長公御台」という記載があり、この養華院が濃姫ではないかといわれている。また、京都の大徳寺《だいとくじ》塔頭《たっちゅう》総見院《そうけんいん》にある織田家墓所の五重塔の一つが濃姫の墓と推測されている。

これが事実であれば、信長が本能寺で命果てた後も生き、慶長十七（一六一二）年、七十八歳で没したことになる。戦国の女性として気丈に生き抜き、天寿をまっとうしたのかもしれない。

武田信玄……影武者を立て、自らの死を隠そうとした「甲斐の虎」。しかし、じつはバレバレだった⁉

信玄、上洛半ばで病に倒れる

天文十（一五四一）年に父・信虎《のぶとら》を追放して甲斐《かい》の守護となった武田信玄《たけだしんげん》は、天下統一という野望を抱いた武将であった。信濃一円を手中に収めると、その後、破竹の勢いで勢力を拡大する織田信長に抗《あらが》う勢力、本願寺や浅井氏、朝倉氏などと連携して反信長包囲網を形成。元亀三（一五七三）年には駿河の徳川家康を三方ヶ原《みかたがはら》にて撃ち破り、その勢力を駿河にまで拡大することに成功した。

そのまま上洛を果たし、天下に覇を唱えようとした信玄であったが、その途上で病に倒れ、元亀四年四月十二日、信濃国伊那の駒場《こまんば》で没した。享年五十三。

信玄の死については病死説と攻略中に受けた鉄砲の傷が原因とする説があるが、

甲相駿三国同盟の成立

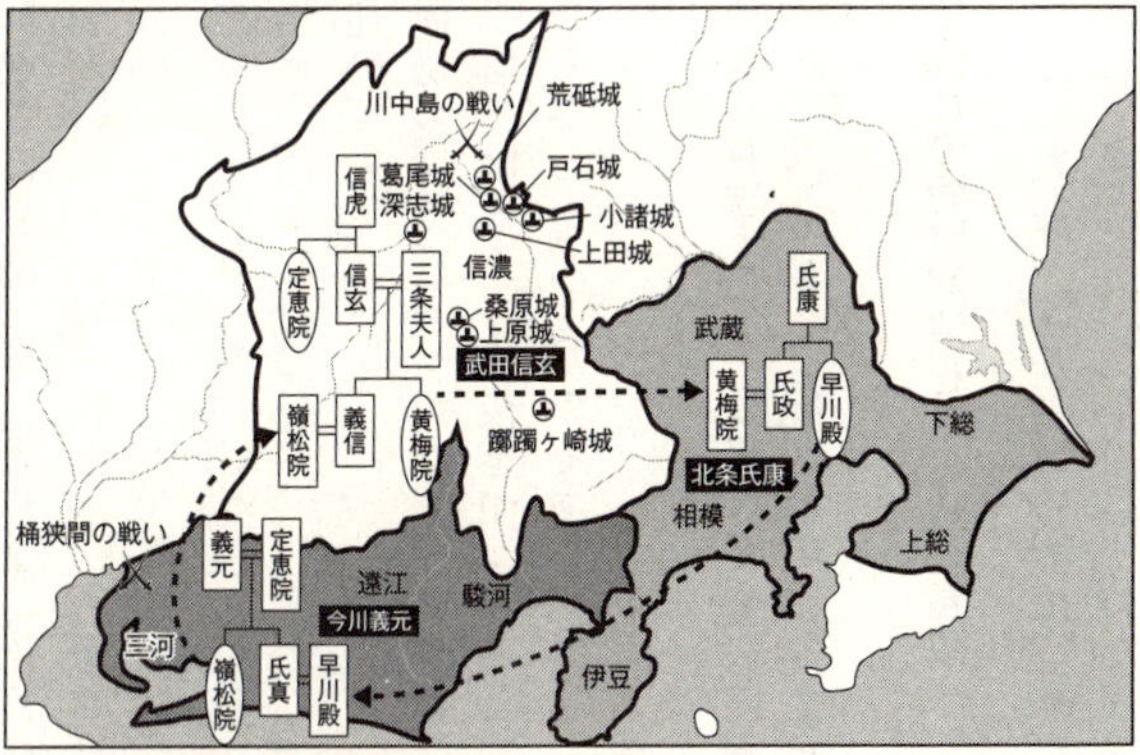

甲斐の武田信玄は、駿河・遠江の今川、相模の北条と三国同盟を結ぶことで、信濃に領土を広げていった。

信玄の侍医《じい》をつとめた者の書状に死に至るまでの経過が記されていたため、今日では持病が悪化して死に至ったというのが通説となっている。ただし、持病については、肺結核、肺ガン、胃ガンなど諸説ある。

またたく間に全国に拡散？

侍医の書状によると、信玄は死の直前に四男・勝頼《かつより》を枕元に呼び寄せ、遺言をなしたという。それは、「自分の死後、三、四年間は死を公表しないように」というものであった。もし自分が死んだことが世に知れてしまえば、各地の大名らが信濃に侵攻してくると考えたからである。

勝頼は遺言に従い、信玄の弟・信廉《のぶかど》

を影武者に立て、信玄は病気のために隠居するということにした。信玄の葬儀が営まれたのも、三年の喪が明けた天正四（一五七六）年四月のことであった。

しかし、実際には一か月もしないうちに上杉謙信のもとに信玄死去の情報が報告されている。また、織田信長も信玄の死を喜んだといい、徳川家康は「御齢も五十を過ぎたばかりなのに、もし死去の噂が真実ならば惜しいことである」と哀悼の意を述べている。

極秘の情報であったはずの信玄の死は、またたく間に全国に拡散した。これによって信長は信玄に背後をつかれるという心配をすることなく、天下統一へ向けて邁《まい》進《しん》することができたのであった。

朝倉義景と浅井父子……頭蓋骨が金杯にされた⁉　裏切り者に与えられた信長の非情な憂さ晴らし

信長との同盟解消を選択した長政

近江の大名・浅井《あざい》長政《ながまさ》の妻は、織田信長の妹・お市《いち》の方である。信長の美濃攻略に際し、美濃と国境を接していた浅井氏と同盟を結ぶために、この婚姻が計画された。

両家の関係は良好で、長らく蜜月《みつげつ》の時代が続くが、やがて上洛を果たした信長が越前朝倉家の攻略に乗り出すに至り、両家の関係に暗雲が立ちこめることとなった。

もともと浅井家は朝倉家と昵懇《じっこん》の間がらであった。そのため織田家と同盟を結ぶにあたっては、「朝倉氏を勝手に攻めないこと」「朝倉氏と敵対することになった場合は事前に報告すること」といった条件を提示していた。しかし、信長はそれを無視し、独断で朝倉領に攻め入ってしまう。ここに、長政は信長と袂《たもと》をわかつこととなったのである。

信長のすさまじいまでの執念

元亀元（一五七〇）年六月二十八日、姉川の戦いで、織田・徳川連合軍の前に朝倉・浅井連合軍は敗れ去る。朝倉軍は越前へ敗走、浅井軍は近江国浅井郡の小谷《おだに》城《じょう》に籠城した。

天正元（一五七三）年八月、信長出陣の報を得た朝倉義景《よしかげ》は二万の大軍を小谷城の救援に送り込んだが、逆に総攻撃にあい、朝倉軍の本拠である越前一乗谷《いちじょうだに》を守りきることができず、自害した。

信長はその後、小谷城に攻撃をしかけた。

小谷城は黒金門《くろがねもん》から大広間、本丸、小丸、局屋敷《つぼねやしき》、中丸、京極丸、山王丸と階段状に上に向かって並んでいる。織田軍の先鋒・羽柴秀吉率いる一軍は、まず京極丸を占領して城内を中央で分断したうえで、長政の父・浅井久政《ひさまさ》が守る小丸を攻撃した。その日、久政は自害している。さらに秀吉軍は長政が守る本丸へと攻め入ったが、長政も自害して果てた。

それからおよそ四か月後の天正二（一五七四）年正月、浅倉義景、浅井久政、浅井長政三人の頭蓋骨は漆《うるし》と金粉で塗り固められ、祝宴の席に杯《さかずき》がわりに出された。これには、その座に居合わせた武将たちもさすがに驚きを隠せなかったという。このエピソードは、自分を裏切った者に対する信長のすさまじいまでの執念を物語るものとして知られている。

朽木元綱……信長、秀吉と仕えた家の命脈を保つことができたのは、橋を直したおかげ!?

将軍家の「避難場所」だった朽木村

朽木元綱《くつきもとつな》は織田・豊臣時代から徳川家康・秀忠《ひでただ》の江戸時代初期にかけての武将で、先祖は近江源氏の流れをくむ佐々木氏の一族である。承久三（一二二一）年の承久の乱で戦功をあげた佐々木信綱《ささきのぶつな》が朽木庄《しょう》の地頭職となり、その孫の義綱《よしつな》の代になってから「朽木」姓を名乗るようになったとされている。

元綱の祖父である稙綱《たねつな》の時代に室町幕府と接近する。享禄元（一五二八）年、三《み》好元長《よしもとなが》が京都に侵入した際、京から近江に逃れてきた十二代将軍・足利義晴《あしかがよしはる》を稙綱は朽木谷に迎え保護している。天文二十（一五五一）年には十三代将軍・足利義輝《よしてる》が三好長慶《ながよし》に京都を追われ、朽木家を頼って朽木谷に逃げ込んだ。このように、朽木村は将軍家の避難場所であった。

元亀元（一五七〇）年四月、織田信長は徳川家康とともに三万の大軍を率いて、越前の朝倉義景を討つために敦賀に進攻した。信長が義景の本拠・一乗谷城に迫ろうとしたときのこと。突然、近江の浅井長政と北近江の六角承禎《ろつかくしようてい》が信長に対して謀反を起こしたのである。これによって前後を敵に挟まれた信長は、一転窮地に陥った。

信長はすぐに撤退を決断。このとき、羽柴秀吉が殿《しんがり》の大任を買って出た。秀吉は七百人余りで殿を務めると、無事、信長を逃がすことに成功したのであった。

一方、信長は当時二十一歳の元綱の案内で朽木谷を越え、無事京都にたどり着くことができた。これを契機として元綱は信長に仕えるようになった。信長没後は秀吉に仕えて近江高島郡朽木谷二万石を領し、その後も巧みな転身で家を守った。

瀬田橋の修造で「家の名」を後世に残す

元綱は当初、関ヶ原の合戦では西軍の大谷吉継《おおたによしつぐ》軍に属していたが、九月十五日の決戦当日、小早川秀秋《こばやかわひであき》とともに東軍に寝返った。しかし、このことは事前に家康の了解を得ていたわけではなかったために、戦後、元綱の所領は半減され、九千五百九十石となった。もとの二万石からすれば一万石もの減封であるが、所領が保たれただけでも幸運であったといえよう。そして、ほどなく朽木谷の市場に陣屋《じんや》を構えることとなった。

数年後、元綱は嫡男・宣綱《のぶつな》とともに瀬田橋の修造奉行に任命された。瀬田橋は琵琶湖南部の瀬田川に架かる橋で、古来、橋姫伝説などが伝えられている由緒ある橋である。また、京都に近いことから往来も盛んであった。瀬田橋の修造は朽木家にとって重要な任務であり、これを成功させることで源氏朽木家の名を後世に残すことができると元綱は考えた。

完成した橋を見た家康は元綱・宣綱父子を行賞《こうしょう》し、信頼関係も築かれた。その後、父子は家康、そして秀忠に近侍した。

松永久秀

度重なる裏切りをなした悪役が、自害の直前に見せた武将の気概とは!?

主人暗殺と東大寺大仏殿焼失

松永久秀《まつながひさひで》の出自については山城《やましろ》国、阿波《あわ》国と諸説あるが、山城国出身であれば斎藤道三と同郷ということになる。久秀は道三と並び称される下剋上の典型的な武将である。

当初、久秀は阿波の三好長慶に仕えた。天文十八（一五四九）年、長慶が京都に攻め入ったとき、京都鎮撫《ちんぶ》の役に任じられている。その後、大和《やまと》（現・奈良県）守護を命じられ、信貴山《しぎさん》に城を築いた。

永禄六（一五六三）年、久秀は長慶の嫡男・義興《よしおき》を毒殺した。息子の死に落胆した長慶は、その翌年に病死した。一説に、長慶の死もまた、久秀の手によるものだといわれている。

こうして三好家は、久秀によって滅ぼされた。未亡人となった三好長慶の妻は、久秀の側室とされた。

久秀の暴走は、止まるところを知らなかった。永禄八（一五六五）年、十三代将軍・足利義輝を自殺に追いやると、阿波から足利一族の義栄《よしひで》を迎えて将軍の座に据えたのである。

自らの意のままに天下を操ろうとする久秀であったが、これに反発する三好勢と、久秀によって大和国を追われた筒井順慶《つついじゅんけい》が協働して挙兵した。永禄十（一五六七）年、久秀は三好・筒井連合軍と対峙することとなるが、半年に及ぶ戦いの末、軍配は久秀にあがった。このとき、戦場となった東大寺では大仏殿が焼失した。

信長への臣従と二度の反逆

永禄十一（一五六八）年、信長が前将軍・義輝の弟である義昭《よしあき》を奉じて上洛を果たすと、さすがの久秀もこれにはかなわないと感じたのか、信長に臣従することを誓った。

ところが天正元（一五七三）年、久秀はさっそく信長を裏切る。信長に反旗を翻《ひるがえ》した義昭とともに兵を挙げたのである。しかし、信長の前にあえなく敗北してしまった。久秀は信長に降伏を申し出、なんとかその罪を許された。

とはいえ、久秀という人は誰かの下につくことが我慢ならないのか、天正五（一五七七）年、再度、信長に対して謀反を起こした。居城の信貴山城に籠った久秀であったが、大軍で城を包囲されると、もはやこれまでと自害を遂げた。このとき、かねてより信長が手に入れたがっていたとされる「平蜘蛛茶釜《ひらぐもちゃがま》」とともに爆死したという話はよく知られるところだ。

『備前老人物語』『艮斎間話《ごんさいかんわ》』などの書物によると、久秀の自害に際して、さらに隠されたエピソードがあったことがうかがえる。久秀は自害する直前、延命の灸を据えたというのである。

その灸は「百会《ひやくえ》の灸《きゆう》」といわれるもので、中風封《ちゆうふう》じの灸だとされている。中風を患っていた久秀は、自害する際、中風が発して切腹できなくなることを恥辱として、用心のために灸を据えたという。最後の最後で武士としての気概を見せた久秀であった。

足利義昭

追放されてもまだ将軍!?　信長の死後もしぶとく権威を誇示し続けた室町幕府十五代

「反信長包囲網」の旗印

織田信長に擁されて永禄十一（一五六八）年に上洛を果たし、無事、室町幕府十五代将軍となった足利義昭だが、二人の間がうまくいったのはわずか一年ほどであった。そのうち自分の意見がまったく通らないことを不満に思った義昭は信長に対して反感を抱くようになり、石山本願寺や武田信玄などと連絡を取り合い、反信長包囲網をつくり上げていった。

天正元（一五七三）年七月、山城国宇治槇島《まきしま》城に籠った義昭は、打倒信長を掲げて挙兵する。信玄のほか、朝倉義景、毛利輝元といった諸将の参陣を期待していた義昭だったが、このとき信玄はすでに病没しており、また各将もすぐには動くことができなかった。

こうして義昭の陣容がなかなか整わないなか、迅速に反応した信長によって槇島城を攻囲されるといった事態を招いた。約半年の間、城で耐えた義昭であったが、やむなく二歳になる男児を人質に出し、信長に降伏を申し入れた。そして義昭は京都から追放された。

秀吉の九州平定まで将軍であり続ける

しかし、これで室町幕府の命運が尽き果てたわけではなかった。義昭は、その後も将軍であり続けたのである。

将軍位は天皇によって任じられる。だから本人が辞任するか、解任されるかしなければそのままである。京都にいてもいなくても、将軍とそれを認める人々がいれば、「幕府」は存在するのだ。

降伏後、義昭は旅の途中で、一揆の襲撃を受けて宝物を奪われてしまい、「貧乏公家」呼ばわりのみじめな姿で三好義継《よしつぐ》を頼って河内若江《わかえ》城に入ったが、それでも将軍である。それから毛利氏の斡旋で京都復帰をもくろんだが、信長から人質を取ろうとして交渉が破れ、紀伊国由良《ゆら》興国寺に移った。だが、毛利氏も信長と真っ向からぶつかるのを嫌って、やんわりと義昭を拒む。義昭はたまらず、備後《びんご》国鞆《とも》に移ると、羽柴（豊臣）秀吉が中国平定に向かった。

そんなとき、本能寺の変で信長が横死《おうし》。以後、秀吉が台頭する。秀吉は義昭の猶《ゆう》子《し》となって将軍に任じられることを望んだが、まだ将軍である義昭は首を縦に振らない。

やがて完全に政権を握った秀吉のはからいで義昭は京都に戻り、天正十六（一五八八）年に一万石を給されると、出家して昌山道休《しょうざんどうきゅう》と号し、これでやっと将軍職を退いた。なお、ここまでの放浪将軍時代にも、京都五山への法帖《ほうじょう》頒布《はんぷ》など、慣例的な将軍の仕事は続けていたという。慶長二（一五九七）年、義昭は大坂で、腫れ物が悪化して六十一歳の生涯を終えた。

吉川経家

飢餓地獄から部下を救うために選択した切腹の道！
しかし、待ち受けていたのは悲惨な結末……

秀吉得意の非情な兵糧攻め

豊臣秀吉の城攻めには二つの特徴がある。一つは水攻めで、備中高松城攻めや紀州太田城攻めはこちらの部類に入る。もう一つは兵糧《ひょうろう》攻めで、三木城攻めや小田原城攻め、九戸《くのへ》城攻め、そして後述する鳥取城攻めはこれにあたる。どちらも持久戦である。

天正八（一五八〇）年四月、秀吉は姫路城を本拠に、山陰方面への侵攻を本格化していた。計画は緻密に練り上げられ、対する因幡《いなば》国（現・鳥取県東半部）鳥取城の城将吉川経家《きっかわつねいえ》側にははじめから勝ち目はなかった。経家は豪族吉川家の分家の出身で、本家は毛利元就の次男・元春が継いでいた。

秀吉は大規模な包囲作戦を展開し、鳥取城を兵糧攻めにした。孤立した城内には城兵が三千四百名いたとされる。

城中は食糧が底をつき、完全な飢餓状態に陥った。助けを求めて城の柵《さく》にすがりつく者もいたが、包囲軍はそういった者たちに向けて容赦なく鉄砲を撃ち放った。

そして撃たれた者がまだ息のあるうちに、腹をすかした城中の者たちが人肉を切り取り口にするという異常さを見せていた。

「救われた命」をあっけなく落とした城兵

この鳥取城の籠城は、歴史上でもっとも悲惨な結末にいたった出来事として知られている。このありさまを見ていた城将の経家は、城内に生き残った者たちの命を助けることを条件に、自らの命を差し出すことを秀吉に願い出た。経家の自害に際しては、数人の重臣もあとを追って切腹したが、ほとんどの城兵は救われたのである。

しかし、思いもかけないことから経家によって救われたはずの命の大半が奪われてしまう。それは、飢餓状態の者が、一度に物をたくさん食べ過ぎると頓死《とんし》してしまうためであった。これは胃や内臓が縮んでいるためで、時間をかけてゆっくり少量ずつ食べるようにと指示されていたにもかかわらず、城兵たちはそれを守ることができなかった。経家によって助けられた命をあっけなく落としてしまったのである。

賤ケ岳七本槍

秀吉に従って出世を果たした七人の武将。明治時代まで大名として存続したのは、じつは三家のみ！

秀吉の天下取りで出世を果たした七本槍

山崎の戦いで明智光秀《あけちみつひで》を討ち、織田信長亡きあと織田家中で発言力を増した羽柴（豊臣）秀吉に対して、古参の宿老たち、とくに柴田勝家《しばたかついえ》は反感を顕《あらわ》にしていた。そうして勃発したのが天正十一（一五八三）年の賤ケ岳《しずがたけ》の戦いであるが、これによって勝家は死亡、秀吉が勝利を収めたことで、秀吉の勢力が拡大する契機となった。

この戦いで戦功を挙げ、秀吉から行賞を受けた武将のなかで、取り分け戦功が著しかった武将らは「賤ケ岳の七本槍」として讃えられた。福島正則《ふくしままさのり》、加藤清正《かとうきよまさ》、加藤嘉明《とうよしあき》、片桐且元《かたぎりかつもと》、脇坂安治《わきさかやすはる》、平野長泰《ひらのながやす》、糟屋武則《かすやたけのり》である。福島正則には五千石、それ以外の六人には三千石が与えられている。

その後、破竹の勢いで各地を勢力下に収めた秀吉は、天正十三（一五八五）年、ついには関白に叙せられた。それに伴い、七本槍の面々もそれぞれが出世を果たしていった。

しかし秀吉の死後、七本槍はそれぞれ別の道を歩むこととなった。関ヶ原の戦いでは糟屋が石田三成《いしだみつなり》率いる西軍につき没落することになるが、それ以外の六人は東軍に属し、家康に臣従した。

東軍についた六人の悲喜こもごもの運命

戦後、正則は安芸《あき》・備後《びんご》四十九万八千石、清正は肥後《ひご》五十二万石という領地を与えられている。

清正は慶長十六（一六一一）年、徳川家と豊臣家の和平のために家康と秀吉の子・秀頼《ひでより》を京都二条城で引き合わせ、会談を成功させている。しかしその直後に急死。一説には、清正を危険人物と見る幕府によって暗殺されたのではないかという疑いももたれている。

豊臣家を滅亡へと導いた大坂冬の陣が慶長十九（一六一四）年に勃発すると、正則は江戸城で留守居役を命じられた。やはり危険分子と見なされていたのであろう。その後は、豊臣恩顧《おんこ》の大名を一掃しようとする幕府側の計略にかかり、所領を没収され、信濃川中島《かわなかじま》への流罪に処せられてしまった。配流先で鬱屈《うっくつ》した日々を送った正則は、そのまま病没した。後継もなく、福島家は断絶した。

片桐且元もまた、豊臣家と徳川家の和平工作に奔走したが、その行動を豊臣一派に疑われて大坂城を退去。家康のもと大坂城攻めに加わるが、自責の念からか、豊臣家が滅亡してから二十日後に自害した。一説に、豊臣家を裏切ったことで心が病んでしまったためだという。

一方、加藤嘉明、脇坂安治、平野長泰は代々徳川家に仕えて明治時代まで大名として家を存続させることに成功した。加藤嘉明は家康と親しい関係であったため、家康につき従い、厚遇された。関ヶ原の戦いでは東軍に属して、岐阜城、大垣《おおがき》城を攻め、伊予松山二十万石を拝領。大坂の陣でも徳川方につき、会津若松城主四十万石へと出世した。

脇坂安治は関ヶ原の戦いにおいて当初西軍に属していたが、小早川秀秋の裏切りに呼応する形で、東軍方に与《くみ》した。戦後はこのことを称されて本領安堵という結果に至り、その後は、慶長十三（一六〇八）年九月、伊予大洲《おおず》五万三千石に加増転封され、大洲藩初代藩主となった。

平野長泰は関ヶ原の戦いでは東西両軍どちらにも与しなかったが、大坂の陣では徳川方の将として江戸城を守備した。のち、二代将軍・秀忠に仕えた。

福島正則

……………華々しいまでの栄達が一転！徳川家に目をつけられて没落した不遇の最期

敵に回したくない豊臣恩顧の大名筆頭

福島正則は、幼少の頃から秀吉に仕えた武将で、柴田勝家との賤ヶ岳の戦いで手柄を立てた「賤ヶ岳七本槍」の筆頭にあげられる。秀吉の武将のなかでもとくに勇猛ぶりで名を知られた一人である。

関ヶ原の戦いの折、徳川家康は正則が西軍につくのではないかと心配し、正則と親しい黒田長政《くろだながまさ》に頼んで、東軍につくように説得してもらうほどだった。豊臣恩顧の大名たちのなかでも、正則はとりわけ敵にまわしたくない武将だったのだ。

正則は説得に応じ、東軍側についた。彼としても、もともと犬猿の仲だった石田三成の西軍につく気はなかっただろうから、まさに渡りに船だったはずだ。

彼の理屈によれば東軍についた理由を「秀頼様のためにならない三成を排除する」としていたが、じつは、秀頼のためという理由ばかりでなく、家康の実力をよく知っており、西軍の不利を見抜いていたからと思われる。歴戦の武将だけに、そういった判断力に優れていたのだろう。

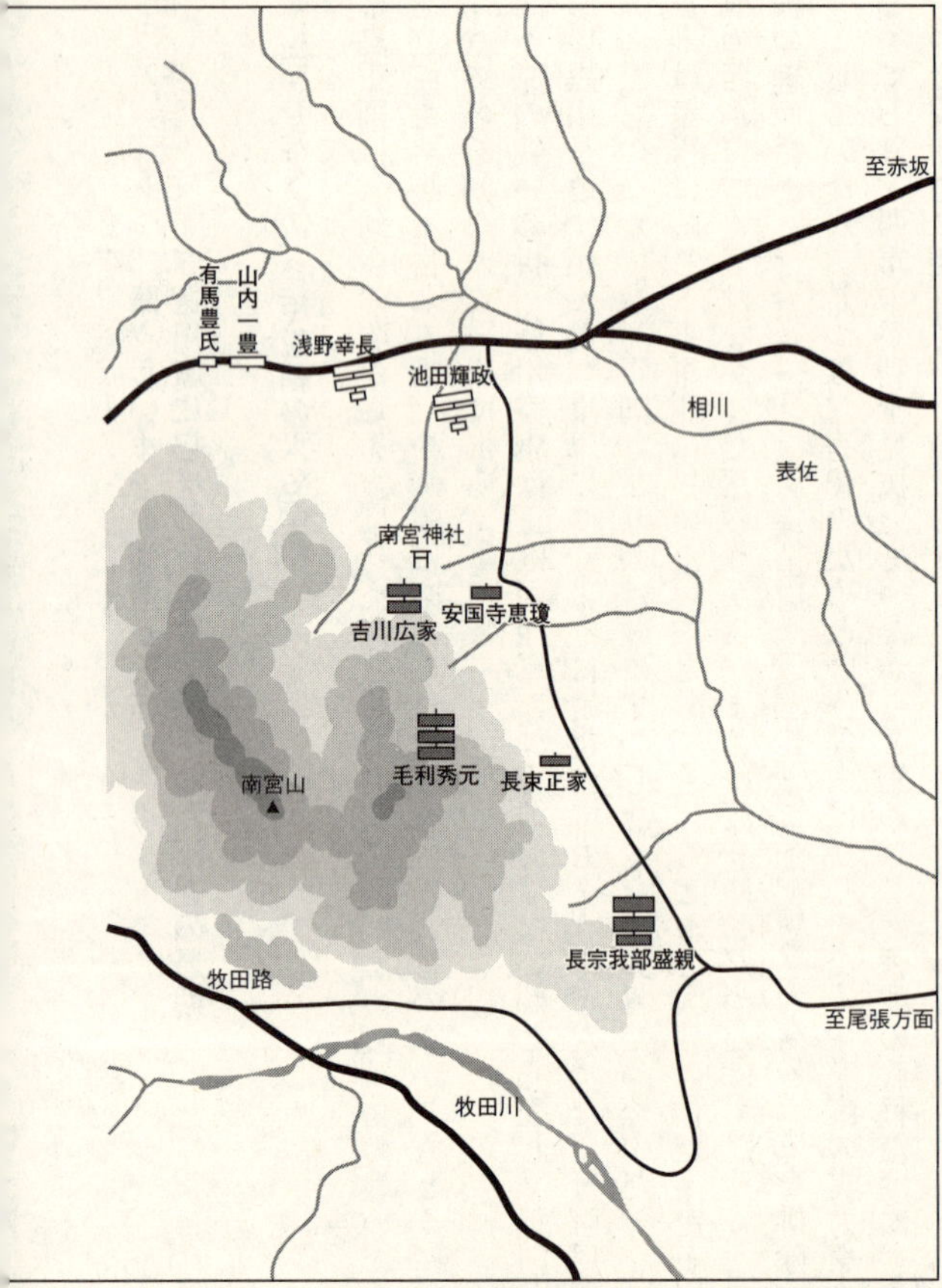

出典：『図説　関ヶ原の合戦』白水正編（岐阜新聞社）

関ヶ原の戦い布陣図

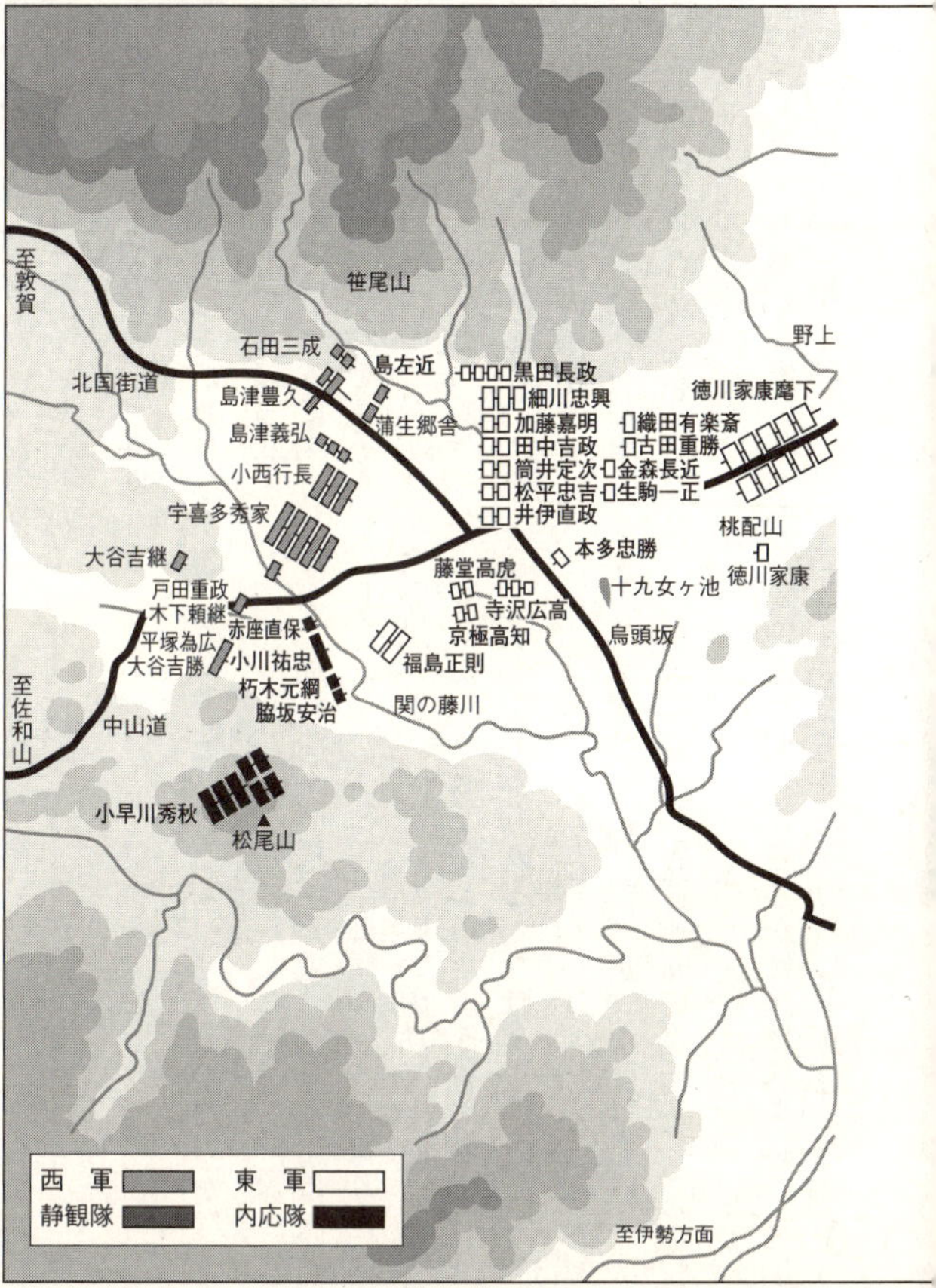
至敦賀
笹尾山
野上
石田三成
島左近
黒田長政
北国街道
島津豊久
細川忠興
徳川家康麾下
蒲生郷舎
加藤嘉明
織田有楽斎
島津義弘
田中吉政
古田重勝
小西行長
筒井定次
金森長近
松平忠吉
生駒一正
宇喜多秀家
井伊直政
桃配山
大谷吉継
本多忠勝
藤堂高虎
徳川家康
戸田重政
十九女ヶ池
木下頼継
寺沢広高
赤座直保
京極高知
烏頭坂
平塚為広
大谷吉勝
小川祐忠
福島正則
朽木元綱
脇坂安治
関の藤川
至佐和山
中山道
小早川秀秋
松尾山
西軍
東軍
静観隊
内応隊
至伊勢方面

関ヶ原の戦いに東軍が勝利を収めると、正則は尾張清洲《おわりきよす》二十四万石から、安芸・備後四十九万八千二百石という大幅な加増を受けた。

「関ヶ原の戦い」功労者という油断

確かな判断で栄転した正則だが、「関ヶ原の功労者」という自信のためか、その後、徳川家を甘く見すぎて失敗している。

正則は、関ヶ原では東軍に味方したが、加藤清正同様、大坂城の秀頼には深い同情心を抱いており、それを隠そうとはしなかった。徳川家に歯向かうつもりはなかったのだが、豊臣家への断ち切りがたい思いと、関ヶ原の戦いの功労者だから大目にみてもらえるという安心感からか、そのような態度をとったようである。

家康はこれを不快に感じた。それでも家康が生きているうちは、正則の功労を思ってか見逃していたのだが、元和五（一六一九）年、正則が洪水で崩れた広島城の石垣を修理するにあたり、幕閣の本多正純《ほんだまさずみ》に届けただけで、正式な許可を取らずに工事に取りかかると、武家諸法度《ぶけしょはっと》で禁じられていた「居城無断修復」として咎《とが》められた。

当時は大名の改易《かいえき》が頻繁に行なわれていた時期で、さすがに危機感を感じた正則は、剃髪《ていはつ》して蟄居《ちっきょ》することにより、なんとか福島家取りつぶしを回避した。家名は存続したが、それで済むことはなかった。跡を継いだ息子・忠勝《ただかつ》は移封を命じられる。その移封先とは、信濃川中島など四万五千石。大幅な減封となった。

さらに忠勝にも先立たれ、正則自身は隠居してから五年後に没する。自殺説もささやかれているほどで、過去の栄光の果てに不遇な境遇をかこっての死だった。

加藤清正

徳川の世になっても貫いた豊臣家への忠義、その最期は家康による毒殺⁉

東軍に属するも関ヶ原には向かわず？

関ヶ原の戦いで東軍に加わりながらも、生涯、豊臣家への忠義を貫いていたのが加藤清正《きよまさ》だ。

尾張中村で土豪の子として生まれた清正は、豊臣秀吉とは母同士が従姉妹だったともいわれ、幼くして秀吉のもとに預けられる。秀吉は彼をかわいがり、元服の際には、自らが烏帽子親《えぼしおや》となって元服の儀を済ませている。そして、天正四（一五七六）年には早くも百七十石の禄《ろく》を与えている。

彼の武名を高らしめたのは、天正十一（一五八三）年の賤ヶ岳の戦いでの活躍だ。清正は柴田勝家軍に向かって槍を手に突撃し、「賤ヶ岳の七本槍」と称された。この活躍が秀吉に認められて、三千石を与えられている。

その後、秀吉の九州討伐に従い、肥後半国二十五万石を与えられて大名となった。文禄・慶長の役では、朝鮮へ出兵したが、その際には虎《とら》を退治したという有名なエピソードも残っている。

しかし、やがて石田三成との関係が悪化し、秀吉から呼び出されて閉門を命じられる。これは三成が讒言《ざんげん》したためともいわれる。その後、清正は許されるが、三成との関係が修復されることはなく、秀吉の死後二人は激しく対立するようになる。慶長四（一五九九）年には、黒田長政、浅野幸長《あさのよしなが》ら七人の武将とともに、三成襲撃を企てる事態にまで及んだ。

こうした経緯から、関ヶ原の戦いが勃発すると、清正は東軍についた。敵対する三成に味方することなどできなかったのだ。

だが、そうはいっても豊臣家に対する恩義は強く感じており、直接、合戦場に出ることを嫌い、関ヶ原には向かおうとしなかった。その代わり、九州平定に尽力し、西軍方の小西行長《こにしゆきなが》の宇土《うど》城などを攻略している。ただし、この際にも力攻めはせずに、関ヶ原の戦況を知らせて戦いが無益なことを諭し、開城させたとも伝えられている。

命を懸けて秀頼と家康の対面を実現！

関ヶ原の戦い後、清正は九州平定の功績によって、肥後一国五十二万石を与えられた。そこで天下の名城と呼ばれる熊本城を築城する。

その後は、外様大名として家康に仕えたが、秀吉に対する恩義は生涯忘れなかった。秀吉の遺児である秀頼にも常に目をかけ、江戸に上る際は大軍を率いて、必ず大坂城に立ち寄って挨拶をしたという。

これを快く思わない家康が、腹心の本多正信《まさのぶ》を通して非難すると、「家康公の恩義は肝に銘じています。しかし、秀吉公にも恩義を受けた身なので、それを無視することは武士道に反します。大軍を連れているのは遠方ゆえ、もしもの事態を考えてのことで他意はありません」と堂々と反論した。

理路整然と仁義を説くこの言葉に、さすがの本多正信もそれ以上は何もいえなかった。

慶長十六（一六一一）年三月、家康は秀頼と対面する。京都二条城に入り、秀頼を呼びつけたのだが、豊臣方は行けば殺されるのではないかと強く警戒した。そこで、清正は秀頼を警護して二条城へ同行し、会見中も同席した。その懐中《かいちゅう》にはもしもの事態に備えて、刀が忍ばせてあったといわれる。

しかし、その刀を使うこともなく、無事に家康と秀頼の対面は終わった。これで当面は豊臣家は安泰だと安心した清正だったが、その直後、帰国の途についた船のなかで発病してしまう。

どうにか熊本には帰りついたものの、病状は悪化の一途をたどった。そして、六月二十四日に五十歳で没したのである。

その死因については天然痘《てんねんとう》とされている。しかし、あまりに突然の発病だったため、早くから毒殺説がささやかれた。家康が彼に毒饅頭《まんじゅう》を食わせたというのだ。

確かに、家康にとって、豊臣恩顧の有力大名である清正は警戒すべき相手だった。豊臣家を滅亡させる時に、大きな障害になるに違いなかった。だとすれば、毒殺説もあながち否定できないが、もちろん確証があるわけではなく、これには異論も多い。

清正の死から間もなく、大坂冬の陣・夏の陣が起きて、清正が生涯忠誠を誓った豊臣家は滅亡したのである。

井伊直政

軍律違反であるはずの抜け駆けが評価されたのは、もともと家康が命じたからだった!?

家康四男の介添えとして関ヶ原に参陣

井伊直政《いいなおまさ》は幼くして今川氏の家臣だった父を亡くし、流浪の身だったところを徳川家康に見出され、天正三（一五七五）年に家臣となった。

天正十（一五八二）年に甲斐の武田氏が滅んだとき、家康はその主だった遺臣を直政に受け継がせている。武田家臣団は甲冑や馬具に至るすべてを赤一色に染め、「赤備え《あかぞな》」と呼ばれていた。これを直政が受け継ぎ、「井伊の赤備え」が誕生する。以来、名うての武将揃いの徳川譜代家臣のなかでも、直政率いる軍団は常に先陣を切る役を任されることになった。直政はその期待に応える活躍を見せ、本多忠勝《ただかつ》、榊原康政《さかきばらやすまさ》、酒井忠次《さかいただつぐ》とともに徳川四天王の一人に数えられるようになった。

関ヶ原の戦いでは、小山評定《おやまひょうじょう》後、先発隊として東海道を上り、本多忠勝とともに軍監を務め、本戦に先立つ岐阜城攻めなどを成功させている。

家康が関ヶ原に到着した後は軍監の任を解かれ、娘婿《し》でもある家康の四男・松平忠吉《まつだいらただよし》の介添えとして西軍と正面から向きあう位置に陣を布いた。ただし、今回の東軍の先陣は福島正則が務めることが決められていた。

東軍、西軍とも未明のうちに陣形を整えた慶長五（一六〇〇）年九月十五日の朝は、深い霧のなかで明けた。

このとき、直政は大胆な行動に出る。霧が晴れかけたのを見計らって、忠吉ともども福島軍のそばを抜けて前線へ出ていったのだ。福島隊の先鋒隊長を務める可児《かに》才蔵《さいぞう》に見咎められ、「先陣は福島軍だ」と声をかけられると「ただの偵察だ」と言い抜ける。

ところが直政は、西軍の主力部隊だった宇喜多秀家《うきたひでいえ》の部隊に向けて発砲。この銃声をきっかけに関ヶ原の戦いの幕が切って落とされたのだった。いわば抜け駆けで先陣の栄誉を得たわけだが、じつはこれが家康の命令だったと記した史料も存在する。

古傷がもとで迎えた働き盛りでの死

先陣を切った直政の次の活躍は、中央突破を敢行しながら敗走する西軍・島津義《しまづよし》弘《ひろ》の部隊を追撃する際のこと。捨て身の島津隊に追いすがり、義弘の甥・豊久《とよひさ》ら二百以上の首を取ったが、直政自身も銃撃を受けて負傷した。

この負傷と、「先駆けは戦の流れのなかでたまたま自分の役になったまでのことで、出し抜くつもりはなかった」と福島正則に詫《わ》びたことで、出し抜かれた正則の怒りも治まったといわれる。

本来なら抜け駆けは軍律違反で、厳しい処分があってもやむを得ないところだ。しかし、負傷しながらもわずか二十一歳の忠吉を守り立てての活躍もあり、家康は直政を評価した。

この先陣の栄誉は戦後の恩賞に大きく影響した。それまでの上野箕輪《こうずけみのわ》十二万石の領地から、西軍の将・石田三成の佐和山《さわやま》十八万石へと加増されているからだ。これには、負傷の体をおして、その後の佐和山城攻め、毛利輝元降伏の斡旋などにも活躍した功績も含まれているようだ。

戦いの翌年には従四位下《じゅしいのげ》の官位も得て、いよいよこれからというとき、直政は関ヶ原で受けた傷が悪化し、四十二歳という働き盛りで世を去った。彼の亡き後、赤備え軍団は大坂の陣でも活躍、井伊家は彦根《ひこね》に城を築いて徳川三百年の世を栄達のなかで送っている。

佐々成政

……………………

当初、敵対していた秀吉のもとで大栄達を遂げた大名、「黒百合」が原因で命を落とす⁉

秀吉を裏切った後の「まさかの大出世」

「いつか秀吉を討ち取ってやる」と息巻きながら、本懐《ほんかい》を遂げることができなかった佐々成政《さっさなりまさ》には、意外にも花にまつわる哀れなエピソードが残されている。

もともと母衣衆《ほろしゅう》として信長に仕えた成政は、本能寺の変で信長が亡くなると、その後は柴田勝家とともに秀吉に抵抗。しかし秀吉の前に敗れ去り、秀吉に臣従することとなった。

小牧・長久手の戦いで秀吉と徳川家康が争った際、当初、成政は秀吉に与したが、家康方が有利とみるや、天正十二（一五八四）年、秀吉を裏切り、前田利家の拠城・末森《すえもり》城を攻めている。

さすがの秀吉も成政のこの行動は許せなかったようで、天正十三（一五八五）年八月には秀吉自ら越中富山城の成政を攻め立てた。

大軍を目のあたりにし、もはや秀吉に太刀打ちする力はないと判断した成政は、すぐさま剃髪して降伏。これで武将としての生命もついえたかと思いきや、秀吉はなんと成政に新川《にいかわ》一郡を与えるとともに、大坂城で秀吉の御伽衆《おとぎしゅう》となることを許した。さらに二年後の天正十五（一五八七）年、九州征伐に貢献した成政の手柄を讃え、肥後五十万石の大名に抜擢した。

こうして成政は、まさかの大出世を遂げたのであった。

北政所を怒らせてしまった「黒百合事件」

成政は、この出世を秀吉の正室・北政所《きたのまんどころ》の口添えがあってのことと考え、なんとか感謝の意を示したいと思った。そこで成政は越中立山《たてやま》に自生する黒百合を一輪取り寄せると、それを北政所に献上した。

「なんて美しいこと。暑さのなかさぞかし骨折りでしたでしょう」と大坂では見ることのできない珍しい花に北政所はすっかり満足し、茶会を催して側室たちに披露することにした。

茶会には秀吉の寵愛を一身に受けた茶々《ちゃちゃ》（淀《よど》殿）も招かれていた。我が強く、北政所を敬《うやま》うこともしない茶々は北政所にとって鼻持ちならない存在だった。「茶々殿は黒百合をご覧になったことがありますか」と問うと、茶々は素っ気なく「いいえ、はじめてです」と答え、北政所は勝ち誇ったように笑みを浮かべた。

その数日後、茶々が二の丸で花供養を行なった。招かれた北政所がそこで見たものは、なんと野草のような草花とともに無造作に手桶《ておけ》に挿された幾本もの黒百合だった。茶々がひそかに取り寄せ、北政所に見せつけたのである。

「なにが珍しい花ですか。よくも私に恥をかかせてくれたこと……」と、北政所の怒りの鉾先《ほこさき》は茶々ではなく成政に向けられた。成政は天正十六（一五八八）年、肥後で起きた一揆の責任を問われ切腹を余儀なくされたが、北政所の恨みが影響していたのだろうか。

蒲生氏郷……秀吉に愛され、重用された名将を暗殺したのは、じつは秀吉本人だった⁉

誰からも信頼された文武両道の優しき武将

名将として知られ、主君の信頼が篤《あつ》い武将とて一寸先は闇――それが戦国時代である。

はじめ織田信長に仕え、本能寺の変後は豊臣秀吉の家臣となった蒲生氏郷《がもううじさと》は、小牧・長久手の戦いで活躍し、伊勢松坂《まつさか》に十二万石を与えられた。さらに、小田原征伐の功などによって会津黒川城主に抜擢され、七十万石を与えられている。

氏郷は人情に篤い名将として知られていた。あるとき、一万石の約束で招いた橋本物兵衛という武士が、家中の者と雑談中に「もしも十万石くれるなら自分の子どもの一人や二人、川へ捨ててもかまわない」と発言したのを耳にする。これに激怒した氏郷は、約束の一万石を一千石に減らしてしまった。出世のために我が子を犠牲にしてもよいと考えるような人情の薄い者は、重用しない。それが氏郷の主義だった。

氏郷は勇猛果敢な武将としても知られ、戦闘においては常に先頭に立って敵中に突撃した。また、和歌や茶道などに深い理解を持つ文化人でもあった。まさに文武両道を絵に描いたような人物だったのである。

そのため人々は氏郷を信頼し、大いに慕《した》った。あの信長ですら一目見るなり氏郷を気に入り、のちに自分の三女と結婚させている。秀吉も氏郷のことを高く評価し、会津の領主として仙台の伊達政宗《だてまさむね》や山形の最上義光《もがみよしあき》などを抑える重要な役割を期待した。

氏郷はなぜ突然亡くなったのか

ところが、文禄四（一五九五）年、氏郷は四十歳の若さでこの世を去る。そのあまりに突然の死は、様々な憶測を呼び、主君・秀吉による暗殺説も登場した。

代表的な暗殺説は、秀吉の朝鮮出兵を原因としたもの。朝鮮出兵に集まったのは、関西や九州の軍勢がほとんどだったなか、東北からは政宗と氏郷が出陣した。ただし、氏郷は名護屋で秀吉とともに待機することになり、戦地に出向くことはなかった。

それからしばらくして、秀吉が自らも出陣すると主張したのに対して、氏郷は「殿下がわざわざ出陣することはないでしょう。どうしてもと言うなら私が代わりに出陣しましょう」と申し出た。

これは、表面的には秀吉の身を気づかった発言だが、実際は朝鮮出兵の無謀さを指摘したもので、秀吉を大いに怒らせることになった。このことが毒殺の遠因の一つになっているのでは、といわれる。

また、秀吉が氏郷の茶の師である千利休《せんのりきゅう》を死に追いやったことが、暗殺の背景にあるとする説もある。

名将として順調な生活を送るなかでの突然の死。「限りあれば　吹かねど花は散るものを　心短き春の山風」という辞世の句を残してこの世を去った氏郷の胸中には、いったい何が去来《きょらい》していたのだろうか。

酒井忠次

徳川四天王のうち、一人だけ冷遇されたのは家康に恨みを買った「ある事件」が原因⁉

敗走した家康を救った浜松城での機転

甲斐で勢力を伸張する武田信玄に対して、相模《さがみ》の北条氏康、越後の上杉謙信、三河・遠江《とおとうみ》の徳川家康は同盟を結んだ。しかし、氏康の死後に家督を継いだ氏政の妻が信玄の娘であったことから、北条氏と武田氏が同盟を結ぶことになった。

三方のうち一方を味方につけた信玄は勢いづき、遠江に向けて進軍する。武田軍二万五千に対して、元亀三（一五七二）年に浜松城を居城とした家康の軍勢はおよそ八千。家康は織田信長からの援軍を加え、総勢一万一千の兵力でこれを迎え撃った。

家康は当初、浜松城に籠城するつもりでいた。しかし、武田軍が浜松城には見向きもせず、西方へ進路をとり三方ヶ原台地へ向かった。自分は相手にもされないのかと感じた家康はプライドを傷つけられ、城を出るや、信玄を追撃した。

三方ヶ原から三河方向に祝田《ほうだ》という坂があり、家康はそこで一気に武田軍に襲いかかる計算であった。しかし、武田軍は祝田の坂の手前で突如として反転し、徳川軍を襲撃した。つまり、家康は浜松城から三方ヶ原へとおびき出される形となったのである。二倍以上の兵力を持つ武田軍の前に徳川軍は総崩れとなり、家康はほうほうの体で浜松城へ逃げ帰ることとなってしまった。

このとき、徳川四天王の一人として知られる酒井忠次《さかいただつぐ》は、闇のなかを敗走する兵を収容できるよう城門を大きく開放し、かがり火を焚《た》かせ、自ら櫓《やぐら》に登って大太鼓を打ち鳴らした。この太鼓の音は心や体に傷を負った兵士たちの慰めになったという。しかもこの行為を見た信玄が何かの罠ではないかと考えたため、結局、浜松城は攻撃の手にさらされずにすんだ。

「お前でも子がかわいいか」

こうして家康の命を助ける活躍を見せた忠次は、家康が幼少の頃から身近に仕えた忠臣で、両者は固い信頼関係で結ばれていた。

しかし天正七（一五七九）年、その信頼が崩れることとなる事件が勃発した。

家康の嫡男・信康《のぶやす》は信長の娘・徳姫を妻としていた。信康夫婦には諍《いさか》いが絶えず、徳姫と信康の生母・築山殿《つきやまどの》も対立。このため徳姫は父・信長に信康と築山殿の悪業を手紙に書いて送った。そこには、信康と築山殿が武田勝頼と内通しているなどとも書かれていた。

疑念を抱いた信長のもとに派遣されたのは忠次であったが、十分な申し開きができなかった。そのため家康は、信長の命により、信康と築山殿を死に追いやることになってしまったのである。

この事件で忠次は家康に恨まれることになり、不遇な晩年を過ごした。家康の関東入国の際、四天王のうちほかの三者には十万石以上が与えられたが、忠次の子・家次《いえつぐ》に与えられたのはわずかに三万石であった。これではあまりに少なすぎると忠次が加増を嘆願したところ、家康は「お前でも子がかわいいか」と言ったと伝わる。

そして失意のまま、慶長元（一五九六）年十月二十八日、京都桜井屋敷で亡くなった。享年七十。

竹中半兵衛……自身が命を救った黒田長政のおかげで、明治時代まで伝えることができた竹中家の血脈

黒田孝高の子を救った竹中半兵衛

秀吉の懐刀として知られる竹中半兵衛《たけなかはんべえ》は、もともとは美濃斎藤家に仕えていた。

永禄七（一五六四）年、半兵衛は突如、斎藤龍興の稲葉山城を占拠して全国に名を知らしめた。

城占拠の真相は、斎藤家の家臣らから屈辱を受けたことに対する意趣《いしゅ》返しともいわれる。半年後、半兵衛は突如として龍興に城を返すと、近江の浅井長政のもとへ赴いた。

半兵衛が秀吉に仕えるようになったのは、永禄十（一五六七）年に織田信長が美濃を平定した頃のことである。ただし、あくまでも信長の与力としてであった。信長の死後は秀吉の智将として各地を転戦したが、播磨《はりま》三木城攻囲の陣中において病死した。

半兵衛、晩年の話である。信長に謀反を起こした荒木村重《あらきむらしげ》の居城有岡《ありおか》城の牢に、黒田孝高《くろだよしたか》（如水《じょすい》）が幽閉されていた。孝高は村重の説得に赴いたものの、逆に捕らえられてしまったのである。

信長は孝高が寝返ったに違いないと疑い、孝高の嫡男で人質として捕らえていた松寿丸《しょうじゅまる》（黒田長政《ながまさ》）を殺すよう秀吉に命じた。半兵衛はこのとき「孝高に二心なき」と信じてひそかに松寿丸をかくまった。のち孝高の疑いが晴れて釈放されると、信長は半兵衛の計らいによって誤ちを犯さずにすんだと深く感謝したという。

黒田孝高の子に救われた竹中重門

竹中半兵衛が病没したとき、息子の重門《しげかど》はわずか七歳であった。重門は元服後、秀吉に仕えた。天正十六（一五八八）年四月の聚楽第《じゅらくだい》行幸の際、従五位下《じゅごいのげ》丹後守に叙任され、諸大夫《しょだいぶ》に列せられた。

翌年、美濃不破《ふわ》郡で五千石、さらに文禄三（一五九四）年には河内国大県《おおがた》郡・安宿部《あすかべ》郡で千石を加増され、計六千石を知行することとなった。文禄・慶長の役の際には、幼少であったことから参戦が許されなかったという。

慶長五（一六〇〇）年に関ヶ原の戦いが勃発すると、重門は当初、西軍に属した。しかし西軍方の岐阜城が東軍の手によって落城すると、重門は黒田長政から東軍に加わるよう話を持ちかけられた。

戦後、重門は西軍方の小西行長を捕らえ、その身柄を家康に引き渡した功により、所領を安堵された。以後、その子孫も徳川家の旗本として明治維新まで存続した。また、半兵衛、孝高からはじまった竹中家と黒田家の親交も末長く続いたのである。

豊臣秀頼

大坂の陣後、薩摩まで落ち延びた若殿、その子孫はなんと農民になっていた⁉

秀頼、大坂城とともに炎上す？

慶長三（一五九八）年、時の天下人・豊臣秀吉が亡くなったとき、嫡子・秀頼《ひでより》はまだ六歳であった。当然政務などとれるはずもなく、秀吉は死の間際、徳川家康や前田利家《まえだとしいえ》、毛利輝元、上杉景勝《うえすぎかげかつ》、宇喜多秀家など五大老に対し、秀頼の後見をするよう遺言した。

しかし秀吉の没後、家康が天下取りの野心をあらわにし、慶長五（一六〇〇）年の関ヶ原の戦いにより、豊臣家は六十万石の一大名へと転落してしまうのであった。

そして慶長二十（一六一五）年の大坂夏の陣において、豊臣家は家康によって滅ぼされてしまった。秀頼は母・淀殿《よどどの》をはじめ二十人余りの側近らとともに自害したと伝わる。時に、秀頼二十三歳であった。

大坂夏の陣配置図

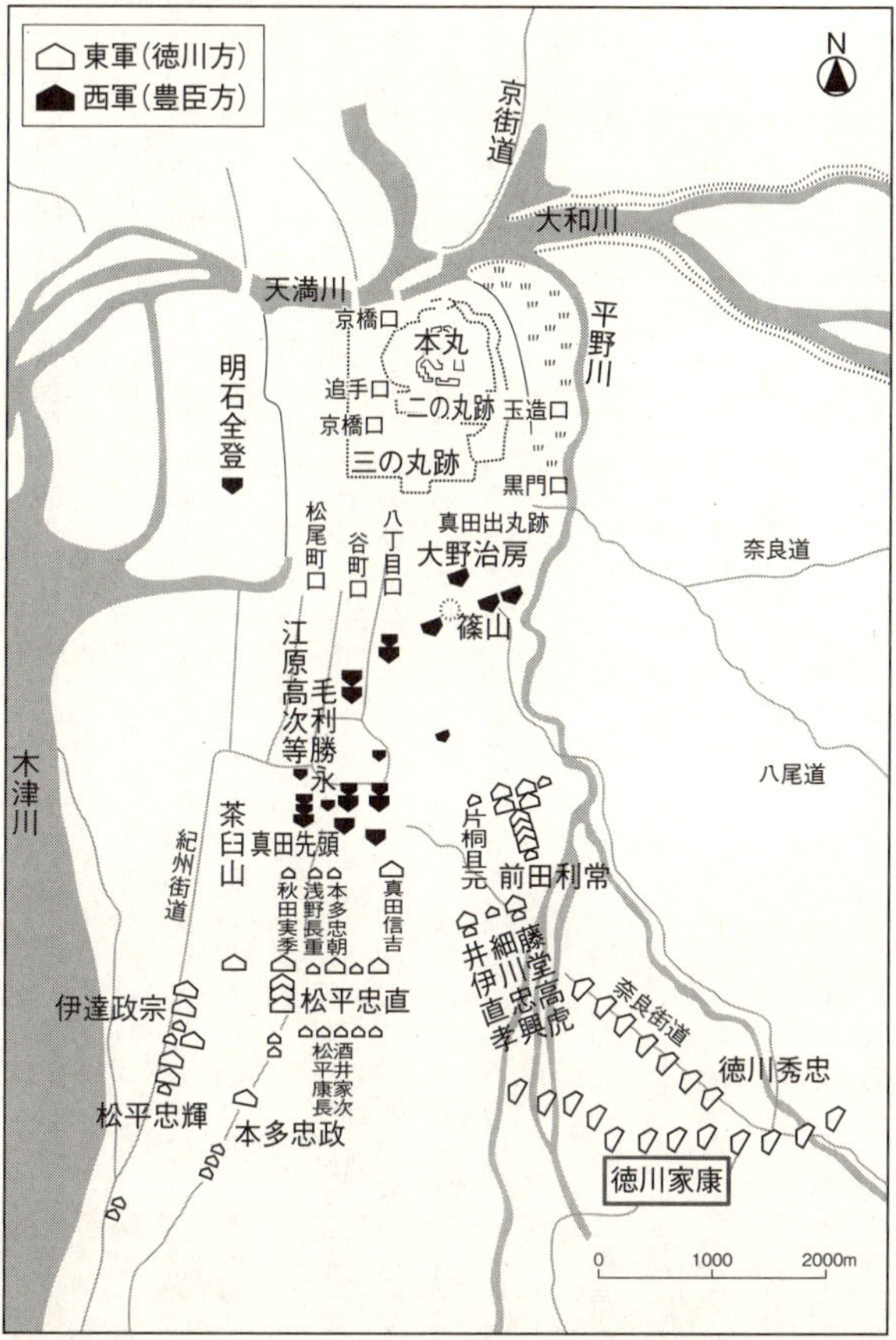
東軍（徳川方）
西軍（豊臣方）
N
京街道
大和川
天満川
京橋口
本丸
平野川
明石全登
追手口
二の丸跡
玉造口
京橋口
三の丸跡
黒門口
松尾町口
谷町口
八丁目口
真田出丸跡
大野治房
奈良道
篠山
江原高次等
毛利勝永
八尾道
木津川
茶臼山
真田先頭
片桐且元
前田利常
紀州街道
秋田実季
浅野長重
本多忠朝
真田信吉
井伊直孝
細川忠興
藤堂高虎
伊達政宗
松平忠直
奈良街道
松平康長
酒井家次
徳川秀忠
松平忠輝
本多忠政
徳川家康
0
1000
2000m

大坂城から大脱出!? 秀頼生存説の真偽

ところが、じつは秀頼は死んではおらず、和泉から肥後に逃れ、さらに薩摩から琉球・台湾まで渡ったともいわれる。このような異説が誕生した背景には、まだ二十三歳の秀頼をどうにか救出したいという民衆たちの願いがあった。そんな生存説が生まれるほど、京・大坂での秀頼の人気は高かったのである。

実際、落城寸前の大坂城が火の海に包まれたとき、脱出した者を徹底的に調べていた徳川方は秀頼の行方をつかめなかった。鎮火した後、城内に秀頼の遺骸《いがい》らしきものも見つからない。武将たちの首はすべて胴から斬り離されていて、誰のものなのかもわからない。そこから、秀頼は城外に逃れたのではないかとの説が生まれたのである。

城内に火の手が回り、もはや落城というときになって、側近の大野治長《おおのはるなが》は秀頼を裸にし、秀吉が密蔵していた吉光《よしみつ》の短刀とともに真菰《まこも》（水辺に生えるイネ科の植物）に包み、濁水《だくすい》とともに水門から城外に流し出した。待機していた織田有楽斎《うらくさい》がそれを舟に引き上げて舟底に隠したまま河口まで運び出した。これを受けて加藤清正の子・忠広《ただひろ》が二重底の舟、そして大型船と乗り換え、外部の者に発見されることなく、無事肥後の国まで秀頼を連れ出した。ここまでは『備前老人物語』に見られる脱出劇である。

一方、大坂城の炎上後、秀頼の兵が和泉に入り、秀頼を連れて薩摩まで逃れたと伝えているのが、松浦清山《まつらせいざん》（清《きよし》）著『甲子夜話《かっしやわ》』である。大坂城から遠く離れた薩摩まで秀頼を連れ出す計画に、真田幸村《さなだゆきむら》や後藤又兵衛《ごとうまたべえ》、木村重成《きむらしげなり》など、大坂方の有力武将が一枚噛んでいたのではないかと見られている。

薩摩入国後の秀頼の様子については、斎藤権之助著『甲子夜話続編』に記述がある。薩摩の谷山に住み、代金も払えないのに連日のように酒を飲み、暴力を振るって村人たちを追いまわすといった見苦しいありさまで、村人からも嫌われていたという。

秀頼が薩摩から琉球、さらに台湾まで逃げたのではないかと書いているのが平戸のイギリス商館長・コックスの日記。この日記は村々の噂話を紹介したもので、「長崎代官の村山等安《むらやまとうあん》が台湾遠征をしたのは、ほんとうは秀頼の探索をしたのではないか」とある。さらにその後の秀頼に関して伝え聞くところとして、薩摩に逃れて六十八歳まで生きたとか、薩摩の地で何人か子をなし、そのなかには農民になった者もいた、などという話がある。

真田幸村

……………じつは戦死していない!? 悲劇の英雄は、豊臣秀頼とともに薩摩に落ち延びた？

幸村に訪れた起死回生の転機

信濃上田を治めた真田昌幸《まさゆき》の次男は一般に幸村《ゆきむら》の名で知られるが、本名は信繁《のぶしげ》である。天下分け目の関ヶ原の戦いにおいて、真田家では昌幸、幸村が西軍に、兄・信之《のぶゆき》が東軍についたが、これは一説にどちらが勝利を収めても真田家の存続を図ることができるとする昌幸の謀略であったという。

はたして関ヶ原の合戦で西軍が敗れると、幸村は父・昌幸とともに高野山の麓《ふもと》の九度山《くどやま》での蟄居生活を余儀なくされた。

慶長十六（一六一一）年に昌幸が死ぬと、昌幸に仕えていた武士たちは信之の領する上田へと去ってしまう。蟄居生活も十数年に及ぶと、さすがの幸村も次第に虚《むな》しさを募《つの》らせるようになっていった。

そんなとき、幸村のもとへ大坂城からの使者が訪れた。徳川家に対して挙兵することを決した豊臣方が、武将を募っていたのである。慶長十九（一六一四）年十月、幸村は起死回生のチャンスとばかりこれに応じ、大坂城へ向かった。大坂冬の陣の勃発である。

鬼神のような最期を遂げたのは影武者⁉

徳川勢と対峙するにあたり、幸村は野戦で雌雄《しゆう》を決することを提案したが、軍議では採用されなかった。代わりにとられた策は、難攻不落の名城を頼りとした籠城策であった。

やむを得ずこれに従った幸村は、せめてもの策として、大坂城の弱点とされていた南側に巨大な出丸《でまる》を築くことを進言した。こうしてつくられたのが真田丸である。

いざ開戦にあたり、徳川方の諸将はこぞって真田丸に押し寄せるが、幸村は冷静にこれらに銃撃を浴びせかけ、次々と討ち取っていった。

結局、冬の陣の戦いには決着がつかず、一度は和議がなるものの、翌年夏、再び戦火が起こることとなった。夏の陣である。

このとき、家康の巧みな謀略によって大坂城の総堀《そうぼり》が埋め立てられ、城は丸裸となってしまった。こうなってはもはや大坂城に籠ったところで結果は見えている。そこで幸村をはじめ、大坂方の諸将らは野戦で徳川方と決着をつけることにした。

しかし大軍を擁する徳川方を前に、大坂方は劣勢を強いられる。慶長二十（一六一五）年五月七日、この状況を見兼ねた幸村は、三千余りの兵を率いてなんと徳川家康の本陣めがけて突撃した。家康の首を取れば、その時点で大坂方の勝利となるからである。

一時は家康の旗本を突き崩し、あわやというところまで追い詰めた幸村であったが、しかし結局は戦の流れを変えるまでには至らず、幸村も押し寄せる徳川勢を前に後退を余儀なくされた。やがて真田隊も力も尽き、安居天神《やすいてんじん》の近くで休息しているところを襲撃され、幸村は絶命した。

戦後、幸村の鬼神のような奮戦ぶりは世に語られるところとなり、「真田は日本一の兵《つわもの》なり」と賞賛された。

さて、夏の陣で討ち死にしたとされる幸村であるが、死んだのはじつは影武者であり、幸村自身は秀頼を守り薩摩まで落ち延びたのではないかという説がある。実際、幸村は自分と年齢、背格好が似た二人に影武者の役目を負わせていた。しかし、これは単なる伝説にすぎず、幸村が悲劇の英雄だったからこそ生まれたものだろう。

天海……明智光秀は本能寺の変後も生きていた⁉ 徳川三代に仕えた謎の僧の正体とは

光秀は比叡山に逃れて出家した⁉

本能寺の変で織田信長を死に追いやったのち、山崎の戦いで秀吉の前に敗死した明智光秀だが、じつはその後も生き延びていたのではないかとささやかれている。

光秀は美濃土岐《とき》氏の子として生まれ、諸国を流浪したのち、信長に仕えて頭角を現わした。信長のもと各地を転戦し、丹波《たんば》一国を支配するまでに至る。天正十（一五八二）年六月、中国地方で毛利勢と対峙している秀吉を援護するよう信長に命じられた光秀であったが、その途上で反乱を決意し、本能寺にいた信長を襲撃したのである。

信長が殺されたことを聞いた秀吉は、ただちに毛利方と和議を結んで引き返し、山城国乙訓《おとくに》郡大山崎《おおやまざき》で光秀方を撃ち破った。戦いに敗れた光秀は逃亡し、近江坂本を目指したが、その途中、山科小栗栖《やましなおぐるす》（現・京都市伏見区）で農民の落ち武者狩りによって殺されたと伝えられている。本能寺の変から、わずか十日後のできごとであった。

ところが、農民が殺したのはじつは光秀ではなく、まったくの別人だったのではないかという説が唱えられている。本人は比叡山に逃れて出家し、その後、異なる人物として歴史の表舞台に再登場したのではないかというのだ。それが、徳川三代将軍に仕えた天海《てんかい》である。

享年なんと百八歳!? 謎多き高僧の生涯

「黒衣《こくえ》の宰相《さいしょう》」と称されるほど、徳川家で大きな発言権を持った天海僧正は、どういうわけか謎が多い人物だ。徳川家康と天海がはじめて対面したのは両者ともに晩年で、その時期ははっきりしていないが、慶長十二（一六〇七）年頃と考えられている。家康六十五歳、天海七十二歳のときである。それ以前の天海の半生については あまり語られていない。

家康のブレーンとして豊臣家の滅亡を画策し、天台宗の統制に努めた天海。家康に「天海との出会いが遅すぎた」といわせるほど、その信頼は篤かったようだ。家康の死後も、秀忠、家光《いえみつ》の帰依を受け、幕府の政務にも参画するようになった。

天海は寛永二十（一六四三）年十月二日に死去したが、享年はなんと百八歳。当時としては驚くべき長寿である。僧侶として出世したにもかかわらず、その経歴については謎が多く、また千里眼の超能力をもっていたという逸話が残るほどの不思議な人物である。

もし、天海の前身が明智光秀だとすれば、謎の前半生に説明がつく。光秀が「死去」したのは五十五歳だが、当時の天海は四十七歳で、それほど年齢が離れているわけではない。家康と出会うのはそれから二十五年後のことだ。

本能寺の変の直後、家康は秀吉側だったが、秀吉が天下を取った後、対立するようになったときであれば、生き延びていた光秀を保護し、重用したとしてもおかしくはない。

天海が光秀であったとする根拠らしきものはほかにもある。光秀の位牌が残る京都・慈眼寺《じげんじ》の寺号と、天海の諡号《しごう》・慈眼大師が同じ「慈眼」で一致すること。さらに、比叡山の松禅寺に光秀が寄進したとされる石灯籠《いしどうろう》があり、そこには「慶長二十年、奉寄進願主光秀」と彫られているのである。慶長二十年といえば、光秀が死んで三十三年後のこと。このため、山崎の戦い後、光秀は比叡山に逃れて身を潜めたのち、天海として現われたのではないかと推測されたわけである。

その真相は明らかではないが、なかなか興味深く、完全に否定することもできない説といえるだろう。

織田信雄

のらりくらりと生き延びた信長の次男、織田家の命脈を江戸時代へつなげる

兄弟に比べて戦功がふるわない信雄

織田信長の生存中、その覇業にかかわった息子は、長男の信忠、次男の信雄《のぶかつ》、三男の信孝《のぶたか》の三人である。信忠と信雄の生母は生駒《いこま》氏、信孝の生母は坂《さか》氏。生駒氏より坂氏は身分が低かったため、信長がとくにかわいがったのは長男、次男の二人といわれている。

信長が自分の後継者として期待していたのは、もちろん長男の信忠である。信忠は甲斐武田氏の属城・美濃岩村《いわむら》城を攻略し、その功績として、尾張・美濃両国を与えられ、岐阜城主となった。その後、武田氏との戦いで総大将を務め、信濃の諸城をおとし、武田氏を滅亡させている。

この信忠に比べて凡庸で大した戦績をあげていなかったのが信雄である。伊賀攻めでは失態を演じ、父の怒りを買ったこともあった。

一方の信孝については、信長はある程度の力量を認めていたようで、本能寺の変の前、四国攻めの総大将に任命していた。

そして運命の天正十（一五八二）年六月二日早朝、本能寺の変が起こった。長男・信忠は二条御所に明智軍を迎え討ち自害し、三男・信孝は山崎の戦いで秀吉軍に合流し明智光秀を破った。次男の信雄は近江日野《ひの》城を攻めようとした光秀の軍勢に備え、出陣したが、明智軍の惨敗を知って兵を収め、伊勢に戻っている。

凡庸な信雄こそが、江戸時代まで生き抜く

信忠亡きあと、信雄と信孝は信長の後継者の地位を巡って争った。織田家の後継を決める清洲会議では、この争いを羽柴秀吉に利用され、甥の秀信《ひでのぶ》が家督を相続し、信雄は伊勢・伊賀・尾張を領有し清洲城主に、一方、信孝は美濃国岐阜城の主となった。

秀吉のこの処遇に不満をもった信孝は、柴田勝家と手を結んで打倒を謀《はか》ったが失敗し、翌年四月二十九日に自害している。

信雄は、亡父の盟友・徳川家康の助けを得て、秀吉と小牧・長久手で戦ったが、のちに秀吉とは和睦する。秀吉に従った信雄は天正十五（一五八七）年、正二位《しょうにい》内大臣に昇進した。

ところが、天正十八（一五九〇）年、信雄は秀吉の小田原攻めに従い北条氏を破るが、東海地方の家康旧領への転封を拒否して失脚。出家して常真《じょうしん》と号した。

慶長五（一六〇〇）年、信雄は下野《しもつけ》国にいた徳川家康に、石田三成挙兵の事実を密告し、スパイ的な役割を果たす。慶長二十（一六一五）年の大坂夏の陣では、豊臣秀頼の招きに応じず、家康に内通していた。これによって家康から大和などで五万石を与えられたのである。

本能寺の変後の混乱を生き抜いた織田信雄。三人兄弟のなかで一番凡庸だった彼が最後まで生き延びたのは皮肉な現実といえよう。

織田有楽斎

京都で隠棲生活を送った当代一の茶人が残した現代に伝わる「国宝」とは？

一芸、一功で出世を果たした信長の弟

織田有楽斎《うらくさい》は、織田信長の弟である。年齢差が十三歳あり、父・信秀《のぶひで》の死後は信長の養育を受けたようである。というのも、信長が家督を継ぐまでに確執があった兄弟たちのなかに、長益《ながます》（のちの有楽斎）の名が登場しないからだ。正式に史料に彼の名が登場するのは三十五歳になってからのこと。それも、信長の息子たちと同じような扱いを受けての登場だ。

信長全盛期にも武将としての活躍はなきに等しく、甲斐武田攻めに出陣したのがただ一度の経験だった。その後すぐ信長に同行して毛利討伐中の羽柴秀吉救援に向かうのだが、この途中で本能寺の変が起こり、信長は討ち死にする。この時、有楽斎は信長の嫡男・信忠とともに二条城にいたが、運よく脱出に成功し命を永らえた。

その後は秀吉に仕え領地も与えられるが、武将としてよりも茶人としての名が高まっていたため、茶の湯好きの秀吉と同席する機会が多く、いわゆる御伽衆《おとぎしゅう》となる。また、のちに淀殿となる茶々は姪《めい》にあたり、その後見人も務めた。

とはいえ、有楽斎が武将としてまったく無能だったわけではない。秀吉没後は成人した淀殿のもとを離れて徳川家康に接近し、家康の上杉討伐軍に加わり、そのまま関ヶ原の戦いにも自軍を率いて参戦している。

関ヶ原の戦いで有楽斎は、石田三成の部将・横山喜内《よこやまきない》（蒲生頼郷《がもうよりさと》）の首をあげるという唯一の手柄を立てた。その恩賞として、それまでの領地である摂津味舌《ました》に加えて大和国山辺郡に所領を与えられた有楽斎は、三万石の領主となる。

大坂の陣での際どい立ち回りに成功

関ヶ原の戦い後は、徳川・豊臣の微妙なバランスの中にあって大坂に居を定め、豊臣秀頼の補佐にあたった。それでも家康との緊密な関係は保っており、大坂方の情勢を家康に知らせる役目はしっかり続けていた。

大坂冬の陣では、徳川に抵抗するのをやめるよう直前まで秀頼を説得したものの聞き入れられず、城内に留まって大坂方に味方する羽目になる。しかし家臣を通じて城内の様子を家康に知らせることによって、この戦いを和議に持ち込むことに貢献する。

夏の陣を前にしては、もはや秀頼母子の説得は無理と判断して早々と城を出て京都で隠棲した。これは家康に諮《はか》ったうえでの行動で、その結果、冬の陣で大坂方だったにもかかわらず、豊臣家滅亡後も本領を安堵された。

その三万石のうち、息子二人に一万石ずつを与え、自分は残った一万石を養老料として受け取り、茶人として生きる悠々自適の余生に入る。

茶人としての有楽斎は、千利休の直弟子の中では、古田織部《ふるたおりべ》と並び称されていたほどの粋人《すいじん》である。大坂の陣で古田織部が裏切りの罪で自害させられた後は、一人で利休の茶を継承したといっていい。その作法は利休茶をもとに、有楽流と呼ばれる一派を開くことになった。

隠棲後の有楽斎は京都二条に居を構えたが、のちに荒れ果てていた建仁寺塔頭を再興して「如庵《じょあん》」と名づけ、七十五歳で没するまでそこで暮らした。如庵は明治、昭和の二度の移築を経て、愛知県犬山市の現在地に移された。国宝指定は昭和二十六（一九五二）年六月九日のことである。東京・有楽町の地名は、彼が家康から与えられた屋敷のあった場所からの命名といわれるが、たとえ屋敷があったとしても、有楽斎はそこに住んだことはなかったことになる。

石田三成

決して自害はしない！ 敗残の将となりながらも、最期まで捨てなかった再起への道

堂々とした敗軍の将の最期

秀吉政権下、五奉行の一人として実務を取り仕切った佐和山城主・石田三成《みつなり》。彼は敗軍の将のためか、歴史上、情けに欠けた人望のない悪役的人物像をもって伝えられるが、その最期は大義を貫いた潔い姿で知られている。

寺小姓から出発した三成は、怜悧さを秀吉に認められ、晩年の秀吉の側近として実務面で辣腕を振るった。秀吉が行なった検地・刀狩などの政策を推進し、朝鮮出兵では兵站《へいたん》を担当するなど、その功績は大きい。

だが、こうした功績は秀吉の政権運営や戦いの勝利に欠かせない要素であるもの

の、槍を振るって自らの命を賭けて戦ってきた福島正則、黒田長政、加藤清正ら武断派大名には理解されず、その怜悧な面も災いして大いに憎まれた。秀吉の死後、その対立が表面化し、三成は隠居へと追いこまれる。しかし、三成はあくまで豊臣家を脅《おびや》かす真の敵を徳川家康と見定めていた。

そのため、着々と実権を掌中《しょうちゅう》に収めつつあった家康が上杉討伐に出陣したとき、まさに家康を倒す最初で最後の好機到来ととらえて三成は行動に出たのである。

だが皮肉なことに、豊臣恩顧の大名ともいえる福島正則、加藤清正らは三成憎しの一念から家康の東軍についてしまう。

三成は毛利輝元や島津義弘《よしひろ》など西の有力大名に協力を求め、西軍を形成して一大決戦に臨んだ。その数約八万。家康率いる東軍とほぼ互角だったが、家康の得意な野戦に持ちこまれる形で、慶長五（一六〇〇）年九月十五日、関ヶ原の戦いの火蓋は切って落とされた。家康は百戦錬磨にして老獪《ろうかい》。しかも西軍には日和見《ひよりみ》の武将が多く、最後は小早川秀秋の裏切りで西軍は敗北を喫した。

三成は戦場を離脱し、己高山《こだかみやま》の山頂付近にある三珠院《さんじゅいん》に潜んでいたが、やがてこの場所を知られると、次は洞窟に身を隠した。しかし九月二十一日、家康の命で三成の探索をしていた田中吉政《たなかよしまさ》によってついに発見される。下痢のため、身動きもままならなかった三成が吉政に連絡させたとも、薪《まき》拾いの現場で発見されたともいわれている。かつて三成に恩を受けた吉政は、三成に礼を尽くした。三成は彼を「田兵《たひょう》」と昔の呼び名で親しく呼び、秀吉からもらった脇差《わきざし》を与えたという。

三成はこうして家康のもとへ送られた。彼を一目見ようと様々な武将が訪れたが、小早川秀秋に対して三成は「日本一の卑怯者。内股膏薬《うちまたごうやく》とはお前のことだ」とののしり、侮辱する福島正則に対しては「お前を捕らえられなかったのは、天運に見放されたということだ」と最後まで堂々とした態度で応じ、相手を退散させたという。

十月一日、石田三成は小西行長、安国寺恵瓊《あんこくじえけい》とともに大坂と堺《さかい》市中を引き回しにされたうえ、六条河原で処刑された。その首は三条橋にかけられ、大徳寺の三玄《さんげん》院《いん》に葬られた。享年四十一歳だった。

三成ならではの「戦争哲学」で応酬

三成は敗北した西軍の大将である。捕まれば処刑されることがわかっていながら、なぜ敗色濃厚の戦場で自害せず、戦線離脱したのだろうか。

そこには三成ならではの戦争哲学が存在した。じつは彼はなんとかして大坂城に舞い戻り、再起を図るつもりだったのだという。

これを端的に言い表したのが次の逸話だ。三成が家康に捕まってのち、家康の重臣・本多正純《まさずみ》に「なぜ自害しなかったのか」と責められた。三成は「それは葉武者《はむしゃ》のすることだ」と応じ、源頼朝が敗残の将となりながらも洞窟に隠れ、再起を果たした例をあげて応酬したという。また、処刑前、家康から三成、行長、恵瓊の三人に衣服が与えられた。行長らは感謝したが、三成はその衣服が「上様からの物」と聞くと「上様とは秀頼様しかいない」と憤然と応じたという。

その思いは処刑の寸前でも変わっていなかったようだ。処刑直前、三成が喉《のど》の渇きを訴えて白湯《さゆ》を所望《しょもう》したところ、柿ならばあるという答えが返ってきた。すると三成は「柿は痰《たん》の毒だ」と拒否した。人々は処刑されるくせにとあざ笑ったが、三成は「大義を思う者は死の直前まで志を捨てないものだ」と平然と言い放って死に臨んだという。最期まで大義を貫いた男の生き様であった。

小西行長……一度は落ち延びるも、自ら望んで捕らわれの身となったキリシタンとしての死に様

熱烈な法華宗徒の加藤清正と反目

小西行長《こにしゆきなが》は、堺の豪商の息子から豊臣秀吉の直参《じきさん》となり、肥後半国二十万石の大名になった武将である。また同時に敬虔《けいけん》なキリシタンとしても知られている。彼は西軍に与して三成とともに斬首されたが、その最期はまさにキリシタンにふさわしいものだったと伝えられる。

行長は経済感覚や外交手腕に優れ、舟《ふな》奉行として活躍し、また武功での手柄も少なくない。朝鮮出兵においても文禄の役で先鋒を務めるなど奮戦したが、そんな最中、最大の庇護者であった秀吉が亡くなった。ほうほうの体で帰国した彼を待っていたのは、激動の天下情勢だった。彼も否応なしにその渦中に巻き込まれ、関ヶ原の戦いを前にどちらにつくかを迫られた。

思案の末、行長は西軍に属するのだが、その背景には豊臣家への忠誠心と同時に、三成と親しく、また加藤清正と反目しあっていたという人間関係も影響していたという。清正とは、キリシタンと熱烈な法華宗《ほっけしゅう》という宗教的対立や肥後の隣りあう領地での境界争い、さらには朝鮮出兵でともに先鋒を務めた時の作戦をめぐる軋轢《あつれき》が決定的な対立の原因となっていた。

そのため三成と同じ文治《ぶんち》派と見られていた行長は、家康に近づくこともなく、三成に請われるまま自然と西軍に身を置いた。

そんななりゆきからの参陣ではあったが、関ヶ原の戦いでは奮闘した。ところが、小早川秀秋ほかの裏切りで大谷吉継《よしつぐ》隊が総崩れとなった煽《あお》りをくらい、小西行長隊も壊滅状態となった。行長はその混乱のなか、戦線から離脱した。

最期はカトリックの儀式で葬られる

彼は伊吹山方面に落ち延び、糟賀部《かすかべ》村の山中の寺にかくまわれた。彼が自害せずに戦線離脱したのは、なにも石田三成のように生き延びて再起を図ろうとしたのではない。キリシタンは自殺できなかったからだ。

そのため慶長五（一六〇〇）年九月十九日には、当地の庄屋・林蔵主に自ら身分を明かし、家康に連絡するよう頼んでいる。再三逃げるように勧める林に対し行長は「自分はキリシタンで自害できない。家康に連絡して褒美をもらうがよい」と重ねて連行を頼んだのだという。

仕方なく林は家康の陣所《じんしょ》に連絡し、行長は連行された。

行長は死に際してもキリシタンらしい最期を迎えようとしている。告白の秘蹟《ひせき》（神に懺悔《ざんげ》して許しを請うこと）を受けたいので神父を呼んでほしいと東軍の将・黒田長政に頼んだが、家康に拒否された。神父らもあらゆる手段を使って行長に近づこうとしたが、家康が警戒を厳重にしたためそれもかなわなかった。行長はこれも神の思《おぼ》し召しと獄中で一人静かに祈りつづけた。

いよいよ処刑の十月一日、三成や安国寺恵瓊とともに首枷《くびかせ》をはめられた行長は、大坂と、かつて父が支配していた堺を敗者として引き回された。

行長は最期を迎えるにあたり、僧の念仏を断り、ロザリオを掲げ、祈りを唱えた。そして肌身離さず持っていたキリスト聖母の絵を頭上に押しいただいてから、従容として首を差し出した。介錯《かいしゃく》人は三太刀で切り落としたという。

行長の遺体は京都のイエズス会の寺院に運ばれ、カトリックの埋葬の儀式を受けたと伝えられる。

安国寺恵瓊

「西軍の総大将」として毛利輝元を担ぎ出すも、味方に秘密裡にはめられていた罠

三成と共謀した毛利の外交僧

関ヶ原の戦いの西軍総大将は石田三成ではない。毛利輝元である。その輝元を担ぎ出したのが、伊予六万石城主の僧・安国寺恵瓊《あんこくじえけい》だ。恵瓊は戦国期に活躍した外交僧の一人。外交僧とは、中立の立場を利用して交渉を担う一方で、軍師的な役割を担った学識豊かな僧のこと。なかでも恵瓊の慧眼《けいがん》はずば抜けており、本能寺の変よ

りも前に織田信長の死と豊臣秀吉の躍進を予言した人物として知られている。

そんな安国寺恵瓊も、戦国期の世のなかで波瀾に満ちた生涯を送った。

彼の生家、安芸守護一族の武田氏は毛利元就らに攻められ、父は自刃《じじん》した。幼かった恵瓊は寺へ逃亡し、九死に一生を得て僧侶となる。やがて師の推薦で毛利の外交僧として活躍し、秀吉の備中《びっちゅう》高松城攻めでは講和条約を締結させた。こうした手腕が秀吉にも認められ、秀吉に属し、やがて大名にまでのしあがったのである。

慶長三（一五九八）年、秀吉が死去すると、彼は毛利輝元の威光を高める好機ととらえ、三成に接近して打倒家康を図った。実質的な西軍の大将は三成だが、三成では実力・石高ともに家康に見劣りする。そのため百二十万石の大大名・毛利輝元を西軍総大将に担ぎ出そうと、恵瓊がその役を買ってでたのだ。輝元は恵瓊の要請を受け入れ大坂城に入るが、すんなりとはいかなかった。毛利一族の吉川広家《ひろいえ》が猛反対したのだ。広家は、家康と争っても勝ち目がないと、大坂城で恵瓊と激論を戦わせたが、結局、毛利家は西軍として参戦することとなった。

そして、関ヶ原の戦いの前哨戦ともいうべき家康方の伊勢安濃津《あのつ》城攻めの際には、恵瓊も広家とともに二千五百の手勢を率いて出陣し、四十七の首級をあげたという。

慶長五（一六〇〇）年九月十五日の合戦当日、恵瓊は、吉川広家や毛利一族の毛利秀元《ひでもと》とともに後方に参陣した。しかし広家は静観して動かず、恵瓊自身が西軍総大将に担ぎあげた毛利輝元も大坂城に籠ったまま、参戦することはなかった。

やがて西軍は敗北。恵瓊は戦うこともなく、混乱にまぎれて戦線を離脱した。恵瓊は鞍馬《くらま》山から建仁寺に落ち延び、六条に隠れていたところを奥平信昌《おくだいらのぶまさ》に捕らえられた。なお、逃亡の途中、恵瓊は腹を切るよう家来に迫られ、逃げ回ったとも伝えられる。

こうして名家の若君から、一介の僧侶、外交僧、大名へと数奇《すうき》な運命をたどった恵瓊は石田三成、小西行長とともに市中を引き回され、十月一日に六条河原で斬首された。

見破れなかった味方の広家の裏切り

関ヶ原の戦いの首謀者として処刑された恵瓊だが、これにはもう一つ裏があった。彼は身内ともいうべき毛利家の裏切りを受けていたのだ。前述したように、関ヶ原の戦いにおいて静観を決めこんだ吉川広家は、すでに毛利輝元にも内緒で密《ひそ》かに家康と通じていたのだ。そして広家は家康に対して「すべてが恵瓊の姦計《かんけい》で、輝元はだまされている」と報告していた。つまり恵瓊は知らないうちに、西軍が敗北した場合、毛利家の罪をも一手に引き受ける罠にはめられていたのである。

恵瓊はそうした広家の策略を知らぬまま、関ヶ原の戦いでは輝元を大坂城に残し、参陣。しかし、戦場で吉川広家が毛利一族の参戦を阻止したため、戦わぬまま敗走する羽目になった。もし吉川広家が恵瓊に同調し、総大将の毛利輝元を戦場に担ぎ出して積極的に戦っていたなら、小早川秀秋の裏切りもありえたかどうか疑問である。

この後、毛利家は百二十万石から三十六万九千石へと大幅に減封されてしまう。そのため毛利家を西軍に引きずりこんだ恵瓊は、死してなお妖僧《ようそう》などと毛利家からは恨まれたという。

父を滅ぼした毛利一族に仕えた子までもが、足元をすくわれるとは皮肉である。かつて信長の横死《おうし》を予言したほどの恵瓊も、自分の末路を推し量ることはできなかったようだ。

島津義弘……一年半後に下された処分は、まさかの本領安堵！驚きの結末を生んだ島津家の苦肉の策

敵中突破！　義弘、決死の脱出行

慶長五（一六〇〇）年九月十五日、薩摩の島津義弘《よしひろ》は西軍として一千五百の兵を率いて関ヶ原の戦いに参戦していた。朝鮮出兵では泗川《しせん》の戦いにおいて、七千の兵力で四万近い明軍を撃ち破り、「鬼《おに》島津」と恐れられた義弘の存在は、東軍にとっても脅威であった。

しかし戦いが始まっても気迫がみなぎる白髪の義弘が敵をにらみつけ、島津隊は銃口を揃えたまま微動だにしない。三成からの加勢要請もことごとく無視したといわれている。

やがて正午を過ぎると、小早川秀秋をはじめ味方の裏切りで西軍は総崩れとなり、石田三成や宇喜多秀家も戦線を離脱して落ち延びていった。

完全に崩壊した西軍の中で、最後まで残っていたのが島津隊である。島津義弘は家康に突撃せんとの勢いを見せたが、家臣に諫《いさ》められ、一時撤退して再起を図ることにした。しかし、すでに東軍に囲まれて退却も容易ではない。退路の方向は北近江か北国《ほっこく》街道か伊勢の三つ。しかし前者二つは多くの者が目指していった逃げ道だ。討《う》ち手《て》をさしむけられるのは火をみるより明らかだった。

そこで義弘は、東軍の真っ只中を突っ切って敵の後方へ回る伊勢方向への退却を決めた。いちばん危険な道だが、義弘は死中に活を求めることにしたのだ。義弘の意気みなぎる中央突破の命令に士卒の士気も高揚した。

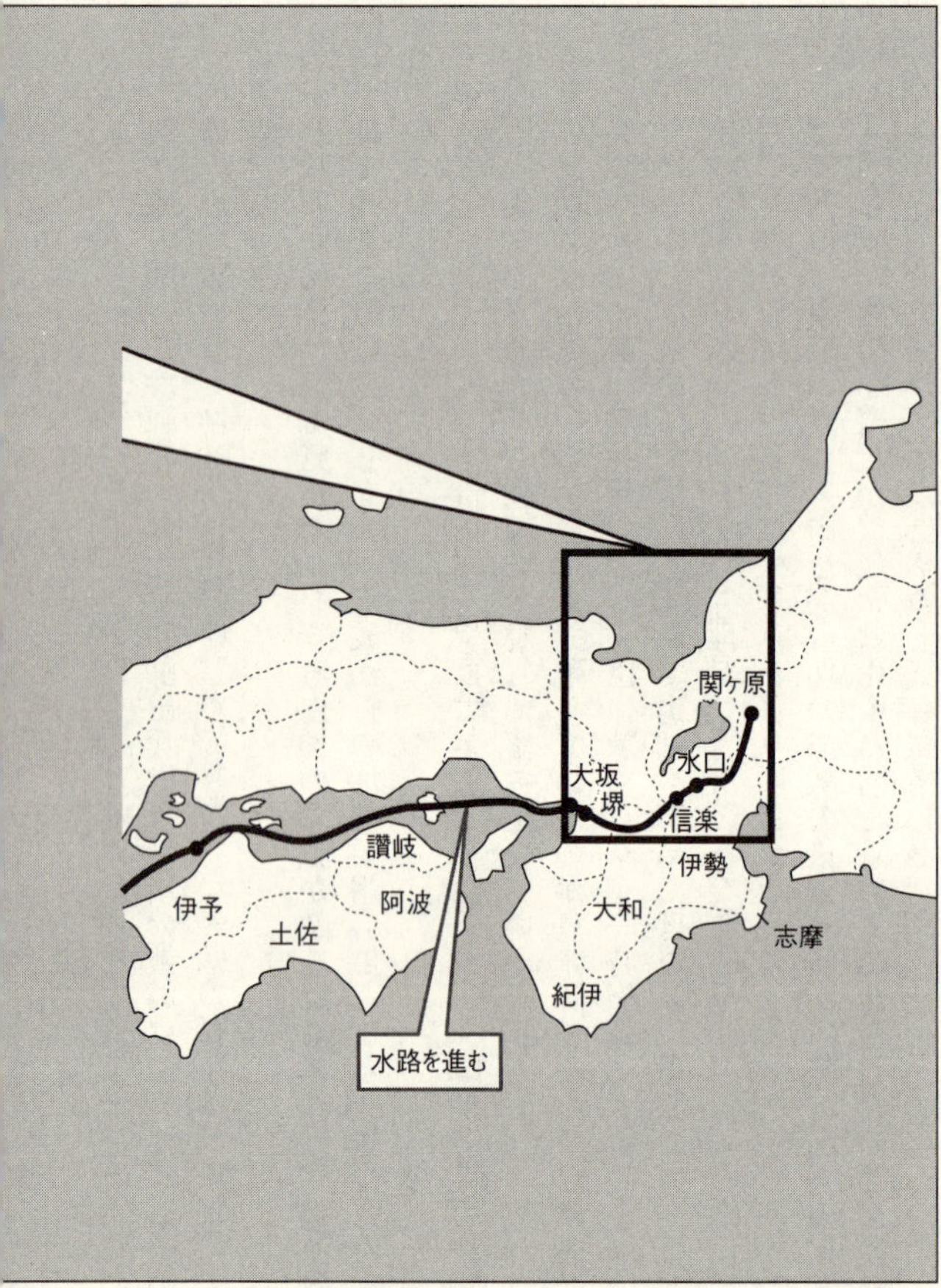

敗戦後、ようやくの思いで帰国した義弘は、その責を取り、隠居した。

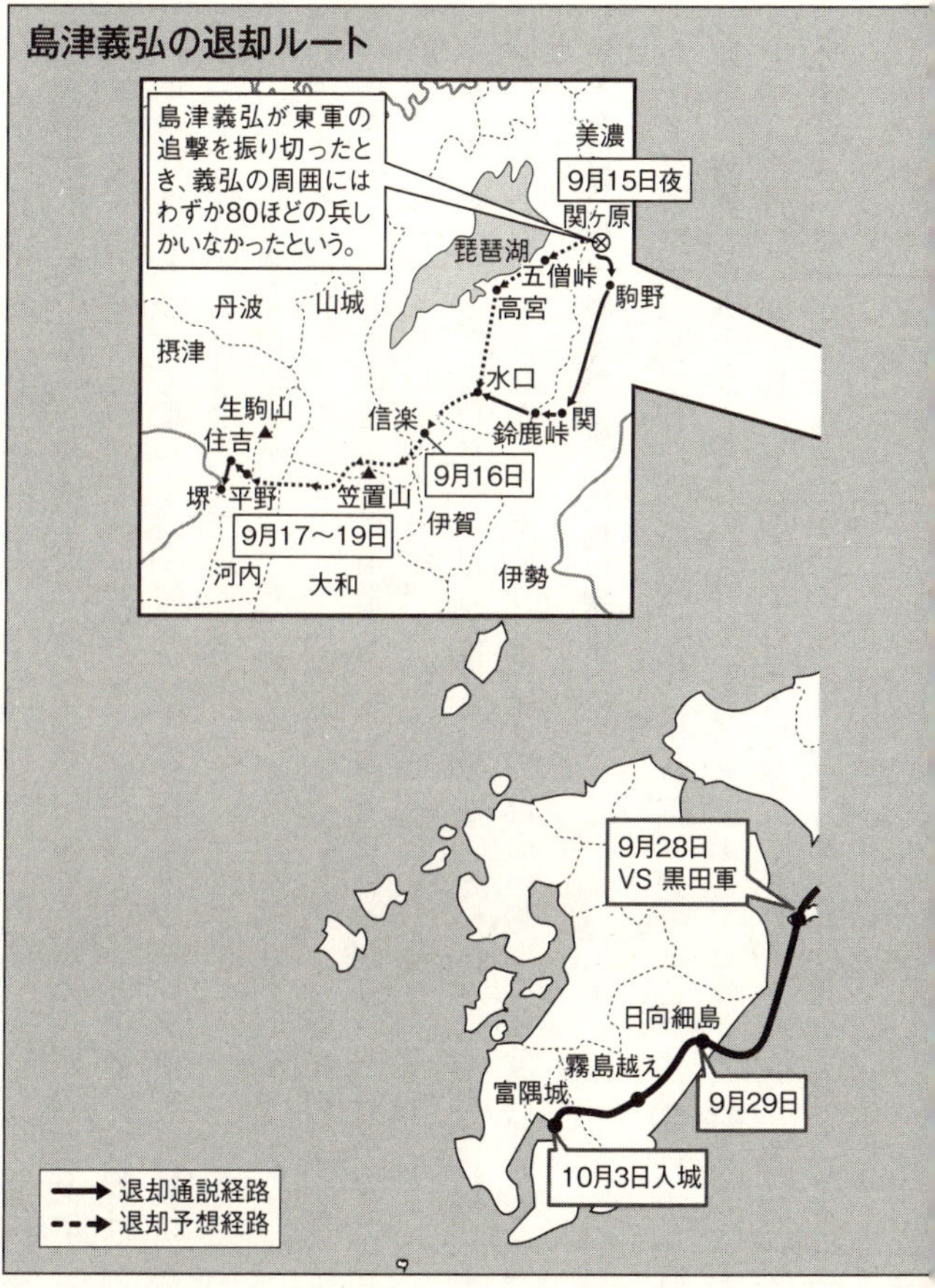
島津義弘の退却ルート
島津義弘が東軍の追撃を振り切ったとき、義弘の周囲にはわずか80ほどの兵しかいなかったという。
美濃
9月15日夜
関ヶ原
琵琶湖
五僧峠
駒野
高宮
丹波
山城
摂津
水口
生駒山
信楽
関
鈴鹿峠
住吉
9月16日
堺
平野
笠置山
9月17〜19日
伊賀
河内
大和
伊勢
9月28日
VS 黒田軍
日向細島
霧島越え
富隈城
9月29日
10月3日入城
退却通説経路
退却予想経路

ここから島津隊の怒濤《どとう》の脱出劇が始まる。島津隊は躊躇《ちゅうちょ》することなく家康本陣に突進していった。驚いたのは家康である。怒声とともに島津隊が白刃をたて、鉄砲を撃ち鳴らしながらまっしぐらに突進してくるではないか。その死に物狂いの勢いに東軍は恐れをなして思わず道を開く。島津隊は家康本陣に肉薄するほどの勢いを見せて、伊勢方向に突っ切っていった。

この時、島津勢が用いたのは、「捨てがまり」という島津独自の戦法である。敵勢が迫ると数人の兵が立ち止まり、鉄砲を放って食いとめ、やがて斬りかかって討ち死にを遂げる。この間に本隊は前進し、また敵に追いつかれると数人の兵が食いとめる。これを繰り返していくのだ。

やがて、敵中突破を成功させ、追いかける敵をなんとか振り切った時には八十人ほどの兵しか残っていなかったという。島津義弘は命からがら薩摩に帰りついた。

天下を目前にし、島津家の処分に悩む家康

今度は家康が悩む番だった。それは島津家の処罰問題である。島津家は十一月には家康に謝罪してきたが、それですべてが許されるわけではない。毛利家や上杉家も大幅に減封したが、島津家に関してはそう簡単にいかなかったようだ。家康の迷いの深さは、処分が下されたのが関ヶ原の戦いから約一年半後であったことからも

見てとれる。

家康がここまで悩んだのは、「捨てがまり」に象徴される島津隊の結束の強さが骨身にしみていたからだろう。

義弘の勇猛さはつとに知ってはいたが、あの退却時のすさまじさは家康のまぶたに焼きついたはずである。家臣と一団となった島津家が減封に容易に従うはずもなかった。しかも薩摩は九州本土の最南端の地。ここで頑強な抵抗を受ければ、家康側も甚大《じんだい》な被害をこうむるのは明らかだった。しかも島津隊は合戦では静観者にすぎなかったのも処分に悩んだ点だろう。

関ヶ原の戦いから約一年半後の慶長七（一六〇二）年四月、ついに島津氏に対して本領安堵の処分が発表された。ここで家康と島津氏はともに苦肉の策ともいえる手を打っている。それは、すでに義弘から息子の忠恒《ただつね》に家督が譲られていたため、西軍に属した義弘のことは島津氏には関わりがないものとみなしたのだ。まさに島津の粘り勝ちだった。

これを知り安心したのか、義弘も政治からは遠ざかり、晩年は家臣との主従の結びつきの強化と家臣団の掌握を図ることに心を砕いたという。

元和五（一六一九）年に一代の麒麟児《きりんじ》、島津義弘は八十五歳で没した。なお、十三人の家臣が義弘の後を追って殉死したという。義弘の人望の表われだろう。

直江兼続

……………

主家の存続のために、孤軍奮闘した上杉家重臣。後継者を立てず、あえて断絶の道を選んだのはなぜ⁉

三成と東西挟撃？　家康に牙を剥いた兼続

直江兼続《なおえかねつぐ》は、越後国（現・新潟県）長尾《ながお》氏の家臣・樋口兼豊《ひぐちかねとよ》の子として生まれた。のちに直江景綱《かげつな》の娘婿として養子入りし、直江氏の姓を継ぐ。上杉謙信の没後は、謙信の養子・景勝に仕えた。

兼続は景勝に全幅の信頼を寄せられており、その政務のほぼすべてを一手に担っていた。会津百二十万石のうち、じつに四分の一にあたる米沢《よねざわ》三十万石を授けられていることをみても、景勝の兼続に対する信頼度の高さをうかがえる。

兼続は石田三成とも交流があり、盟友の関係を結んでいた。慶長三（一五九八）年、豊臣秀吉の命により、景勝が越後から会津へと転封《てんぽう》されたとき、秀吉の代官として会津を訪れた三成と意気投合したのだという。

秀吉の没後、政権を握らんと徳川家康が暗躍するなか、景勝は会津へ帰国し、城壁の修理、武器の購入、食料の備蓄を行ない、さらには浪人を採用するなど戦備強化に努めたとされる。家康はこれを機と捉え、景勝が豊臣家に対して謀反を企んでいるとすると、諸将に会津征討を命じたのであった。

巷間《こうかん》伝わる「三成・兼続密約説」あるいは「東西呼応説」に基づき、関ヶ原の戦いの前哨戦として徳川家康の会津攻めが説明されることが多い。たしかに兼続と三成は「反家康」という点で一致していたようだが、真実は定かではない。家康が三成の挙兵を誘う呼び水として、会津攻めを利用したという説もある。兼続も家康との戦いを景勝に進言したと考えられる。

しかし、徳川方の大軍を迎え撃つはずだった景勝・兼続主従は、上方の三成挙兵によって徳川方が引き返したため、仙台藩主・伊達政宗や山形城主・最上義光らと小競り合いをするうちに、関ヶ原の戦いの終幕を迎えた。景勝が家康に対して降伏を申し入れたのは、合戦の終結から三か月後の慶長五（一六〇〇）年十二月のことであった。

遠流にされる予定だった景勝を救う

慶長六年（一六〇一）七月、兼続は、景勝が西軍についた責はすべて自分にあるとして、家康に訴え出た。結果、兼続の所領・米沢三十万石は没収されることとなったが、そのあとへ景勝が三十万石で入ることが許され、なんとか上杉家の所領没収は避けることができたのであった。こうして米沢藩が成立する。『覚上公御書《かくじょうこうごしょ》集《しゅう》』によれば、家康は景勝を遠流《おんる》にする予定だったというが、兼続の必死の交渉が上杉家の家督を生きながらえさせたのであった。

こうして徳川幕府の雄藩として再出発を余儀なくされたが、兼続は家老として米沢藩政の基盤を固めていった。その努力が実り、米沢藩は表高《おもてだか》三十万石に対し、実収五十万石といわれるまでの国となったのである。

兼続は元和五（一六一九）年十二月十九日、江戸桜田の鱗《うろこ》屋敷で六十年の生涯を終えるが、嫡男なくして死んだために直江家は断絶となった。なぜ跡継ぎを立てなかったのか、一説に徳川家をはばかった、失態を犯した直江家が上杉家から禄《ろく》をもらうのは申し訳なかったからなどといわれている。

前田玄以

石田三成に与して徳川家康と対峙した五奉行の一人が、江戸時代、大名家として存続できた驚くべき理由！

中風で合戦に参加できなかった玄以

五奉行として豊臣政権を支えた五人の武将、すなわち石田三成、前田玄以《まえだげんい》、増田《ました》長盛《ながもり》、長束正家《なつかまさいえ》、浅野長政《ながまさ》のうち、関ヶ原の戦い以後、江戸時代に大名家として存続したのは、前田家と浅野家の二家のみである。

関ヶ原の戦いで西軍の要として戦った五奉行だが、これは秀吉が死の間際に豊臣政権を守り支えてほしいという思いを伝えていたからである。打倒家康を旗印に挙兵したのは三成であるが、家康弾劾《だんがい》状の起草者として、前田玄以、増田長盛、長束正家もこれに署名している。ただし、浅野長政は三成との不和から家康方に与している。

慶長五（一六〇〇）年、いよいよ全国に不穏な空気が流れるなか、実際に戦場に参じた石田三成、長束正家に対して、玄以は大坂城に籠り、秀吉の遺児・秀頼を守る構えを見せた。じつはこのとき、玄以は中風を患《わずら》っており、とてもではないが、合戦に参加できるような状態にはなかった。

こうして玄以は関ヶ原の戦いに参加することなく終戦を迎えたわけであるが、これが結果的に玄以の命を救うこととなった。

実質中立の立場を保ったとして、戦後、本領の丹波亀山《かめやま》五万石を安堵されたのである。玄以はそれから二年後、六十三年の生涯を終えるが、病気であることが幸いし、家の命脈を保つことができたのであった。

小早川秀秋

……裏切りによって得た功労に悩まされた晩年、最期は大谷吉継の怨霊に呪い殺された⁉

西軍を裏切り、東軍勝利の立役者に

天正十（一五八二）年、豊臣秀吉の正室である高台院《こうだいいん》の兄・木下家定《きのしたいえさだ》の五男として生まれた小早川秀秋は、初め秀吉の養子となり秀吉夫妻に溺愛された。だが、秀吉に実子の秀頼が誕生すると、秀吉の命によって小早川隆景《たかかげ》の養子となった。

それゆえ、慶長五（一六〇〇）年に関ヶ原の戦いが勃発すると、石田三成率いる西軍は秀秋にとって友軍であり、それまでの経緯から考えればそちらに加勢するものと見られていた。だが、一万五千という大軍を率いる秀秋の帰属は勝敗の行方を左右する重要な要素だったため、秀秋に対しては東軍からも激しい勧誘作戦が展開されていた。当時まだ十九歳の秀秋は東西どちらに加わるか迷いに迷い、なかなか決断が下せないまま、関ヶ原の戦い当日を迎えてしまう。

戦場を見下ろす松尾山山頂に陣取った秀秋は、戦いが始まっても動こうとはしなかった。三成からの催促も無視し、一方の家康に対しても内応を約束していながら依然として行動に移す気配を見せなかった。業《ごう》を煮やした家康は、ここで松尾山目

掛けて鉄砲を撃たせたといわれる。慌てた秀秋は、ここにいたってようやく東軍への加担を決意する。

陣を布く松尾山を下った秀秋は、西軍の大谷吉継の陣を急襲した。彼の裏切りによって西軍は浮き足立ち、また、ほかに東軍に寝返った隊もあり、西軍の諸将は次々と敗北していったのである。これによって、関ヶ原の戦いは東軍の勝利となり、徳川家康の覇権が確定した。秀秋の裏切りが家康に天下をもたらしたといっても過言ではないだろう。

実際に、秀秋の戦功に対しては、家康によって手厚い論功行賞がなされた。それまでの領国だった九州の筑前《ちくぜん》・筑後《ちくご》から、西軍の宇喜多秀家の領国だった備前《びぜん》と美作《みまさか》に移封《いほう》され、岡山藩五十万石に加増されたのである。東軍勝利の立役者にふさわしい出世ぶりといえよう。

こうして輝かしい戦功を収めた秀秋だけに、その後の人生も輝かしいものになると思われた。ところが、実際はそれとは正反対の人生を送ることとなったのである。

合戦から二年後に亡くなり「お家断絶」

関ヶ原の戦い後、いつの頃からか秀秋は酒を飲むようになり、その量は日増しに増えていったとされる。いったい彼に何があったのか。

一説では、友軍である西軍を裏切った彼に対して、周囲は「裏切り者」と蔑《さげす》み、激しい誹謗《ひぼう》中傷をしたといわれる。年若い秀秋に対して浴びせられる非難の嵐によって、彼の生活は荒れていったようだ。

もともと秀秋自身も、友軍を裏切ったという良心の呵責《かしゃく》にさいなまれていた。表面は平静を装いつつも、内心は自らの行為を恥じ、心は乱れに乱れたという。彼の酒量が増えていったのと無関係ではなかろう。

それと同時に、秀秋の治世は乱れ、家中から逃げ出す者が相次いだ。東軍の英雄になったはずの男は一転して、惨《みじ》めな日々を送ることになったのである。

関ヶ原の戦いから二年後の慶長七（一六〇二）年、小早川秀秋はわずか二十一歳で亡くなってしまう。

死因については諸説あるが、天然痘による病死とするのがもっとも有力な説だ。死の数日前に、鷹《たか》狩りに出かけた秀秋は夕刻に帰城すると、「気分が悪い」と訴えて寝込んでしまった。その後、一時的に回復したもののそのまま帰らぬ人になったとされる。

だが、彼の死因については病死説以外にも諸説がある。農民に股間《こかん》を蹴られて即死したとする説、落馬による負傷がもとで死んだとする説、手打ちにしようとした小姓の返り討ちにあったとする説などなど。

なかには、こんな怪談めいた話もある。関ヶ原の戦いで彼が討った大谷吉継は、死の間際に「裏切ったな。三年の間に祟《たた》ってやる」と吐き捨てたという。そのため、秀秋は彼に呪い殺されたとする説が、まことしやかにささやかれたのである。

こうして死因について諸説があるのも、関ヶ原の戦い後の周囲の非難と、それに耐えかねた秀秋の憔悴《しょうすい》ぶりが大きく影響しているのだろう。

秀秋には跡継ぎがなく、彼の死によって小早川家は断絶となった。

黒田孝高

秀吉に頼られ、また恐れられた軍師が晩年に着手した天下統一への野望

主君の死を自らの立身に活用せよ

豊臣秀吉の補佐役として活躍した名参謀・黒田孝高《よしたか》（のち剃髪して如水《じょすい》）は、じつに計算高い人物であった。

もともと播磨の小大名・小寺《こでら》家の家老の家に生まれた孝高は、小寺家が毛利元就につくか、織田信長につくかを逡巡していたとき、小寺家中でただ一人信長に与す

ることを主張したと伝わる。

これを機として織田家に仕えることになった孝高は、その後、与力として秀吉の傍《かたわ》らに仕えるようになり、その後は目を見張るほどの働きぶりで秀吉に重用されることとなった。

ただし、孝高は秀吉から心の底から信頼されたわけではなかった。天正十（一五八二）年の本能寺の変後、信長の死を知り号泣する秀吉に対して、孝高は「これで秀吉様の御運《ごうん》が開けますぞ」と励ましたという。ようは主君の死を自らの立身に活用せよというのである。戦国の乱世において孝高の考えはまさに的を射たものであったが、この言動は軽はずみであり、秀吉はその冷徹な頭脳を警戒するようになってしまった。

それは、孝高が秀吉から与えられた所領をみてもわかる。秀吉は孝高に対して豊《ぶ》前《ぜん》中津十二万石を与えるに留まっているのである。これは、もし広大な所領を持たせでもすれば、自分の身が危うくなると恐れたためであった。

とはいえ、秀吉が孝高を頼りにしていたのには変わりなかった。天正十七（一五八九）年、孝高は家督を子の長政に譲り、隠居。自らは剃髪して如水と号した。

しかしその翌年の小田原征討において、秀吉はわざわざ隠居中の如水を戦場まで駆り出しているのである。秀吉にとって如水は警戒すべき存在であったが、しかし、その能力はほかの誰にも代えられなかったのであった。

最後の最後に天下を狙った如水

さて、はたして如水は本当に天下を狙う野心があったのだろうか。

じつは天下分け目の関ヶ原の戦い後、如水は子・長政に対して次のようなことを言っている。

「もし関ヶ原の戦いで家康と三成が百日でも戦っていれば、その間に九州を平定し、その勢いで天下を手中に収めていたものを――」

実際、慶長五（一六〇〇）年に関ヶ原の戦いが勃発すると、如水は加藤清正らとともに、島津領以外の九州を制圧している。その後、関ヶ原の戦いの勝者と対決すべく、東上《とうじょう》するという計画があったというが、何しろわずか一日で合戦が終わってしまったため、如水には手も足も出なかったのである。

こうして世が徳川の天下となると、如水は天下への野望を捨て去り、あとは安穏《あんのん》たる隠居生活を楽しんだ。そして慶長九（一六〇四）年三月二十日、五十九年の生涯を終えたのであった。

細川幽斎

戦場の第一線で活躍しながらも、うまく世を渡り、天寿をまっとうできた秘訣は「芸」にあり！

あらゆる日本文化に精通した幽斎

細川幽斎《ほそかわゆうさい》（藤孝《ふじたか》）は腕力に優れ、走ってきた牛を腕の力だけで止めたとの逸話も残っているほど、武勇で鳴らしていた。

だが、その特性はむしろ文化面にあるといえよう。古典、茶の湯、料理、音曲、礼式、有職故実《ゆうそくこじつ》など、ありとあらゆる日本の文化に精通しており、世人《よひと》をしばしば驚かせていた。とくに歌道においては達人として知られていた。

幽斎が官位をもらって御所に昇殿《しょうでん》を許された際の話である。幽斎は性悪な公家に階段から突き落とされ、「歌の名人らしいが、こんなときでも一首詠《よ》めるのか」と皮肉をいわれてしまった。それに対して幽斎は、

「とんと突く　ころりと転ぶ幽斎が　いかでこの間《ま》に　歌を詠むべき」

という歌を詠んでいる。そのときの状況そのものを詠んだわけだ。なんとも機知に富んだ歌である。

驕りや権力への執着がなかった武人

本能寺の変後は、信長の死を悼《いた》んで剃髪して、家督を嫡男・忠興《ただおき》に譲ったが、その後、秀吉に重用され、小田原攻めや九州征討に側近として従軍するなどの活躍を見せた。また、徳川家康からも高く評価されていた。

幽斎が秀吉、家康たちに評価されたのは、その高い文化性のおかげである。武勇だけならここまで高く評価されることはなかっただろう。「文化性に溢れた武人」という看板こそが、彼の最大の魅力だった。いわば、芸が身を助けたのである。

同時に、彼の権力に執着しない態度も、人々から好感を持たれた。家督を譲った後には、細川家の経営については基本的に忠興に任せ、口出しをしなかった。関ヶ原の戦いなどで功績を重ねた忠興が肥後五十四万石に栄転した際にも、幽斎はついて行かず京都に留まっている。そこで悠々自適の生活を送り、七十七歳の天寿をまっとうした。

当時の武将にありがちな驕《おご》りや権力への執着がなかったことが、権力者たちに警戒心を持たせず、上手に世渡りすることができた秘訣だったといえるだろう。

芳春院

……十四年間の江戸における人質生活ののち、故郷に戻った母を襲った悲しき現実

幼なじみで結ばれた利家とまつ

前田利家《まえだとしいえ》と妻まつ、豊臣秀吉と妻おね——この二組の夫婦は似たもの同士である。

利家と秀吉はともに織田信長に仕えており、年も近かったことから互いに切磋琢磨《せっさたくま》しあった仲であった。信長の家臣時代に住んでいた長屋も隣同士であり、必然とまつとおねも親しくつきあうようになった。まつもおねも聡明で大らかな器量の持ち主で、陰になり日向《ひなた》になって夫を支え、家を守った。

まつは四歳のとき親戚の尾張（現・愛知県西半部）荒子《あらこ》城主・前田利昌《としまさ》に引き取られた。利昌の妻はまつの叔母であり、利家はその家の四男であった。従兄である十歳年上の利家と結婚したとき、まつは十二歳であった。二人は大変仲睦《なかむつ》まじく、合計で十一人の子をなしている。

息子・利長が没するまで加賀に帰れず

利家は死の間際、秀吉から託された幼い秀頼のことが気がかりであったのか、まつに遺言を書き取らせている。「利長《としなが》（長男）は三年間加賀に下ること無用。利政《としまさ》（次男）は金沢に帰って動かぬように。大坂と国許《くにもと》に八千ずつ交替で兵を詰めさせ、もし秀頼様に謀反を起こす者が出たら、利政は八千の兵を率いてただちに上洛し、利長の八千と一手になって働くよう」

慶長四（一五九九）年閏《うるう》三月三日、愛する夫の利家が亡くなると、まつは出家し、芳春院《ほうしゅんいん》と号した。

利家の跡を継いだのは嫡男・利長であったが、家康の謀略により、利家の遺言に背《そむ》いて大坂から加賀へ帰ってしまう。しかしこれにより、なんと利長は家康暗殺の首謀者に仕立て上げられてしまうのである。もちろんこれは家康のいいがかりであり、利長はすぐさま家康に釈明の使者を送った。そこで家康から提示された条件は、芳春院を江戸へ人質として出すというものであった。

これに逡巡する利長を芳春院はたしなめ、そして前田家を救うため、自ら人質となることを決意した。「侍は家を守ることが第一です、母を案じて家をつぶすことのないように」と利長にいい残すと、慶長五（一六〇〇）年五月、芳春院は一人、江戸へ向かったのであった。

天下分け目の合戦において、利長が家康方についたのは必然であった。家康はこれを狙っていたのである。

戦後、利長には褒賞《ほうしょう》として加賀百二十万石という広大な所領が与えられることとなったが、しかし、芳春院は江戸に留め置かれたままであった。

芳春院の江戸での人質生活は、じつに十四年間にも及んだ。芳春院が金沢へ戻ることを許されたのは、利長が没した翌月の慶長十九（一六一四）年六月のことであった。家康は芳春院を金沢へ戻すと、利長が幕府に対して牙を剥《む》くと考えたのであろう。最後の最後まで、家康が加賀藩の存在を恐れていたことがわかる。

こうして金沢へ戻ることができた芳春院であったが、このときすでに六十八歳であった。

ようやく訪れた安息の日々のなか、元和三（一六一七）年七月十六日、芳春院は永遠の眠りについた。

可児才蔵

多くの主君を渡り歩き、戦国乱世を生き抜いた武士がようやく見出すことができた安住の地

逃げ落ちる羽柴秀次に「捨て台詞」

「七度主君を替えなければ一人前ではない」といわれた戦国時代にあって、可児才蔵《かにさいぞう》はそれを体現した武将だ。斎藤龍興、柴田勝家、明智光秀、織田信孝、羽柴秀次《ひでつぐ》、前田利家、福島正則と、主家を渡り歩いたのである。

天正十二（一五八四）年、秀吉と家康との間に勃発した小牧・長久手の戦い時、才蔵は羽柴秀次に仕えていた。この戦いで才蔵は「今日の敵は強大ですので、いったん退くのが常道、無理に攻めれば大敗します」と秀次に献言したが、秀次はこれに怒り、軍を進めてしまった。自分の意見をまったく聞こうともしない秀次に腹を立てた才蔵は、捨《す》て台詞《ぜりふ》を吐くや手勢を引き連れて早々と引き上げた。

結局、秀次は徳川勢に散々に撃ち破られてしまった。

才蔵は逃げ落ちようとする秀次と出会い、馬を貸してほしいと頼まれたものの、「お断り申す」と言うや、その場を立ち去った。いかに才蔵が秀次に対して立腹していたのかを見て取ることができよう。

関ヶ原の戦いで「笹の才蔵」となる

慶長五（一六〇〇）年の関ヶ原の戦いの際には、才蔵は福島正則の家臣として参戦した。決戦前日の九月十四日、才蔵は抜け駆け厳禁の法を破って西軍の勇士・湯原源五郎を討ち取った。しかしこのことで正則から責めを受け、才蔵は謹慎を申しつけられてしまう。

戦後、正則は才蔵を呼び寄せると、「たった一つの首を取るために法を犯した愚か者めが」と叱責した。だが才蔵は、「謹慎の身ではありましたが、毎日こっそり抜け出して敵方の首を討ち取っておりました。けれど、それらを持ち帰るわけにもいかず、討ち取った首の口、耳や鼻の穴に笹《ささ》の葉を差し込んでおきました。それらは家中の若侍どもが拾って自分の手柄としてお目に入れたかと存じます」と弁明した。はたして討ち取った首を調べてみると、才蔵の言うとおり、笹を詰めた首が計十七あった。このことを伝え聞いた家康は才蔵の武を褒め讃え、「今日より笹の才蔵と名乗れ」と言ったという。

関ヶ原の戦いの功績により、福島正則が安芸への転封となったことに伴い、才蔵もまた安芸へと移った。

晩年の才蔵は穏やかな生活を送ったと伝わる。七度も主家を替えた才蔵であったが、ようやく福島家という安住の地を見出すことができたのであろう。

才蔵は幼少時より愛宕大権現《あたごだいごんげん》を信仰し、その縁日である二十四日に死ぬとつねづね口にしていた。その言葉どおり、慶長十八（一六一三）年六月二十四日、才蔵は六十歳で息を引き取った。

榊原康政

徳川二代の信頼を勝ち得た涙の弁明！関ヶ原の戦い後、論功行賞を辞退したその舞台裏

「武」よりも「文」で天下に名をとどろかす

榊原康政《さかきばらやすまさ》は酒井忠次、本多忠勝、井伊直政とともに「徳川四天王」と謳《うた》われた武将である。家康からの信頼も篤く、「康」の一字を賜《たまわ》っている。

康政の名を世に知らしめたのは、天正十二（一五八四）年の小牧・長久手の戦いである。織田信長の次男・信雄が秀吉に反旗を翻し、家康に援軍を求めたときのこと。康政は敵軍の勢いをそぐため、檄文《げきぶん》を書いて秀吉のもとへ送りつけた。

「秀吉は主君・信長公の恩を忘れ、遺子である信雄公を滅して天下を奪おうとしている。なんという大逆無道の振舞いであろう。秀吉の暴逆を憎むものは、我が義軍に合流して、かの逆賊を討ち取ろうではないか」

秀吉はこの檄文を見て怒り狂い、「康政を生け捕りにした者は、身分を問わず存分の恩賞を与える」とのお触れを出した。武の誉れ高かった康政であったが、意外にもその名が天下にとどろくことになった契機は「文」にあったのである。

戦後、家康と講和を結んだ秀吉は異父妹の朝日姫《あさひひめ》を家康のもとに嫁がせたが、こ

のときの結納《ゆいのう》の使者が康政であった。秀吉は「お前の首を取ろうと思ったが、それも徳川家に対する忠誠の証《あかし》だったのだとわかり、感服している」といい、従五位下《じゅごいのげ》式部大輔《しきぶたいふ》の位を与えたという。

「秀忠遅参」に康政、涙の弁明

関ヶ原の戦いで康政は、家康の嫡男・秀忠と行動をともにした。だが関ヶ原に駆けつける際、真田家の軍勢に行く手を阻《はば》まれ、結局、九月十五日の本戦には間に合わなかった。これに立腹した家康は三日三晩、秀忠と会おうとしなかった。陣中が暗く沈むなか、康政は意を決して家康のもとへ参じた。遅参の責任はすべて自分にあると陳謝し、涙を流しながら弁明したのである。

やがて家康は怒りを解いて秀忠と対面し、その労をねぎらった。秀忠は康政の行ないに大いに感動し、「我が家のあらん限り、子々孫々にいたるまで忘るることはあるまじき」と書にしたため、康政に送ったという。

家康は論功行賞として康政に水戸二十五万石を与えようとしたが、秀忠遅参の責任を理由に、康政はこれを固辞している。

池田輝政

大出世を遂げた「西国将軍」を苦しめた病の原因は、姫路城の天守に現われた妖怪のせい!?

福島正則と繰り広げた先陣争い

池田輝政《いけだてるまさ》は、父・恒興《つねおき》とともに織田信長に仕え、信長没後、豊臣秀吉に仕えた。それなのに、なぜ天下分け目の関ヶ原の戦いで東軍に味方したのかというと、妻が家康の次女・督姫《とくひめ》（富子）だったからだ。

秀吉からは、一時、羽柴の姓を賜るほどかわいがられたが、その没後は妻の縁で急速に徳川家と親しくなっていった。

慶長五（一六〇〇）年、家康の会津征討軍にも参加し、関ヶ原の戦い前には東海道を西へ向かう先発隊に加わった。

この先発隊は福島正則の清洲城に集結し家康の到着を待っていたが、はやる気持ちを抑えきれず、竹ケ鼻《たけがはな》城、岐阜城を落とすという前哨戦を繰り広げている。

この岐阜城攻めで、輝政は福島正則と派手な先陣争いを繰り広げている。

大手門への大将は福島正則、輝政軍は搦《から》め手から攻めたが、輝政軍の戦果があがるのに対して福島軍は攻めあぐねていた。このままでは輝政に功を奪われると焦った正則は、なんと味方であるはずの輝政軍の行く手を阻もうと民家に火を放つ。

これを見た輝政は、当初の計画を無視して長良《ながら》川を回って攻め入り、著しい成果をあげたのだった。娘を嫁にやった家康はこれを非常に喜び、陣地にあった輝政に書状を送っているほどだ。

九月十五日に火蓋を切った関ヶ原の本戦では、娘婿の万が一を恐れたのか、関ヶ原の盆地をはずれた中山道《なかせん》沿いに輝政の陣を置かせている。南宮山《なんぐうさん》に陣を布いた西の吉川広家隊と対峙する位置だが、吉川隊が東軍に内通していたことを考えると、実際には安全な布陣を与えたといえる。

秀忠も嫉妬させた百万石大名の座へ

戦後、輝政は論功行賞として播磨五十二万石を与えられている。これは岐阜城攻めで先陣争いに敗れた福島正則が輝政の軍令違反を訴えた時、快く手柄を譲ったことに対する労《ねぎら》いも含まれていた。

実際の手柄が輝政にあると家康が評価していたことは、富子と輝政の間にできた次男・三男にも、それぞれ備前二十八万石、淡路六万石などを与えていることからもうかがえる。

戦前の三河吉田十五万石に比べれば大出世で、池田家は世に「百万石大名」と呼ばれる存在となった。それは家康の継嗣《けいし》である秀忠に、「いっそ輝政に天下を譲れば」と嫉妬させるほどだったという。

世間から「西国将軍」などともいわれる権勢を得た輝政であるが、現実は毛利・島津などの西国大名がいまだ健在であるため、身内によって西国の守りを固めようとした家康の意図も働いていた。

播磨にお国入りした輝政は、すぐに姫路《ひめじ》城の改築に手をつけている。これも守りに備えての堅牢な城造りが目的だと考えれば納得がいく。同時に、東隣に控える大坂城にも脅威を与える城となったはずだ。

ところが、次第にこの城の天守に妖怪が出没するという噂が立つ。輝政はこれを無視したが、自身に脳出血の後遺症による中風の症状が出始めると、名僧に祈禱させ、お祓《はら》いをした。

これでいったんは輝政の病状は回復するのだが、慶長十七（一六一二）年に再発する。娘婿を心配した家康からは妙薬《みようやく》が届けられるなどの気づかいを受けたものの回復せず、五十歳でその生涯を終えたのだった。

山内一豊

……………関ヶ原の戦いで東軍を勝利に導いたキーマンに降りかかった新領・土佐における苦難

チャンスを逃さず発揮された妻の知恵

土佐藩祖となった山内一豊《やまうちかずとよ》は、彼自身の武勲より、内助《ないじょ》の功ゆえの大出世として妻の存在とともに語られる武将だ。織田信長、豊臣秀吉、徳川家康と戦国時代の三大武将に仕え、見事に戦乱の世を渡り切った陰には、一豊の出世を何より願った妻の大いなる知恵があったのである。

織田家家臣だった父を織田家の内紛で失った一豊が、信長の家臣となったのは永禄十（一五六七）年頃というから、まだ信長の入京前だ。信長の天下統一の過程でいくつかの武勲があったが、一豊が信長の目にとまったのは馬揃えの折に、妻が隠し持っていた持参金をはたいて馬市で評判の馬を買ったからだった。

信長の死後は秀吉に仕え、少しずつ知行を増やしていった一豊は、秀吉が北条氏を滅ぼした天正十八（一五九〇）年には遠州掛川《えんしゅうかけがわ》五万石の領主になった。この年は家康が江戸城に入った年でもある。この掛川城主という立場が、関ヶ原の戦いにおいて一豊に大きく味方することになる。

家康が上杉征討軍を組織した時、一豊も参加して東へ下っていた。その隙に家康排除を願う石田三成は、軍を整える一方で親家康派の大名たちの妻子を人質にする作戦に出る。一豊の妻はこの動きを手紙で夫に知らせた。この手紙は三成の関所を無事潜《くぐ》り抜け、一豊のもとに届けられた。一豊は、その手紙を開封しないまま家康に差し出し大きな信頼を得る。一説では、妻からの別の手紙に、「開封しないまま家康殿にお渡しください」という指示があったともいう。

三成挙兵の知らせに触れた家康は、すぐに軍議を開く。この席でも一豊は家康から大きな信頼を得ることになる。上杉征討を中止して西へ戻るという家康に、自分の城と兵糧をすべて差し出すと申し出たのだ。

軍議の開かれた小山《おやま》から西へ戻るには、東海道を一気に駆け抜けるのが早い。掛川はちょうどその経路にあり、一豊に続いて沼津、駿府、浜松、岡崎など沿道の城主が次々に同様の申し出をするきっかけをつくったのだった。

反山内勢力を一掃し、将軍家とも縁を結ぶ

関ヶ原の戦いの本戦における一豊の武勲は伝えられていない。それでも戦後の論功行賞では、一豊に土佐二十四万石が与えられた。一豊の申し出を家康がいかに評価したかがわかるというものだ。

ただ、二十四万石がやすやすと手に入ったわけではなかった。土佐の前領主の長宗我部氏《ちょうそかべ》には一領具足《いちりょうぐそく》と呼ばれる下級武士団がいた。平時は農民、戦があれば兵士になるという戦国時代特有の在郷《ざいごう》武士組織である。

長宗我部氏の重臣たちは恭順だったが、一領具足たちは山内家入国に激しく抵抗した。船で浦戸《うらど》湾から入国しようとした一豊たちは、一領具足たちの攻撃を受けて苦労したと伝えられている。

一豊は旧長宗我部家臣を次々に再雇用し、土佐の政治に用いた。その一方、抵抗をやめない一領具足に対しては非情な手を打っている。相撲の興行と宣伝し、一領具足を誘い出して、これを捕らえ、種崎《たねさき》浜で磔《はりつけ》としたのだ。

こうした治世上の問題もあって、一豊はそれまでの浦戸城を廃し新城建築を決める。その地が、かつて長宗我部氏が築城を考えながらも見捨てた大高坂山《おおたかさかやま》だったというのは皮肉である。

家康は、一豊に与えた土佐の知行が意外に少ないことを詫びたと伝えられるが、その代わりのように山内家と縁を結んでいる。実子のなかった一豊が養子にした甥の忠義《ただよし》に、自分の養女にした阿姫《くまひめ》を嫁がせたのだ。姫には化粧《けしょう》料として一千石の領地を持たせるなど、将軍家と山内家の縁の深さを印象づける婚姻だった。

一豊は、この将軍家ゆかりの二代目に城を譲り、自分は妻と館で過ごすという生活を送り、六十一歳までの穏やかな生涯を過ごした。

宮本武蔵

ようやく仕官した剣豪に襲いかかった主君の死、そして花開いた芸術の才能

自分の剣は三千石の価値！　不世出の剣豪への道

江戸初期の剣豪として知られる宮本武蔵《みやもとむさし》も、じつは関ヶ原の戦いに従軍していたという。わずか十六歳の武蔵がどの武将に従っていたかは不明だが、父との関係から宇喜多秀家に従っていたという説が有力だ。後世の伝記によると、彼はそこで獅子奮迅の働きをしたともいわれる。おそらく西軍に属していたと考えられる。

合戦後、武蔵は出世を求めて全国を放浪した。だがすでに大きな戦乱も収まりつつあり、戦場で活躍する機会は多くはなかった。そのため武蔵は、佐々木小次郎《ささきこじろう》など多くの武芸者との対決を経て名をあげていく。彼の腕前は次第に知れわたり、大名の中には武蔵を召し抱えようとするものも出てきた。

武蔵は徳川御三家の一つである尾張家や、明石《あかし》の小笠原忠真《おがさわらただざね》のもとにも請われて客分として逗留《とうりゅう》している。小笠原家では、養子の伊織《いおり》を出仕させ、武蔵も明石の

町造りなどに尽力した。

徳川義直《よしなお》や忠真が仕官するよう熱心に口説いたとされるが、武蔵は結局応じなかった。その理由は、禄高で折り合いがつかなかったからだ。その頑迷な固執ぶりは偏狭ともいわれたが、それは武蔵の信念でもあったのだろう。

武蔵は、自分の剣に絶対的な自信を持っていたという。かつて関ヶ原の戦いなどで腕一本を頼りに破格の出世を遂げてきた人々を目にしてきた武蔵である。その出世のために全国を放浪してきたのだ。並大抵の禄高で仕官することは己の矜持《きょうじ》が許さなかったことだろう。

一説によると武蔵は、自分の剣は三千石の価値があると豪語したという。将軍家の剣術指南・柳生《やぎゅう》家でもせいぜい三百石程度である。このことからも、武蔵の自信のほどがうかがえよう。

その孤高の一生を体現した『五輪書』

そんな武蔵が仕官の目的を遂げたのは、五十七歳のときだった。

仕官先は肥後熊本の大名・細川忠利《ただとし》である。彼もやはり武蔵の熱烈な信奉者だった。そこで武蔵は側近として仕えながら、剣の道に通じていた忠利に命じられて、兵法の実技書ともいうべき『兵法三十五箇条』を書きあげた。ここで彼もようやく

二天一流の系譜

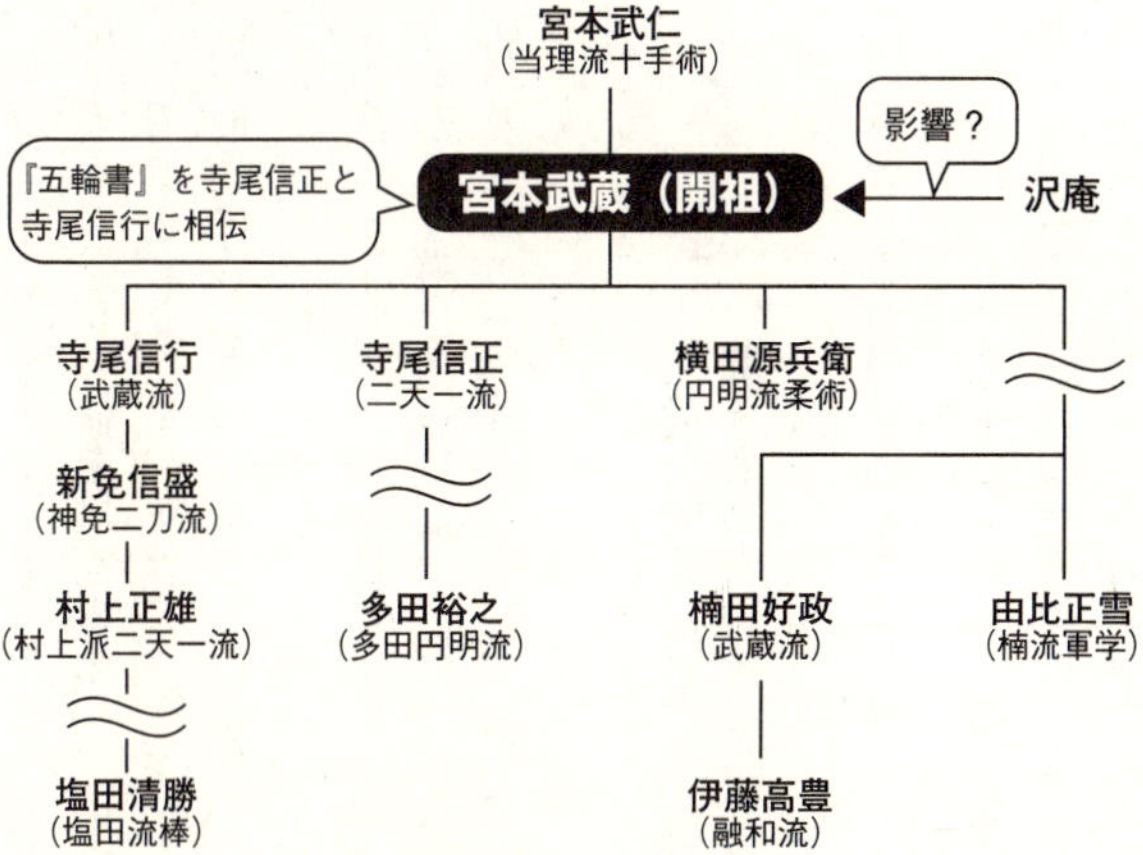

自分の居場所を見つけて落ちついた日々を送っていたようだ。

しかし、その日々は長くは続かなかった。

出仕後、わずか一年半で忠利が急死してしまうのだ。衝撃を受けた武蔵は引きこもり、書を書いたり、絵を描いたりして心をまぎらわせたという。

だが皮肉なことに、ここで武蔵の芸術面での才能が開花した。なかでも水墨画が有名で、『紅梅鳩図《こうばいはとず》』など、いまでは国の重要文化財に指定されているものも少なくない。武蔵は多くの傑作を残し、文武に優れた剣豪としても知られるようになったのである。

さらに熊本の禅僧・春山《しゅんざん》と出会った武蔵は、霊巌洞《れいがんどう》という洞窟に閉じこもり、『兵法三十五箇条』をもとにした『五輪書《ごりんのしょ》』の執筆を手がける。しかし執筆し始めてから二年目、武蔵は病の床についた。藩主の命で屋敷に連れ戻された武蔵は弟子に看取《みと》られながら、正保二（一六四五）年、六十二歳でその生涯を閉じた。

武蔵が最後に残した『五輪書』には戦いにおいての心構えや心のあり方なども記されているが、それはまさしく武蔵の哲学、生き様を記したものだ。武蔵の生きた時代は戦乱から平和への過渡期ともいうべきもので、すでに戦功一つで大名にまで出世するという道は困難になっていた。しかし、それでも己を信じ、己の信念を貫いた武蔵の孤高の一生は『五輪書』として体現されたのではないだろうか。

島左近

三成を支え、勇猛さを語り継がれた名将は、関ヶ原の戦い後、どこで何をしていたのか!?

「三成に過ぎたるもの」と謡われた左近

江戸時代になっても多くの将兵が語り伝えたのが、関ヶ原の戦いにおける島左近《しまさこん》の奮戦ぶりである。それほどまでに左近の武勇は優れていた。

左近の生涯は不明な点が多いが、大和の筒井《つつい》家に仕え、同じく筒井家中の松倉右《まつくらう》近《こん》と並んで「左近、右近」と称されたと伝えられる。その後、羽柴（後の豊臣）秀《ひで》長《なが》・秀保《ひでやす》親子に仕え、文禄元（一五九二）年の文禄の役では朝鮮に渡っている。秀保が病死して、秀長からはじまる大和豊臣家が改易となると、左近は出家を決意した。このときの左近に声をかけたのが、石田三成である。

当時四万石しか領有していなかった三成が、その半分近くにあたる一万五千石をもって、左近を召し抱えようとした逸話が残っている。もっとも、当時の三成はすでに中級の大名になっており、二、三十万石ほどの知行を得ていたはずだから、この逸話は信憑《しんぴょう》性に乏しい。しかし、こうした逸話が残っているのも、三成がそれほどまでに左近を欲しがったという証であり、同時に左近の武名の高さをうかがい知る証にもなる。

左近が三成に仕えたのは、豊臣家を奉じ、長期安定政権にしようとする考えに共鳴したためかもしれない。当時の俗謡《ぞくよう》に、「三成に過ぎたるものが二つある　島の左近に佐和山《さわやま》の城」とあるように、左近は三成のもとで期待されたとおりの働きを示したのであろう。

討ち死にせず、数十年生きながらえた？

左近は、関ヶ原の戦いで百名足らずの手勢を率いて黒田長政の部隊に襲いかかった。少ない将兵を巧みに操っては、黒田隊を振り回し、あと一歩というところまで追いつめた。友軍が鉄砲を持って駆けつけたため、かろうじて死地から脱した黒田隊の兵士たちは、後々まで左近の勇猛ぶりを恐怖とともに語り、それが『常山紀談《じょうざんきだん》』や『古郷物語《ふるさと》』といった書物にも残されている。

混戦のさなか、馬上で指揮をとっていた左近は狙い撃ちされ、落馬してしまった。手当てを受けたものの傷は深く、押し寄せる大軍に飲み込まれるように討ち死にしたとされている。

しかし、左近ほどの大将ならば首級をあげられるはずだ。その確認はされていない。『信長公記《しんちょうこうき》』の著者である太田牛一《おおたぎゅういち》の記した『関ヶ原軍記』には行方不明、『古今武家盛衰記』には西国に落ち延びたとあり、また、『関ヶ原町史』通史編上巻には、左近は関ヶ原後に京都の寺に隠れ、関ヶ原の戦いから数えて、三十二年間も生きながらえたという記録もある。

大坂の陣に出陣したという話は残っていないから、もはや戦いに身を投じる気持ちは失せ、三成をはじめ西軍諸将の菩提《ぼだい》を弔いながら日々を過ごしたのであろうか。

立花宗茂

関ヶ原の戦い後、所領を失い浪人となるも、見事に返り咲いた大名の座

西軍に属するも「不完全燃焼」に終わる

関ヶ原の戦いで所領を失いながらも、のちに返り咲いた大名がいる。それは大友家重臣の立花《たちばな》家の養子から秀吉の直参となり、筑後柳川《やながわ》十三万二千石の領主になった立花宗茂《むねしげ》だ。宗茂は、九州討伐や朝鮮出兵で戦上手として名をとどろかせた剛勇である。

関ヶ原の戦いでは、家康からも誘われたが、豊臣家の恩顧に報いたい一存の宗茂は迷うことなく西軍に加担した。

東軍に寝返った京極高次《きょうごくたかつぐ》が籠城する大津《おおつ》城攻撃が合戦の前日までかかったため、関ヶ原の戦いには間に合わなかった。西軍の敗北を知った宗茂だが、大坂城の毛利輝元らに徹底抗戦を迫っている。

しかし聞き入れられず柳川に帰国すると、少しでも家康の心証をよくしたい東軍の鍋島《なべしま》勢の攻撃を受ける。宗茂はこれを退け、加藤清正らの斡旋で家康に降伏。上洛して謝罪した。

宗茂や周囲のものは減封《げんぽう》で落ちつくのではないかと思っていたようだが、大津城攻めがひびいたのか、立花家は改易されてしまった。

ここから宗茂の肥後、京都への流浪の日々が始まる。

徳川三代の信頼をつかみ、奇跡の復活！

浪人の身となった宗茂だが、輝かしい武勲を誇る彼を世間が放っておくはずがなかった。

彼のもとには加藤清正など、複数の大名から誘いが相次いだ。宗茂はそれを断りつづけたが、関ヶ原の戦いの四年後に家康に口説かれるに至り徳川家に出仕。その二年後には一万石ながら大名に復活した。さらに秀忠にも重用され、三万石に加増された。

大坂の陣では軍事参謀のような役割で秀忠に従ったことからも、徳川家から信頼されていたことがうかがえる。

やがてその信頼は、さらなる形となって表われた。

元和六（一六二〇）年、柳川領主に任じられていた田中氏が継嗣《けいし》なく断絶すると、宗茂は柳川十一万石を与えられ、大名に返り咲いたのである。

苦節二十年、かつて関ヶ原の戦いで家康に敵対しながら、誰がここまで復活できると予想しただろうか。宗茂への信頼は徳川三代将軍・家光の時代まで続き、宗茂は軍事顧問として重きをなした。

そんな宗茂の華々しい戦歴の最後を飾ったのは、七十一歳の折に起こった島原の乱である。彼は老体をおして出陣し、その制圧に貢献したという。

その五年後の寛永十九（一六四二）年、宗茂は戦国の武将としての生涯を終えた。

まさに見事な復活劇だが、彼にこの返り咲きを果たさせたものは何だったのだろうか。もちろん彼の実力もあっただろう。だが、何より彼の人間性が大きかったようだ。

宗茂は清廉、篤実《とくじつ》な武将としても知られていた。かつて父の仇《かたき》であった島津氏とも遺恨《いこん》を捨て親しく交わるなど、多くの武将から慕われたという。そのため彼を援助し、口添えする人が後を絶たず、またそうした資質が家康などから愛されたのであろう。

本多政重

同僚を殺害し、徳川家からの出奔を余儀なくされるも、
加賀百万石に欠かせない家老として江戸の世を生き抜く！

七度も主を替えた流転の人生

本多正信《まさのぶ》は家康の寵臣として知られたが、その家は息子・正純《まさずみ》の時に失脚し、途絶える。

だがじつは正信の血筋が、加賀前田家で五万石を領する重臣として、脈々と受け継がれていた。

加賀での本多家初代は本多政重《まさしげ》。正信の次男である。本多正信の次男が加賀前田家の重臣とは奇妙な話だが、政重は生涯に七度も主君を替えるという異色の経歴の持ち主だった。

そこには次のような流転の人生があった。

徳川家家臣として順風満帆《まんぱん》なスタートを切っていた政重の流転は十八歳の時、同僚の岡部《おかべ》荘八《そうはち》を斬ってしまったことに端を発する。荘八が徳川秀忠の乳母の子であったことから、政重は徳川家を出奔《しゅっぽん》した。その後、大谷吉継のもとを経て、五大老の宇喜多秀家に仕えるようになる。その結果、宇喜多家に仕えた翌年に勃発した

関ヶ原の戦いでは西軍に属し、東軍にあった父・正信、兄・正純と敵味方にわかれて戦った。政重は二十一歳ながら、宇喜多隊の先陣を切って善戦。その剛勇ぶりは家康をも驚かせたという。

合戦後、その武功と本多一族という血筋からか、政重のもとには小早川秀秋や秀家の妻の実家、前田利長などから仕官の申し入れが殺到した。秀家を思う政重はいずれも断ったが、広島の福島正則に懇願され、三万石で福島家に仕える。二年後、福島家を辞して前田家の家臣となった。ここでも三万石を与えられたが、これが政重の永住の地とはならなかった。米沢の上杉家が、直江兼続の養子にしたいと申し入れてきたからである。一説によると、当主・上杉景勝に子供がいないため、重臣の直江兼続の娘と結婚させて養嗣子《ようしし》にしたいと望んだのだという。

このとき、政重は二十五歳。米沢に移り、名も直江大和守勝吉《やまとのかみかつよし》と改め、新たな人生のスタートを切った。

しかし米沢にいること八年、景勝に子供が誕生し、政重の妻も死んでしまう。彼は上杉家に居場所をなくし、ここも辞した。

そんな彼が最後の奉公先に選んだのは再び前田家だった。慶長十六（一六一一）年、政重は三代藩主・利常《としつね》に三万石で召し抱えられ、のちに五万石という大身となった。そして正保四（一六四七）年、六十八歳で没するまで、前田家重臣として重用されたのである。

「実家のコネ」を活かし、前田家のために奔走

政重は、徳川家康を皮切りに大谷吉継、宇喜多秀家、福島正則、前田利長、上杉景勝、前田利常の計七名の当代を代表するような家に、大名に匹敵する石高でもって召し抱えられた。それにしても、政重はなぜ外様の前田家や上杉家にまで重用されたのだろうか。

それは、政重が徳川家中で権勢を誇った本多正信・正純親子の息子であり弟だったからだといわれている。とくに前田家や上杉家は関ヶ原の戦い後、家康との信頼関係の構築が急務だった。正信の息子の政重は幕府との交渉に最適な人物であったため、関ヶ原の戦い後は政重の株が急騰したということだ。

実際、政重もその期待に十分応えた。前田家が幕府の勘気《かんき》をこうむった時、政重が家康・秀忠親子、父の正信や兄の正純などと七度も会談して、コネを活用して奔走。うまく収めている。

正信の死後、正純が失脚したのとは裏腹に、政重は前田家で重きをなし、なくてはならない存在になった。本多家は前田家の「八家」として幕末まで続いたのである。

加藤嘉明

一時は謀反を疑われるも、徳川家に律義に仕えて得た会津四十三万石の所領

家康が評価した戦場での沈着ぶり

豊臣秀吉直臣の中でも、柴田勝家を滅ぼした賤ヶ岳の戦いで活躍して以降、賤ヶ岳の七本槍の一人に数えられているのが加藤嘉明《よしあき》である。同じ七本槍に数えられる福島正則、加藤清正らのような華やかさはないが、その戦いぶりは徳川家康から高く評価されたという。

関ヶ原の戦いでは先遣隊として、岐阜城攻撃、大垣城占拠などで活躍した後、黒田長政、細川忠興らと並んで東軍の最右翼の一角を担い、石田三成隊と正面で対峙している。

家康からは、その戦いぶり以上に、勝敗の大勢が決した後の行動がとくに評価された。西軍の敗走が始まると、東軍の各隊は武功を求めて我先《われさき》にと追走し、部隊の陣形を崩していった。そんな中で加藤嘉明隊だけが陣形を保ちつづけたのだ。その際、嘉明は悠然と甲冑を地味なものに着けかえた。敗走する敵兵が、「せめて東軍の大将の首一つでも……」と狙いを定めてくるのを避けるためだった。

関ヶ原の戦い後、嘉明は戦功により伊予松山二十万石に封じられた。

「律儀者」ゆえに危険視された大坂冬の陣

そんな嘉明であるが、大坂冬の陣では江戸城の留守居役を任ぜられ、出陣していない。律義者《りちぎ》として知られていた嘉明だけに、もし豊臣秀頼からの頼みがあれば大坂に与《くみ》することになるかもしれないという疑惑を持たれていたためだ。関ヶ原の戦いで勝利したとはいえ、まだ騒然とした世であれば、秀頼を担ぐ者が出てこないとは限らない。そんな中、嘉明は格好の人柄だということを家康は見抜いていたのである。

事実、この冬の陣で大坂方の侍大将の一人に嘉明のかつての家臣がいた。彼は関ヶ原の戦いで功を焦ったことで嘉明の不興を買い叱責された。それに腹を立てて出奔し、大坂方に加わっていたのだ。これが噂になって嘉明謀反の疑いもあったため、留守居役になったともいわれる。

ただ、同様の理由で嘉明の禄《ろく》を離れた別の家臣は、この疑いにより嘉明が領地を没収されるという噂をききつけて嘉明のもとを訪れ、再び禄を得た。律義者の嘉明ゆえ、こうした家臣は手厚く遇したようである。

結局、この律儀さから嘉明への疑惑は晴れ、夏の陣には出陣、領地も没収されることはなかった。それどころか、三代将軍となった家光の上洛に侍従《じじゅう》としてつき添うなど、将軍家からは優遇された。

さらに寛永四（一六二七）年には、会津四十三万五千石へ転封される。重要な北の守りとなるべき土地の領主にふさわしい、信の置ける大名と判断されたのだ。高齢を理由に辞退を申し出た嘉明だったが、聞き入れられず移封に応じると、交通網を整備し、蝋《ろう》や漆《うるし》といった産業を奨励し、会津塗を特産品に育てるなどの徳政を布いている。

吉川広家

すべては毛利家を守るため――。死ぬまで「裏切り者」とののしられ続けた忠義の臣

「毛利家安泰」のために東軍と内通

吉川広家《ひろいえ》は、永禄四（一五六一）年に毛利元就の子・吉川元春《もとはる》の三男として誕生した。やがて豊臣秀吉のもとへ参じ、父や兄の死去によって吉川家の当主になると、勇将、知将として知られるようになり、秀吉からもその手腕を高く評価された。文禄の役、慶長の役にも出陣し、大きな戦功をあげている。

関ヶ原の戦いにおいて、広家は西軍として参加したものの、毛利秀元や安国寺恵瓊らが西軍に加勢するのを阻止し、南宮山に布陣したまま動かなかった。結果的に、この行動は、家康率いる東軍の勝利を導いた。

いったいなぜ、広家はそうした行動に出たのか。

じつは、合戦を前にして広家は東軍と内通していたのだ。

合戦で毛利本家は西軍についた。毛利輝元は秀吉の五大老の一人として大坂城に入っており、西軍の主将だったからこれは当然といえる。だが、毛利家内部には合戦に参加すべきか、留まるべきかで対立が起きていた。

吉川広家は輝元の従兄弟にあたり、毛利家は宗家である。毛利家を守るためにはどうすればいいのか悩んだ彼は、家康率いる東軍と内通する道を選んだ。黒田長政を通じて家康に「輝元は大坂城に入ったが、石田三成の挙兵とは関わりがない」と伝え、毛利本家の所領安堵の確約をもらったのである。彼が秀元らを抑えて南宮山から動かなかったのは、この取引に基づく行動だった。

広家の内通の背景には、安国寺恵瓊との対立もあったとされる。安国寺恵瓊は禅僧から大名となった人物で、毛利一族の中では秀吉に近く、同じ毛利本家の吉川広家とは対立していた。その恵瓊は、合戦では石田三成と通じて西軍に加わり、毛利輝元を西軍の総大将として担ぎ出すことに成功していた。つまり、主戦論の急先鋒だった。

これを危惧した広家は、東軍と内通して戦いを避けることで、毛利本家を守ろうとしたのだった。

合戦後に反故にされた「内通の約定」

吉川広家の思惑通りに、東軍は勝利した。安国寺恵瓊は、敗北後に逃亡したが京都で捕らえられ、西軍の重要人物の一人として処刑された。

だが合戦後、すべてが広家の思い通りに運んだわけではない。「これで毛利家は安泰」と思っていた広家のもとに、黒田長政の書簡が届く。そこに記されていたのは衝撃の事実だった。毛利輝元が西軍と結託していた証拠が出たから、約束は守れない。毛利家の領地は没収する。その代わり広家の行動は評価するから、彼にだけは中国のうち、一、二か国を与えるというのだ。合戦前の約束は、家康によって反故《ほご》にされたのである。

広家は大いに慌てた。毛利家のためと思いあえて危険な行動に出たのに、その毛利家の領地が没収されるというのでは立つ瀬《せ》がない。

広家は福島正則や黒田長政らに必死の嘆願を行なった。その結果、十月十日になって、家康の誓紙《せいし》が毛利家にもたらされた。毛利家に、長門と周防の二国を与え、輝元父子の命も保障するという内容だった。ようやく広家と家康との約束が実行されることになったのである。

だが、それでも毛利家は、百二十万石あった所領を三十六万九千石に減らされた。一方、広家には、岩国付近の三万七千石が与えられることになった。

こうしたこともあって、毛利家の存続はかなったものの、広家に対する毛利家中の風当たりは強かった。主家を救ったにもかかわらず、「裏切り者」のレッテルを貼られ、冷たい視線を浴びた。

広家は黙ってそれに耐えた。内心では「主家を救ったのは自分だ」という自負心があっただろう。しかし、不平を口にすることもなく、岩国の統治に全力を注ぎ、寛永二（一六二五）年に六十五歳で他界した。死ぬまで汚名を着せられたままの晩年だった。

長宗我部盛親……土佐の大名からの意外な転身！ なんと再就職先は寺子屋だった⁉

関ヶ原で戦うことなく所領を没収

分国法として有名な『長宗我部元親《もとちか》百箇条』を父・元親と連名で発布した長宗我部盛親《もりちか》は、土佐二十二万二千石の豊臣家第十四位の大大名である。

関ヶ原の戦いでは西軍につき、吉川広家、安国寺恵瓊ら中国勢とともに南宮山に布陣したが、東軍に内応していた広家が軍を動かさなかったため、盛親もまた、戦うことなく終戦を迎えてしまった。

戦後、徳川四天王の一人・井伊直政を通じて徳川家康に謝罪を申し入れた盛親であったが、家臣に唆《そそのか》されて兄・津野親忠《つのちかただ》を暗殺していたことが家康の耳に入ると、武士の風上にもおけぬと領国は没収され、浪人の身となってしまった。このとき、土佐には代わりに山内一豊が入っている。

再起を懸けて臨んだ大坂の陣は……

その後、盛親は京都に出ると、上立売通《かみだちうりどおり》・相国寺《しょうこくじ》門前の柳ヶ厨子《ずし》に蟄居《ちっきょ》し、髪も下ろし大岩祐夢《たいがんゆうむ》という名で、なんと寺子屋の師匠として暮らした。この生活はじつに十四年間にもおよんだという。

そして大坂冬の陣が勃発すると、大坂方から土佐を与える旨を約束されたことから、盛親は大坂方として戦列に加わった。

それより前、京都所司代・板倉勝重《いたくらかつしげ》から大坂城入りの噂について聞かれた盛親は、今度は徳川方について戦功を立てたいといって欺《あざむ》き、実際は百人の部下を率いて大坂城に入ったのである。

ここでも盛親は、家康に背いている。

兵農一致の「一領具足」を率い、戦上手と謳われた長宗我部家への期待は大きかった。

夏の陣直前の軍評定のとき、城内で大野治長《はるなが》が、最初に真田幸村に意見を尋ねると、

「まず長宗我部殿に聞いてください」

と発言を求めたというエピソードもある。

しかし、六千の兵を率いた実際の戦いぶりに、見るべきものはなかった。藤堂高虎《とうどうたかとら》の軍勢を攻撃中、井伊直孝《なおたか》軍の側面攻撃を受けてあえなく敗走し、やがて、盛親も蜂須賀《はちすか》の家臣に捕らえられた。

徳川に二度も歯向かったのだから許されるはずもなく、板倉勝重によって六条河原で斬首された。享年四十一であった。

徳川家康

徳川の泰平の世を現出すべく、健康に気を使った将軍が精を出したのは、自身の調合による薬づくりだった！

美食は避け、麦めしを常食した理由

慶長五（一六〇〇）年に関ヶ原の戦いに勝利した徳川家康は、その三年後に征夷大将軍に任じられ、歴史上はこの年を江戸幕府の開府の年としている。しかし、家康はそれ以前から着々と江戸を中心とした全国支配の体制を整えていて、慶長十（一六〇五）年には将軍職を秀忠に譲っている。

そこで駿府に隠居して大御所と呼ばれる身になったが、政治の実権はまだしっかり掌中に収めていた。というのも、大坂にはまだ豊臣秀頼が健在であり、戦国時代の気分そのままに天下を引っくり返せると考えている大名、あるいは豊臣家の復権がなると考えている武将が数多くいた。それを鎮《しず》めるまでは自分の威光が必要と考えたからだ。

そのためには、何より元気で長生きしなければならなかった。関ヶ原の戦いを終えた時、家康は還暦《かんれき》目前だった。この時点で当時の武将としては長生きのほうである。残りの人生がどれだけあるかわからない。というわけで、健康には人一倍気を

使った。

普段の食事は麦めしを腹八分目に食べ、美食を避けた。おかずには必ず焼き味噌が添えられたという。三河特産の豆味噌・八丁味噌で、これはいまでいう発酵食品だ。生ものも口にせず、必ず火を通したものを食べるようにしていたともいう。一方で、若い頃から関心のあった薬草の研究と、それを使った薬づくりにも精魂を傾けていた。

食あたりはきっかけで、じつは胃ガンだった?

家康は、若い頃から戦場にいる時にも手にしていた『和剤局方《わざいきょくほう》』をすべて暗記するほど読み込んでいた。晩年には『本草綱目《ほんぞうこうもく》』の写しを手に入れて薬草について学んだ。隠居所である駿河には、久能山《くのうざん》麓に薬草園を設けて百種以上の薬草を栽培していた。

これらの材料と知識をもとに、せっせと自家製薬剤をつくったのだ。精力剤、風邪薬、あるいは寄生虫退治薬、下痢止めなど家康自身の調合による薬や、お抱え医師に調合させた薬は門外不出、いわば徳川一族でだけ使われるものだった。

ところが、慶長二十(一六一五)年の大坂夏の陣で豊臣家が滅亡したことにほっとしたのか、家康は元和二（一六一六）年に病を患ってしまう。すでに七十五歳になっていたから、天寿に近いものではあるが、きっかけは食あたりだった。

正月二十一日、京都から出入りの商人・茶屋四郎次郎《ちゃやしろうじろう》が鷹狩りで駿府城下郊外にいた家康に挨拶に訪れて、この頃食欲がないという彼に、京都で鯛《たい》の天ぷらがはやっているという世間話をしていった。そこでさっそく試した家康は、その夜ひどい腹痛に襲われる。かつて寄生虫で同様の痛みに苦しんだ時、お手製の寄生虫退治薬で治していたため、その薬を試すが一向に効かない。

郊外から城に戻ったものの寝ついたままで、主治医が止めるのも聞かず手製の薬を飲みつづけた。三月下旬には固形物が食べられなくなるほどの弱りようで、ついには家康自身も死を覚悟して、あれこれ遺言を始めたという。その後、四月十六日には水も飲まなくなり、そのまま十七日に死を迎えている。

こうした経過から、油っこい天ぷらを食べた食あたりによる死と伝えられるが、実際は胃ガンだったようだ。当時の主治医の記録には、腹部にしこりがあると記してあり、かなり前から食欲が落ち、次第にやせてきていたという記録も残されているからである。

荒木村重

家族を犠牲にしてまでも選んだ逃亡の道！「武」ではなく「文」に生きようとした裏切者の信念

毛利に寝返り、信長に反旗を翻す

いざとなれば自ら死を選ぶ戦国武将にあって、そんな印象を覆《くつがえ》すのが荒木村重《あらきむらしげ》である。

村重は摂津に生まれ、池田《いけだ》城主・池田勝正《かつまさ》の家臣となる。やがて織田信長の家臣となり、摂津一国の支配を任されて活躍した。

彼は、第一級の文化人でもあった。とくに茶の湯については、千利休の高弟の一人にあげられるほどで、能でも観世宗拶《かんぜそうさつ》の弟子として活躍するなど、その教養の高さは人々から一目置かれる存在だった。

そんな村重が思いもよらない行動に出る。天正六（一五七八）年十月、主君である織田信長に反旗を翻し、敵対する毛利家に寝返ったのだ。理由については諸説あるが、大坂攻めの司令官の役割を佐久間信盛《さくまのぶもり》に取られるなど、信長の家臣としての将来を悲観したのが原因ではないかともいわれる。

また、当時播磨では織田・毛利両家が激しく争い、織田から離れていく領主も多かった。その動きが摂津にまで及び、村重の謀反を促したとする説もある。

一族を見捨てた、まさかの逃亡劇

謀反を企てた村重は、信長に派遣された佐久間信盛、明智光秀、羽柴秀吉らに反乱をやめるよう説得されたが、首を縦にふらなかった。

そうこうしているうちに、信長が自ら大軍を率いて摂津に向かってきてしまった。信長は村重に加担した勢力を次々に撃破すると、村重の居城である有岡《ありおか》城を包囲する。だが、難攻不落の有岡城はなかなか落城せず、いたずらに月日が流れていった。

それでも、孤立無援となり、兵糧攻めにあった有岡城は、徐々に追い詰められていく。すると、驚くべきことに、村重は数人のお供とともに城を抜け出し、嫡男・村次《むらつぐ》がいる尼崎《あまがさき》城に逃げ込んでしまった。

主を失った有岡城は、遂に抵抗むなしく落城する。重臣たちは、村重の降伏と尼崎城などの開城を条件に、村重の妻子や家臣の命を助ける約束を信長と結んだ。しかし、なんと村重は重臣の説得を拒否して、またも逃亡してしまう。

これによって、村重の妻子をはじめ一族郎党は京都で磔《はりつけ》にされたり、焼き殺されたりして、皆殺しにあったのである。

一方、一人逃げ延びた村重は、毛利家のもとへ身を寄せる。

村重が妻子を犠牲にしてまで生き残ることにこだわった理由はなんだったのか。諸説あるが、「武に滅んでも文に生きる」という強い信念を持ち、芸術の追求に執着したためだともいわれる。第一級の文化人であったことが、彼に、武士としては屈辱の選択をさせたのかもしれない。しかし、彼の行ないは当時の人々の不評を買ったようだ。これに反省したのだろうか、その後、自ら「道糞《どうふん》」、つまり道端の糞と名乗るようになったと伝えられている。

稲富祐直

主君を裏切り、その妻を死に追いやった砲術士、頭を丸めて出家し、許しを乞う

鉄砲の名手で大活躍した祐直

稲富《いなどめ》流砲術の開祖・稲富祐直《すけなお》は、豊臣秀吉、徳川家康にも鉄砲を指南したほどの名手である。だがその一方で、生き延びるためには武士としてあるまじき主君への裏切りさえした男だった。その犠牲となったのは、細川忠興の妻ガラシャである。

天文二十一（一五五二）年生まれの祐直は、祖父・祐秀《すけひで》に砲術を学んでいる。一《いっ》

色満信《しきみつのぶ》の家臣だったが、一色家滅亡後はガラシャの夫・細川忠興に仕えて師範となった。慶長二（一五九七）年からの慶長の役では、蔚山《ウルサン》籠城で鉄砲を撃ちまくって大活躍したほか、大変なパワーの持ち主で、具足二領《りょう》を重ね着して飛び回ることができることから「二領具足」の異名をもっていたという。

ガラシャを守るはずが、あっさり三成軍に寝返る

その祐直が主君を裏切ったのは、慶長五（一六〇〇）年、関ヶ原の戦い直前のこと。

家康追討を思い立った石田三成は、大坂屋敷在住の諸大名の妻子を人質に取り、それを盾にして服属を求めようとした。最初に狙ったのが、三成とは犬猿の仲だった忠興の夫人・ガラシャ。忠興はガラシャが信仰するキリストにまで嫉妬するほどで、妻には異常ともいえる愛情を注いでいた。

七月十六日、三成軍が細川邸に迫ったとき、忠興は留守だった。祐直は、小笠原少斎、河喜多石見とともに留守を守っていたが、ガラシャを人質に取られることだけはどうしても避けたい。万一の場合には、祐直が表門で防戦して時間を稼ぎ、その間に夫人を自害させようということになった。

しかし、敵が門前に押しよせると、祐直はあっさり三成軍に寝返って細川家を攻

撃しはじめる。あわてた少斎、石見らはガラシャのいた頑丈な「地震の間」に走り、キリシタンで自殺を禁じられているガラシャを介錯した。

これに怒った忠興は関ヶ原の戦い後、祐直を追跡。祐直はかつて鉄砲を教えた家康の重臣・井伊直政のもとに逃げ込み、もてあました直政は娘婿で家康の四男・松平忠吉《ただよし》を通じて家康に取り成しを依頼した。家康の仲介では忠興も引き下がるしかない。祐直は謝罪のためか出家して一夢斎《いちむさい》と号し、忠吉に仕えた。

その後も、祐直は稲富流砲術の祖として砲術を弟子に伝えていった。加藤清正の家臣を大勢弟子にしたという話もあるが、これには清正が、「鉄砲など役には立たぬが、一夢の弟子が大勢いるといえば敵が恐れるし、売名《ばいめい》家の一夢も加藤家に弟子が大勢いると宣伝するだろう。それでいいのではないか」と言ったと伝わる。

高山右近

迫害され、日本を追放されたキリシタン大名をマニラで待ち受けていたものとは!?

所領に教会を建て布教に努める

高山右近《たかやまうこん》は戦国時代の代表的なキリシタン大名である。洗礼を受けたのは十二歳のとき。洗礼名はジュストである。

荒木村重傘下だった父・飛騨守友照《ひだのかみともてる》も熱心なキリスト教信者だった。所領である摂津高槻《たかつき》にはたくさんの教会が建てられ、領民の多くも改宗した。領内の葬儀では父子が司祭を務め、自ら棺《ひつぎ》を担いで墓掘りまでやったという。

天正六（一五七八）年、織田信長に謀反を起こした村重は右近にも挙兵を求めてきた。一方の信長も右近を寝返らせようとして、応じない場合には領内のキリシタンを皆殺しにすると迫っている。

父・友照は村重のもとに走り、肉親か信仰か板挟みになった右近はついに髪を下して、信長に投じ、キリシタンを守った。

その後、天正十（一五八二）年の本能寺の変で信長が亡くなった後、秀吉に仕えた右近は明石六万石を与えられた。また、副管区長・コエリヨが大坂城で秀吉に謁見《えっけん》したときの案内役をつとめるなど、キリシタン大名の中心として活躍している。

バテレン追放令による迫害の日々

しかし、天正十五（一五八七）年、秀吉は一転してバテレン追放令を出した。キリスト教を捨てるようにという命令に従わなかった右近は、領地没収のうえ追放処分になり、小西行長の助けで小豆島《しょうどしま》などに隠れていたが、やがて前田利家の取り成しで加賀お預けになった。このとき、三万石で召し抱えたいという利家に、「禄は軽くても構いません。教会を一つ建てていただければ参ります」と答え、その後、金沢でも布教に努めた。

だが、慶長十七（一六一二）年、江戸幕府がキリスト教禁止令を発布すると、右近にも処分が下り、慶長十九（一六一四）年には武将・内藤如安《ないとうじょあん》とともに長崎からフィリピンのマニラに追放された。これは大坂攻めを準備していた家康が、右近らが豊臣方につくのを恐れたという側面もあったらしい。

一か月以上の苦しい船旅の後、マニラへ到着した一行は賓客《ひんきゃく》として熱烈に歓迎されたが、右近は到着から四十日後に熱病で死去した。マニラでは全市をあげて盛大な葬儀が行なわれたという。

古田織部……自由を追求し、数奇の茶の湯を大成した日本のダ・ヴィンチに訪れた悲しき末路

安土・桃山時代をリードした文化人

千利休亡きあと、茶の湯の頂点に立ったのが古田織部《ふるたおりべ》である。

天文十三（一五四四）年に美濃の武家に生まれた織部は、十七歳で織田信長の旗本使い番となり、しばらくは戦国の乱世を武人として駆け巡った。

三十代後半になって、ようやく利休について茶の湯を学びはじめる。それから利休の死までの約十年、高弟の一人として勉強を続けた。

その間、織田信長は本能寺の変で世を去り、代わって豊臣秀吉が権力を握るようになった。それに伴い、織部は秀吉に仕えることとなった。

秀吉との確執により千利休が自害した後、織部は四十八歳で茶人として自立する。彼の茶の湯は、師匠とはまったく異なるものだった。利休の茶は「侘《わ》び茶」と呼ばれ、削るものがないところまで無駄を省き、自然に近づこうとしたものだったが、織部の茶は動のなかに美を見出そうとした、華麗な武家の茶と呼ばれるものだった。その自由で奔放な様《さま》は、当時の時代に合致したもので高く評価されたが、同時に一部の人々からは利休を裏切るものだと非難された。

しかし、秀吉が利休に蟄居を命じて堺に送る際、ほとんどの人々が人目をはばかって見送りに来ないなか、織部は堂々と師匠を見送っている。

また、利休が「数奇《すき》とは人と違うことをするのが肝要」と説いたことを考えれば、単純に利休を裏切ったとは思えない。むしろ、それまでの伝統とまったく異なる織部の茶は、師の教えを実践したものだったといえるだろう。

織部はまた故郷・美濃の陶工を指導し、「織部焼《やき》」という優れた陶器を生み出したことでも知られている。こうして、日本のルネサンスとも呼ばれる安土・桃山時代を多方面でリードしたことから、織部を日本のレオナルド・ダ・ヴィンチとまで評する人もいる。

平和的共存を願うも「危険分子扱い」!?

そんな織部を待ち受けていたのは悲しい最期だった。

慶長二十（一六一五）年、豊臣秀頼母子と徳川家康が激しく対立していた。当時、織部は家康に仕えていたが、豊臣家と徳川家の平和的共存を願って行動した。だが、それは家康にとって決して好ましい行動ではなかった。

あるとき、謀反の計画が発覚する。織部の家臣・木村宗喜《きむらむねよし》が首謀者となって豊臣方と内通し、家康・秀忠父子を討つという計画だ。織部もそれに関わった疑いで捕らえられ、やがて息子とともに切腹を命じられてしまう。

この事件の真相については諸説あるが、切腹を命じられた理由について、豊臣家と徳川家の共存を願う織部の生き方と、彼の進歩的な思想を家康が危険視し、自刃に追い込んだものだともいわれている。

後藤又兵衛

家康の誘いを断り、豊臣方の将として忠義に散った最期

黒田如水・長政「親子二代」に仕える

後藤又兵衛《またべえ》（基次《もとつぐ》）は、豊臣秀吉が中国攻めの時に攻略した三木《みき》城主・別所長治《べっしょながはる》配下の豪族・後藤基国《もとくに》の子として生まれる。敵対していた豊臣方についたのは、基国が三木城落城時の自刃の際、秀吉の家臣で旧知の仲だった黒田孝高《よしたか》（如水）に息子の行く末を託したからだ。

その後、黒田家で実子同然に育てられて成長した又兵衛は、そのまま孝高の家臣となり、戦いに長《た》けた武将として知られるようになる。

孝高が隠居して如水を名乗り、その子・長政が跡を継ぐと、如水に義理立てして一時は黒田家を去るが、すぐに帰参して長政の家臣となり、関ヶ原の戦いにも黒田隊に加わって出陣した。

戦いの当日は、黒田隊の先鋒となり、真正面に位置した石田三成隊と激突、獅子奮迅の働きを見せた。この働きにより、長政が筑前の領主になると黒田家から一万六千石の禄を与えられ、益富《ますとみ》城の城代を命じられるまでになった。

「豊臣恩顧の武将」として家康の誘いを断る

武将としての名をあげ、一万石を超える大名格になった又兵衛だったが、主君・長政との関係は、決して良好なものではなかった。

もともと兄弟のようにして育った二人だったが、如水はことのほか又兵衛をかわいがり、それは長政の嫉妬を招いていた。

また幼少時から、八歳年長の又兵衛が常に長政を引っ張る関係にあり、成長してからも長政の主君としての面目を潰すような又兵衛の言動がたびたびあったのも事実だった。

長政はもちろん勇猛な武将であったが、領主として政略的行動を求められることもある。それが、武闘一辺倒の又兵衛には理解できなかったのだ。

そのため如水が没すると二人の不仲は決定的となり、又兵衛は郎党《ろうとう》を連れて黒田家を出奔した。

名だたる武将が黒田家を離れたというので、細川忠興、福島正則、池田輝政ら関ヶ原の戦いで東軍に属した大名たちから仕官の声がかかった。だが、なんと又兵衛の出奔に激怒した長政がこれにことごとく横槍《よこやり》を入れて邪魔をし、又兵衛は浪人暮らしを余儀なくされてしまったのである。

そんな慶長十九（一六一四）年頃、徳川家と豊臣家の間に戦雲が垂れこみ始め、豊臣方の求めに応じた又兵衛は大坂城に入った。

又兵衛には六千人という兵が与えられたが、これは、かつて大名の一家臣にすぎなかった浪人に対しては破格の扱いである。いかに、又兵衛の武将としての評価が高かったかがわかるというものだ。

ただ、大坂冬の陣は大した戦闘もなく終わったため、又兵衛の活躍の場はなかった。それでもその存在を恐れた家康は、夏の陣の前に、故郷・播磨の領主という恩賞を条件に、徳川方に味方するよう又兵衛に働きかけている。

これに対して又兵衛は、豊臣家が苦境にある時だからこそ裏切るわけにはいかないと断った。だが、家康の恩情に応えるために、自分は戦いの初日に討ち死にすると答えたという。

そして、大坂夏の陣でもっとも名高い河内道明寺口《かわちどうみょうじくち》の戦いに参戦。大和《やまと》方面から進撃してきた徳川方をさんざん苦しめた末、伊達政宗軍との戦いで敵弾を胸に受けて命を落としたといわれる。

藤堂高虎……………秀吉の死後、家康に近づき築城名人として信頼を得る

「槍働き一筋」から築城術に目覚める

頑健な体に恵まれた藤堂高虎《とうどうたかとら》は、最前線における槍《やり》働きで世に出た。しかし、ケンカで人を殺したり、主君との折り合いが悪かったりで、いくつかの家を渡り歩く生活を送っていた。

不遇をかこっていた高虎の人生に転機が訪れたのは、天正四（一五七六）年に羽柴秀長に召し抱えられてからである。秀長は、浪人中だった高虎を三百石という高禄で抜擢したのだ。

高虎はこの評価に応え、秀長に仕えてから起きた合戦にはほぼすべて参加し続け、数々の武功を立てた。禄高はあがり、なかなか芽の出なかった高虎も、いつしか一軍の将として活躍できるようになっていった。

高虎は槍で名をあげたのだが、それに固執はしなかった。合戦の合間に職務を与えられると、帳簿の整理だろうが何だろうが必死に励み、それに熟達するまで続けた。ことに、高虎が興味をひかれたのは築城術《ちくじょう》であり、秀長の命で普請《ふしん》奉行をつ

とめることもあった。

後に高虎は、町の設計やその運営管理のほか、じつに多くの建築を手がけている。ざっとあげただけでも、宇和島《うわじま》城、伏見《ふしみ》城、今治《いまばり》城、伊賀上野《いがうえの》城、駿府城、丹波篠山《ささやま》城、丹波亀山《かめやま》城、淀《よど》城、上野寛永寺《かんえいじ》などである。工事のためにと、大工と石《いし》工《く》の集団を独自に抱えるほどだった。

家康から任された江戸城の縄張り

ところが、高虎が深く信頼し、忠節を尽くした秀長は天正十九（一五九一）年に病没してしまう。高虎は秀長の養子で跡取りの秀保《ひでやす》に仕えるが、四年後に秀保が急死すると高野山に隠棲する。主君の菩提を弔うためという名目であったが、秀保の死には、豊臣家の跡取りを巡る謀殺の疑いもあり、その渦中から遠ざかるためだったとも考えられる。

武勇ばかりに秀で、世渡りが下手だった高虎も、秀長に仕えるうちに、生き残る術を学んだのであろう。後に秀吉が七万石の大名として高虎を復帰させた。

秀吉の死後、高虎は家康に仕え、関ヶ原の戦いでは東軍の勝利に貢献する。築城の名手としても重用され、江戸城の大改修の縄張《なわば》りも命じられた。縄張りとは基本設計のことで、家康は自分の居城の設計を任せるほど高虎を信頼していたことになる。

晩年は、眼病のため失明寸前になったが、二条城の拡張や東照宮《とうしょうぐう》の造営にも尽力した。寛永七（一六三〇）年に七十五歳で没したが、病床につくまで第一線であり続けたのである。

大久保長安

……巨万の富で営んだ豪奢な生活！しかし、その後の子孫に待ち受けていた絶望

家康側近の「天下の総代官」

天正十（一五八二）年三月、甲斐の武田氏が、織田・徳川連合軍によって滅ぼされた。その後、同年六月に織田信長が本能寺の変で倒れると、徳川家康は従来の三河、遠江のほかに駿河、甲斐、南信濃を加えた計五か国を領有することになった。

また、武田氏が抱えていた人材も徳川の家臣に迎えられた。そのうちの一人が、武田蔵前《くらまえ》衆（代官衆）として甲州流の技術に通じていた大久保石見守長安《おおくぼいわみのかみながやす》である。

長安は、もと武田家に仕えた猿楽《さるがく》師・金春喜然《こんぱるきねん》の子である。のちに彼を推挙した小田原の大久保忠隣《ただちか》の姓をもらっている。

家康に認められたのは関ヶ原の戦いのとき。おもに小荷駄《こにだ》奉行として物資の輸送にあたっていたが、木曾路《きそじ》で徳川秀忠の進攻を阻んでいた尾張国犬山城主・石川貞清《いしかわさだきよ》を破ったのが大きな功績だった。

関ヶ原の勝利で長安は、家康側近として関東から佐渡、駿河までの広い地域に百二十万石相当の支配領域をもらい、数年も経たないうちに「天下の総代官」といわれるまでになっている。やがて、故郷・甲斐国の実権も握った。

金銀採掘の「山師」で辣腕をふるう

だが、長安がもっとも才能を発揮したのは、佐渡、伊豆、石見などにおける金銀山の開発であった。甲州流の採掘法に石見銀山の灰吹法《はいふきほう》を取り入れ、さらにメキシコやペルーで行なわれていたアマルガム法、佐渡風にいえば「水銀ながし」を採用するなど研究熱心で、金銀の採掘に驚異的ともいえる成果をあげた。これが幕府の財政基盤拡充に、大いに役立ったことはいうまでもないだろう。

そんな山師《やまし》の元祖ともいえる長安の暮らしぶりは豪奢《ごうしゃ》を極めた。真偽のほどは明らかではないが、佐渡、伊豆、石見への道中は、召使の女七十～八十人を含む、二百五十人を引き連れたともいわれている。死に際しても、金の棺《ひつぎ》をつくり、国中の僧侶を集めて派手な葬儀をしてほしいといって家康を激怒させたともいわれる。

しかし慶長十八（一六一三）年に長安が没すると、謀反の企てが発覚したということで、七人の子どもたち全員と家臣たちは切腹を命じられてしまう。これについても理由ははっきりしないが、これにより長安の築いた巨万の富が幕府のものになったのは確かだ。

龍造寺隆信

「九州三強」と謳われるほどの勢力を築くも、晩年は太って馬にも乗れなかった!?

曾祖父に流されるままの前半生

龍造寺《りゅうぞうじ》家は、肥前・佐賀の領主であった。

龍造寺隆信《たかのぶ》の生まれた翌年の亨禄三（一五三〇）年、彼の曽祖父にあたる家兼《いえかね》が武功をあげて家勢を盛りあげたが、この家兼が彼の運命を大きく左右することになる。隆信は、龍造寺家の分家出身。家兼の思惑で出家させられるが、のちに一族が当時、敵対していた少弐《しょうに》家に攻められて滅亡の危機に陥った際には、還俗《げんぞく》させられるという目にあったからだ。

隆信が生まれたとき、その顔つきを見て、高僧になり、高い功徳《くどく》を持ちうる子だとして出家を命じた家兼だが、あらためて還俗を命じたのは、この子がきっと家を興《おこ》してくれる大物になるだろうと感じたのが理由だったらしい。僧侶がいいといってみたり、武将がいいといってみたり、ずいぶん勝手な老人である。

「肥前の熊」と家名を高めた後半生

この曽祖父の予感は当たった。還俗後に宗家の当主が亡くなると、隆信が後継者となり、勢力争いをしていた一族をまとめて快進撃をはじめる。近隣の領主たちと戦いを繰り返しながら勝利を収め、仇敵《きゅうてき》の少弐家も破って領土を広げていくのである。

当時の九州で勢力を誇っていたのは、薩摩の島津家、豊後の大友家だったが、龍造寺家は彼らと並んで九州三強と呼ばれるほどの勢力に育つ。

元亀元（一五七〇）年には、大友家に大軍で攻め込まれたが、家臣の鍋島直茂《なべしまなおしげ》の働きにより撃ち破っている。隆信がその風貌から「肥前の熊」と呼ばれ、戦国大名としての名を高めたのはこの頃からだ。

だが、龍造寺家の栄華もそう長くは続かなかった。天正十二（一五八四）年、島原の有馬《ありま》家は、大友家との決戦を制して、さらに勢力を拡大していた島津家の援軍を得ると、龍造寺家に対して反旗を翻した。このとき、隆信自ら出陣するが、戦場で命を落としてしまったのだ。

家督を嫡子に譲り、酒びたりの隠居の身だったためか、太りすぎて馬にも乗れないうえ、敵を見くびって油断していたところを討ち取られてしまった。隆信の死後は、家臣の鍋島直茂が実権を握り、龍造寺家は鍋島家の家臣という立場に甘んじることになる。曽祖父の予言的中も、一代限りとなった龍造寺家である。

細川ガラシャ（玉）……死をもって東軍勝利に貢献するも、夫の嫉妬で細川家の墓に葬られなかった⁉

西軍に衝撃を与えたガラシャの最期

明智光秀の娘・玉《たま》は十六歳の時、織田信長の媒酌で宮津《みやづ》城主・細川忠興《ただおき》と結婚する。しかし父の光秀が織田信長を討ち、謀反人となったことから、世の無常を感じキリシタンとなった。洗礼名をガラシャという。

彼女の生涯はその壮絶な最期をもって知られている。

関ヶ原の戦いの二か月前、西軍の石田三成は合戦の挙兵にあたって、大坂城下に住んでいた大名夫人や子どもたちを人質に取り、味方に引き入れようとした。

玉の夫である細川忠興は徳川家康に従い、会津征討に出陣していた。それは東軍の家康に加担するという旗幟《きし》を鮮明にしたのと同じことだ。

慶長五（一六〇〇）年七月十七日、玉を人質に取ろうとした役人が細川邸を訪れた。だが、玉は屋敷から出ることを拒んだ。三成は兵を出動させて屋敷を囲む。

脱出するように進言した家臣もいたが、彼女は首を縦に振らなかった。この時すでに、彼女は死を覚悟していたようだ。彼女は侍女を脱出させると、身じまいを整えた。そして、キリシタンは自害が許されないため、家老の小笠原少斎に長刀で胸を突かせて命を絶ったという。少斎はその後、屋敷に火を放つと切腹して果てた。そして彼女ともども大火焔《だいかえん》のなかに散っていったのである。

この玉の頑強な拒絶は西軍にも衝撃を与えた。

以降、西軍は人質作戦をあきらめざるをえなくなり、これが徳川方に大いに有利に働いたという。

こうした玉の死と、父・幽斎などの籠城もあり、関ヶ原の戦いののち、忠興は加増され、豊前・豊後三十九万石の大大名となったのである。

キリシタンを巡る夫婦間の亀裂

細川家のために死をもって抵抗した玉だが、意外なことにその遺骨《いこつ》は細川家の墓ではなく堺のキリシタン墓地に葬られたという。

その理由は定かではないが、忠興が玉の信仰に嫉妬したからだともいう。

忠興は出征にあたって家老たちに、いざという時は玉を殺害して屋敷に火を放って抵抗せよと命じていたといわれている。玉はいわばその忠興の命に従ったのだというのだ。

しかし、いざという時の自刃が武門のならいとはいえ、屋敷から妻子を逃すことに成功した大名もいる。それを殺害せよと命じておくのは、非情と呼ばれても仕方ないだろう。

忠興の命令は彼の性格の激しさを示すものであると同時に、そこには修復しがたい夫婦間の亀裂が横たわっていたともいわれる。

玉は熱心なキリシタンだった。夫に従わず、神に従い、しかもキリシタンが禁制になりつつあった時代にあって、玉の深い信仰は細川家の障害にもなりかねないものだった。

信仰を捨てず、夫に背く妻に忠興は苛立《いらだ》ちを募らせる。その思いが激しい嫉妬となって玉に辛い仕打ちを与えたのだろう。妻は夫のそんな心を見透《みす》かす。玉は信仰を守り、細川家を守るためには自らが死を選ぶしかないと悟ったのかもしれない。

玉は最後までキリシタンとして殉教したが、その時、彼女の魂は忠興の嫉妬も手の届かないところへと昇華したに違いない。

北政所（おね）

豊臣家忠臣の東軍入りを容認したことで得た、優雅な老後の生活

「武断派」の東軍入りを容認した北政所

関ヶ原の戦いは女たちの運命をも変えたが、秀吉の正室だった北政所《きたのまんどころ》、つまり、おね（ねね）は豊臣方でありながら、徳川方に厚遇された一人である。

おねはまだ足軽だった秀吉と結婚し、天下人《てんかびと》への道を支えてきた正室である。秀吉は出世するに従い、多くの側室を抱えたが、あくまでもおねは別格だった。秀吉の晩年に淀《よど》殿が男子を産んで台頭しても、おねの地位が揺らぐことはなかった。

秀吉の死後、その後継者・秀頼と生母の淀殿におねは大坂城を譲り、京都の三本木に隠棲して高台院《こうだいいん》と名乗る。そのおねのもとには加藤清正や福島正則ら、彼女が手塩にかけて育てたいわゆる武断派がしばしば訪れた。当時、大坂城では淀殿の側近・石田三成らの文治派と武断派とが真っ向から対立していた。武断派は、おねのもとで三成の文句の一つもいったことだろう。

そのおねが家康に厚く遇されたのは、秀吉の死後、家康に加担し、西軍敗北の一因をつくったからだともいわれている。

家康はおねを取りこもうとしたのか、隠棲したおねに近づき、さり気なくおねの味方ですよとアピールしていた。

その家康をおねがどう思ったかは定かではないが、秀吉の死から二年後の慶長五（一六〇〇）年、関ヶ原の戦いを前にして、おねは加藤清正や福島正則、そして去《きょ》就《しゅう》に悩んでいた甥の小早川秀秋に家康の東軍に加担するよう示唆したとも伝えられる。

もとより三成が嫌いな清正や正則はその腹づもりだった。だが、秀吉の妻だったおねの容認に大いに力を得たのは間違いない。なかでも正則は、去就を決めかねていた武将たちに、「自分はどんなことがあっても徳川につく」と宣言して武将たちを徳川方に引き入れる立役者にもなった。

「実力ある者」が天下を取る時代を痛感

その結果、豊臣恩顧の大名で武断派と呼ばれる大名たちの多くが徳川方につき、しかも小早川秀秋の裏切りによって東軍は勝利したのである。

その論功行賞なのだろう。家康はおねのために高台寺を建立し、寺領を与えるなど、手厚く庇護したという。そのため、豊臣家滅亡を眺めて徳川家光の時代まで生きたおねは、比較的優雅な晩年を送り、三代将軍・家光の時代に、七十七歳で大往生を遂げた。

おねが、なぜ徳川方へついたのかは謎である。淀殿に対抗した女の意地といったのではあまりにも短絡すぎよう。

ただ一ついえることは、家康が天下の盟主になるのはほぼ既定路線になっていたことだ。勝負は時の運。実力ある者が天下を取る歴史を身をもって実感していたおねは、時代の流れに逆らうよりも豊臣家が一大名として生き残る道を模索したほうがよいと考えたのかもしれない。それとも豊臣家崩壊はやむをえないと達観《たっかん》してしまったのだろうか。

のちにおねは家康側の使者として、秀頼に家康への挨拶のための上洛を促したり、大坂冬の陣では大坂城へ向かっていたという。途中で阻《はば》まれたものの、その目的は淀殿たちの説得であった可能性が高い。

ただ、おねが秀頼の実母であったとすれば、一大名として生き残る道を選べたかどうかはわからない。もし、おねに子どもがいたとしたらすでに壮年だったはずである。また別の歴史の展開があったことだろう。

おたあジュリア

「私が仕えるのは神のみ！」家康の命を断り流罪となるも、決して失わなかった信仰心

朝鮮から日本へ来た娘はキリシタンに

江戸時代、キリシタンが弾圧されてから様々な殉教者が生まれたが、朝鮮生まれでのちに家康に仕えたおたあもその一人である。

日本が朝鮮に出兵した折、総大将だった小西行長《ゆきなが》は戦火にはぐれた一人の少女を保護して日本に連れ帰った。それがおたあである。

熱心なクリスチャンだった小西夫妻のもとで育てられたおたあはキリシタンの洗礼を受け、ジュリアと名乗った。

おたあが十二歳の時に起こった関ヶ原の戦いは彼女の運命をも変える。敗れた小西行長が京都六条河原で処刑され、小西一族は滅亡。その後、おたあは伏見城で徳川家の侍女として働くことになったのだ。

一説によると家康の側室に仕えたとされ、その側室とは前後の状況からみて、家康の秘書的存在だった阿茶局《あちゃのつぼね》だとも推察される。

おたあは伏見から江戸、駿府へと家康に従って移るが、どこにいても敬虔《けいけん》なキリ

シタンであることに変わりはなかった。

ローマに送られた布教報告書の中にも、しばしば信心の篤い彼女の名前が見える。彼女は密かに礼拝堂を設け、同僚のキリシタンたちを励ました。また、江戸に出てからは江戸のフランシスコ会派の教会に通っていた。

そうした信仰に支えられた彼女は徳が高く、人々から慕われていたという。

殉教を覚悟して伊豆大島、神津島へ

おたあにも受難の時が訪れる。家康が彼女の美貌《びぼう》に目をとめて側室にしようとしたのだ。だが、彼女は命を賭けて激しく抵抗し、その意に従おうとはしなかった。

それが家康の怒りを買ったのか、慶長十七（一六一二）年、家康はキリスト教禁教令を出すと、ただちに城内のキリシタンの侍女を探索した。なかでも、おたあへの棄教命令は執拗だった。

「棄教すれば一切の咎めはないが、さもなくば同僚のキリシタンには刺青《いれずみ》をし、そちには遠島を命じる」と棄教を迫る。

おたあは「お上《かみ》より受けた恩は身にしみて感謝しておりますが、私が仕えるのは神のみです」と拒絶した。周囲のものが様々に説得し、また口先だけでも棄教したように振る舞えばよいと勧めたが、彼女はいかなる覚悟もできているとそれもきっぱり拒否した。

おたあは六年前の江戸でのキリシタンの迫害の頃にはすでに聖体《せいたい》を拝領し、遺言書を作成して殉教を覚悟していた。もう誰も彼女の信仰を奪うことはできなかった。

最後まで棄教を拒んだおたあは四月、伊豆大島への流罪となった。流罪の前に彼女が神父にあてた手紙には、流罪をも神の多大なる恩恵と尊《とうと》び、これを大切にし、あらゆる苦難を耐え忍ぶ覚悟だと記している。彼女の信仰の深さがうかがえる一節である。

家康は、さらに遠方の新島《にいじま》、さらに神津島《こうづ》へとおたあを送らせた。神津島は貧しい漁師たちが十軒いるだけの無人に等しい辺境の地であった。

だが、それでも彼女は城内にいる頃よりも自分を豊かな者、神に寵愛されし者と信じて満足し、以前よりも熱心に神に祈りを捧げたという。

そこで彼女はひたすら信仰のみに約四十年間を生きた。そして慶安四（一六五一）年、その地で殉教したとされる。

立花誾千代

西軍の敗戦により城を奪われ蟄居の身となった「女城主」がひたすら祈っていたこととは⁉

父親の勇猛さを受け継いだ「美貌の女武者」

立花誾千代《たちばなぎんちよ》は、九州の大友宗麟の家臣で筑前立花城主だった道雪《どうせつ》の娘。七歳の時、父の死により女性の身にして後継者となり、城主の座に就いた。徳川家康による幕藩体制が整う前は、女性であっても後継者になれたという戦国時代ならではの女城主の誕生だった。

後に立花宗茂《むねしげ》を婿にとって城主の座に据えるが、政情不安定な九州にあって、夫が出陣する時は自分も鎧《よろい》をつけてつき添ったという勇猛さを持つ美女であった。自ら出陣したのも、実際の城主は自分であるという意識が強かったせいだろう。

そんな彼女の助けで夫は活躍し、天正十四（一五八六）年には柳川十三万二千石を領有する大名格となった。

文禄元（一五九二）年の朝鮮出兵の折、肥前名護屋城に滞在していた豊臣秀吉は、朝鮮に出陣している九州の諸大名の妻を召し出した。表向きは留守を預かる妻の激励ではあっても、好色な秀吉の目にとまったのだろう。二十四歳の美女に成長していた誾千代の身を家臣たちは心配したが、彼女は慌てず、襷《たすき》がけに鉢巻《はちまき》を締め、薙刀《なぎなた》を手にして伺候《しこう》した。誾千代にしてみれば、戦場で身につけていた鎧を着たかったくらいだろう。

この姿を見た秀吉は、戦国大名の妻としての気構えを褒めるしかなかったという。

ところが、帰国した宗茂は妻と秀吉の仲を疑い、新しい館を建てて誾千代を住まわせ、別居に踏み切るのである。秀吉との仲を疑ったというのは口実で、あまりにできた妻を持つ婿養子の息苦しさから解放されたかったのかもしれない。

夫と旧領を思い続けた貞淑な妻

別居状態の中、関ヶ原の戦いが起こり、宗茂は西軍に属して大坂城へ向かった。誾千代は、徳川家康に与するよう夫に進言する。彼女の進言は、別居を強いられた秀吉への反感からか、女城主として家名の存続を考えたうえでの東軍選択だったのかはわからない。ただ宗茂はその進言を容れず、筋論《すじろん》から西軍に味方すると宣言する。妻の尻に敷かれたくない思いがあったのかもしれない。現在の城主は自分だという自負もあったのだろう。

合戦で西軍が敗れたという知らせを聞いた誾千代は、出陣の身支度《みじたく》で夫を迎えに出た。ほうほうの体で逃げ帰ってきた宗茂は、妻に守られながら城へ戻ったのだった。

ただ、誾千代の武勇はこれでは終わらない。東軍に味方した黒田長政、加藤清正、鍋島直茂らの諸将の軍が、柳川城に降伏を迫って攻め寄ってきた時、夫を城に残して誾千代が出陣、鍋島軍の海からの攻撃を追い返している。陸路を攻めてきた加藤軍は二万という大軍だったが、誾千代が街道に陣取っていたため、兵の損失を恐れた加藤清正は迂回を命じたほどだった。

しかし、さすがの柳川城にも限界があった。関ヶ原の戦いから二か月後、開城して降伏、誾千代は夫とともに蟄居の身となった。

それでも、誾千代の夫と旧領を思う気持ちに変わりはなかった。信心している稲荷神社に願をかけ、夫の復帰を祈りながら、蟄居中に三十四歳でこの世を去った。その祈りは通じ、十八年後の元和六（一六二〇）年、立花宗茂は柳川十一万石の大名として旧領に返り咲くことができたのだった。

西軍に属して一度は流浪の身となった宗茂の大名への取り立ては、改易を繰り返していた二代将軍・秀忠にしては珍しいケースだ。柳川藩は、誾千代の働きに対して与えられたものかもしれない。

千利休

秀吉の命で自害を遂げた茶匠、その死は二人の息子の運命をも狂わせた！

千家一族も離散の憂き目に

茶匠《ちゃしょう》として知られる千利休は豊臣秀吉の信頼を得て、大名をしのぐほどの権勢をもった。だが、天正十九（一五九一）年、秀吉の怒りを買い、切腹を命じられて死ぬことになる。

その理由については諸説あって明らかではないが、ともに豪胆でありながら内面に繊細な神経をもった利休と秀吉は、別の世界に君臨することを認めながら、心の深い部分ではお互いを認めることができなかったと考えられる。貧しい生い立ちゆえに虚栄《きょえい》心の強い秀吉と、堺商人らしく誇り高い利休。反目しあったのは当然といえば当然かもしれない。

まさにあの平家を思わせるような、利休の栄華から奈落への転落だが、千家一族も離散の憂き目にあった。

当時の千家の中心は、利休の長子である道安《どうあん》と、利休が再婚した宗恩《そうおん》の連れ子で養子となった少庵《しょうあん》の二人。茶湯の技量、見識とも優れていた道安に、利休は千家の家督と茶統を継がせようとしていたが、道安と同い年の少庵が千家に入ったことで、継承問題が持ち上がることとなった。

悩んだ利休は、少庵を堺から京都 紫野《むらさきの》の大徳寺門前に移らせる。これは堺千家を道安に継がせることの意思表示といえるが、これが堺千家と京千家のはじまりとなった。少庵もそれは心得ていたらしく、嫡男・宗旦《そうたん》を大徳寺の喝食《かつしき》（禅寺の僧堂で給仕する有髪の童子。禅寺の小僧一般を指して使われることもある）にしている。少庵から宗旦という継承はあり得ないというわけだ。自害を前に利休は千家の財産処分状をつくったが、それは道安を後継者として認めるものだった。

秀吉の口添えで一変!?　利休の後継者争い

だが利休が自害を遂げると、その咎《とが》は二人の息子にも降りかかった。道安は飛騨《ひだ》へ落ち延び、利休に茶を学んでいた高山城主・金森長近《かなもりながちか》のもとに身を隠したという説が有力だが、ほかにも四国阿波で蜂須賀家政《いえまさ》を頼ったとも、琉球に渡ったともいわれている。一方の少庵は、やはり利休の高弟だった会津若松城主・蒲生氏郷が身柄を預かったようである。

その後、千家の茶が忘れられない秀吉は、二人を赦免《しやめん》した。年代についてははっきりしないが、蒲生氏郷ほか、徳川家康や前田利家らが赦免を働きかけたため、家臣からの要請でということになった。

ただし、このとき秀吉は、没収していた利休遺愛《いあい》の茶器を、少庵の赦免によって大徳寺を離れた宗旦に与えるという名目で返還する。これは利休の茶室や茶器のほとんどが少庵の手になるということであり、千家の後継問題を一変させた。宗旦がかつて利休の茶会の通い（給仕）をしていて秀吉の覚えがよかったことや、少庵の活動の拠点が京都だったことがその理由と考えられている。

いずれにしても千家の茶統は、少庵が再興することになった。一方、秀吉の死後、堺今市町の千家屋敷で暮らし「泉南《せんなん》道安老人」と呼ばれた道安は、後継者にも恵まれず、千家再興も叶わず、寂しい晩年を送る。その後、道安は豊前の細川忠興を頼ったといわれるが、慶長十二（一六〇七）年に道安が亡くなったことで堺千家は廃絶した。

九鬼嘉隆……あえて子と敵対する道を選択した父、その後の父子の行動が生んだ情愛の悲劇

なぜ西軍に味方？　隠居中の嘉隆の本心

九鬼嘉隆《くきよしたか》は、関ヶ原の戦いで息子・守隆《もりたか》と東西に分かれて対決することになったが、それはどちらが勝ってもいいように、という保険をかけたせいばかりとはいえないようだ。

嘉隆は、熊野水軍に属した志摩《しま》水軍の頭領で、織田信長の時代に大坂・本願寺攻めに参加して名を知られた。名高い毛利水軍を相手に勝利をあげたからだった。信長がこの毛利水軍相手の勝利という功績を高く評価したらしいことは、その後に九鬼家が三万五千石を領有することになった結果からも読み取れる。

信長亡き後は豊臣秀吉に臣従。小田原討伐から朝鮮出兵の文禄の役に至るまで、船によってその覇業に貢献した。その頃、九鬼家は領地に鳥羽《とば》城を築き、「日本丸」という新造船を持っていた。「日本丸」は現在のサイズでいえば全長三十三メートル余り、幅十二メートル近くある、我が国初の巨大戦艦。百丁の櫓《ろ》を漕ぐ水夫が必要だったといい、もちろん大砲も積載した立派なものだったようだ。

慶長二（一五九七）年、五十六歳になっていた嘉隆は養老料五千石だけを自分のものとして、残りは息子・守隆に家督相続させて急に隠居の道を選ぶ。ちょうど慶長の役の年にあたるが、秀吉から朝鮮への出陣依頼がなかったことが隠居の原因ではないかといわれている。

秀吉が没して朝鮮出兵が中止され、関ヶ原の戦いが起こったのは、嘉隆がそんな状態の時だった。

守隆が、徳川家康の上杉征討に同行して出兵している留守に、嘉隆へ大坂からの誘いがかかる。石田三成が「恩賞として伊勢・伊賀・紀州の三国を与える」という餌《えさ》をちらつかせたため、嘉隆は西軍につくことを決意する。朝鮮出陣に誘いがなかったところへ、今回は頼られたことがうれしかったのか、主軍を率いて家康に従っている守隆と東西に分かれることで家名の存続を賭けたのか、嘉隆の本心は不明である。

一説では、秀吉没後に家康がとった施策《しさく》に嘉隆が反感を抱いていたための西軍参加ともいう。

隣接する伊勢田丸《たまる》城主が、志摩の海運を利用する際の通行税を免除するよう家康に陳情し、家康がこれを了承していたのだ。これは、水軍を家の命とする九鬼家にとっては領地経営を左右する重大事項だったのである。

死に急ぐ父と、間に合わなかった助命の知らせ

これだけが理由ではなかったにしろ、家康の施策を快く思っていなかったのは事実のようで、嘉隆は関ヶ原へは向かわず、鳥羽城を占拠したうえで最初に田丸城を攻めている。

父親の西軍参加を知った守隆は、慌てて鳥羽城占拠を解くよう説得を試みるが、嘉隆は聞き入れず、使者を追い返す始末。東西に分かれての対決は、親子で話しあって納得のうえのことではなかったから、九鬼家は内乱状態になったといってもいい。

しかし関ヶ原での西軍敗走の知らせが入ると、嘉隆は自ら城を出て「日本丸」を操り、馴染《なじ》んだ志摩の海を航行してから鳥羽沖に浮かぶ島の一つに上陸する。その島で反乱の責任を取って自害して果てた。守隆と家の将来を思った嘉隆の覚悟の行動だったが、反乱が家康に知れた時の怒りを恐れた守隆の家臣が切腹を進言したともいう。

ところが、その頃、守隆は関ヶ原での戦功に対する恩賞を辞退する代わりに父の助命を家康に嘆願していた。嘉隆が本戦に参加していなかったこともあって助命が聞き入れられ、それを知らせる船が嘉隆のいる島へ向かったが、その時はすでに自害した後だった。

守隆は父の死を知って号泣、父を死に急がせた家臣たちを罰してしまった。この父子の情を知った家康は、守隆に本領安堵したうえ二万石を加増、鳥羽城主の座を守らせた。

大谷吉継

秀吉の死後、家康に近づくも、最期は友情に殉じた義理堅き武将

秀吉の恩情と三成との友情

関ヶ原で完敗した西軍にあって、もっとも活躍したのは大谷吉継《おおたによしつぐ》である。吉継は永禄二（一五五九）年に生まれ、十六歳のときに秀吉の小姓として召し抱えられた。このとき吉継を推薦したのが、一つ年下の石田三成だと伝えられている。吉継はそつのない仕事ぶりで、天正十七（一五八九）年には越前敦賀《つるが》の領主となった。

この吉継、ハンセン病を患っていたことでも知られている。

戦国時代、豊後にはイエズス会の神父で医師のアルメイダが開いた病院があった。ここには、内科、外科、そしてハンセン病棟まであったらしい。吉継の父は、この地を治める大友家に仕官していたので、吉継も若年の頃にアルメイダらの治療を受けていたと考えられる。それでも、病は進行していった。損傷した皮膚を隠すために、吉継は覆面をかぶり手足に白い布を巻きつけていたという。

そうした吉継を見ても、秀吉の恩情も三成の友情も変わることはなかった。吉継は病軀《びょうく》を理由に何度も辞任を願い出たが、秀吉はそれを許さず吉継を励ましたと

の話も残っている。

三成に殉じた精神は、宣教師ゆずりだった？

秀吉の死後、吉継は家康との関わりを深くしていく。豊臣家の安寧は、家康の出方しだいだと考えたからである。

慶長五（一六〇〇）年、家康の会津征討に加わる途上にあった吉継は、途中で三成の居城佐和山城へ招かれた。そこで家康に対する挙兵計画を打ち明けられたのである。

無謀な企てに驚いた吉継は、思いとどまるように言葉を尽くした。しかし三成の決意は固く、逆に吉継にも加わるようにと説得されてしまった。親友の三成を見殺しにできなかった吉継は、関ヶ原へ向かった。

当初から死を覚悟していた吉継は、甲冑をつけず死装束で出陣した。病のためすでに視力はほとんどなく、駕籠《かご》に乗って軍を指揮した。それでも大谷軍は奮戦し、京極高次《きょうごくたかつぐ》、藤堂高虎らを退ける働きを見せる。しかし、寝返った小早川軍に襲われて壊滅し、吉継は自刃した。

豊臣家と三成のために病軀を押してまで陣に立った吉継。

彼が最後まで誠を尽くす人間として生涯を終えたのは、はるばる異国までやって来て、貧しい人々に奉仕しつつ、ハンセン病を懸命に治療してくれた神父たちの影響が大きかったのではないかともいわれている。

宇喜多秀家……八丈島へ流された罪人第一号！その罪が許されたのは、なんと明治時代!?

秀家の寵愛を受けた五大老・秀家

関ヶ原の戦いで西軍副総帥として参戦した宇喜多秀家《うきたひでいえ》は、備前岡山城主・宇喜多直家《なおいえ》の次男として生を授かる。毛利を離れ、羽柴（豊臣）秀吉につき従った父の死後、家督を相続した秀家もそのまま秀吉に仕え、元服後の天正十三（一五八五）年には秀吉の猶子《ゆうし》となった。実戦面でも優れた能力を持ち、秀吉からは多大な愛情を注がれた。

やがて五大老の一人に選ばれるまでになった秀家は関ヶ原の戦いに際し、迷わず西軍方に与することを誓った。秀吉を裏切るような真似はできなかったのである。

宇喜多軍は部将・明石全登《あかしたけのり》らの好采配もあって東軍相手に善戦したものの、小早川秀秋の裏切りによって西軍が総崩れとなる中、戦場からの離脱を余儀なくされた。伊吹山中に逃げ込んだ秀家は、やがて島津義弘を頼って薩摩へと落ち延びた。

八丈島で連綿と続いた宇喜多一族

島津家、秀家の義兄にあたる前田利長の取り成しもあり、死罪を免れた秀家は、駿河久能山《くのうざん》に幽閉された後、嫡男・秀高《ひでたか》と次男・秀継《ひでつぐ》を含む主従十三人とともに八《はち》丈島《じょうじま》への流罪となった。江戸時代に入り、八丈島は流刑地となるが、じつは八丈島に送られた罪人第一号が秀家だったのである。

剃髪して休復と号した秀家は、「鳥も通わぬ」という八丈島で苦悩と貧窮の時を過ごし、明暦元（一六五五）年、八十四歳でその生涯を終えた。

八丈島の宇喜多一族は、本家を宇喜多、庶流《じょりゅう》を浮田と称し、やがて明治維新を迎えることとなった。明治二（一八六九）年、ようやく宇喜多家の罪が許されたときには、本流、庶流合わせて二十家にもなっていた。

こうして秀家が没してから二百六十余年後、二十戸のうち七戸、七十五人が八丈島を去って東京へ向かった。東京では加賀前田家の板橋の別邸に住んだが、追って天皇家から一万九千九百坪の宅地を下賜《かし》されている。

千姫

……戦国の乱世に翻弄された姫、晩年に母としての喜びを知るも、再び味わった大切な人との別れ

「秀頼らの助命」を訴えるも未亡人に……

慶長二(一五九七)年四月十一日、伏見の徳川屋敷で一人の女子が誕生した。名を千姫《せんひめ》という。徳川家康の世子《せいし》・秀忠と正室・お江《ごう》との間に生まれた、待望の第一子である。

しかし戦国の乱世にあって、女子は政略結婚の道具として使われるのが常であった。千姫も同様で、わずか二歳で豊臣秀頼と婚約することになった。

これは、秀吉の遺言によるものであった。当時、家康は豊臣政権における筆頭家老であり、我が子に家康の孫を嫁《とつ》がせることで、秀頼を守《も》り立ててもらおうと、秀吉は考えたのである。

婚約はしたものの、家康と石田三成との間に一触即発の空気が流れるに従い、慶長三(一五九八)年、千姫は秀忠、お江に連れられて江戸へ移った。

千姫が正式に秀頼のもとへ嫁いだのは、慶長八(一六〇三)年七月二十八日のことである。同年二月には家康は征夷大将軍となり、正式に政権の主宰者となってお

り、一方の秀頼は一大名に過ぎない存在となっていた。家康とすれば、この婚約を反故《ほご》にするなど簡単なことだっただろうが、家康は、婚姻を成立させた。豊臣家の反感や警戒心をやわらげ、政権の運営を円滑にするために必要だと判断したからだ。

この時、千姫は七歳、秀頼は十一歳。幼い少女には心細く、淋《さび》しい結婚生活だったに違いないが、千姫と秀頼は仲睦まじい夫婦となり、二人は互いを大事に思いながら暮らした。このまま平穏な日々が続けば、千姫はそれなりに幸福な人生を送れたことだろう。

しかし、慶長十九（一六一四）年十二月、状況は一変する。大坂冬の陣が勃発し、祖父と父が、大軍を率いて大坂城に攻め入ってきたのだ。冬の陣は一時的に休戦となったものの、翌年の四月には再び大坂夏の陣が始まり、大坂城は落城。五月八日に夫の秀頼は姑《しゅうと》・淀君とともに自刃して果てた。

千姫は前日の五月七日に、徳川方からの使者に連れられて大坂城を出て、家康に秀頼と淀君の助命を必死で頼んでいる。しかし、家康はこれを聞き入れなかった。

千姫はその後、京都二条城、次いで伏見城にいたが、父・秀忠から早く江戸に帰れという命を受け、慶長二十（一六一五）年七月三十日に江戸に向けて出発した。

この時、秀頼の側室・小石《おいわ》の方《かた》が産んだ奈阿姫《なあひめ》を養女にして一緒に江戸に連れて帰っている。

二度目の結婚ののちに江戸へ帰る

江戸に戻った千姫を待っていたのは、再婚話だった。家康が、本多忠政《ただまさ》の息子・忠刻《ただとき》との縁談を用意していたのだ。

秀頼と姑・淀君の命を救えなかったことで心を痛めていた千姫にとって、これは辛い出来事だった。

しかし、徳川家の長女である千姫に、拒絶は許されない。千姫は、元和二（一六一六）年九月二十六日、忠刻と結婚し、伊勢桑名《くわな》城へ入った。翌年には本多家は姫路に転封となり、千姫も忠刻とともに姫路城に入った。この時、千姫には十万石もの化粧料（領地）が幕府から与えられている。

姫路での千姫の暮らしは、穏やかだった。結婚の二年後には勝姫が生まれ、その翌年には長男・幸千代《こうちよ》が誕生し、母としての幸せも知った。

だが、幸福な時間は長くは続かず、元和七（一六二一）年十二月に幸千代が夭逝《ようせい》したうえ、寛永三（一六二六）年には夫・忠刻も三十一歳でこの世を去ってしまったのである。

千姫は江戸に戻り、天樹院と号して、江戸城東の竹橋御殿で生活を営み、寛文六

（一六六六）年二月六日、七十歳で生涯を閉じた。

なお、千姫の養女となった奈阿姫は、千姫の再婚前に家康の命で鎌倉東慶寺《とうけいじ》に入れられ、その後、東慶寺を縁切り《えんき》寺として栄えさせている。

第四章

泰平の江戸を騒がせたあの人の波瀾万丈の「結末」

ウィリアム・アダムス

帰国をやめた直後に運命が急転！晩年に待ち受けていた冷遇の日々

家康に重用されたアダムスの将来設計

日本にやってきた最初のイギリス人は、ウィリアム・アダムスだといわれている。

慶長五（一六〇〇）年、オランダ船リーフデ号に航海長として乗り込んでいたところ、嵐のために船が豊後に漂着し、徳川家康《とくがわいえやす》に重用された人物で、日本名を「三《み》浦按針《うらあんじん》」という。

彼は、江戸に屋敷を与えられ、家康に、天文学や幾何学など、西洋の知識を教えたり、オランダやスペインと日本の交易に貢献した。かつて日本橋近くにあった「按針町」の地名は、彼の名前に由来する。

そのアダムスに、帰国のチャンスがめぐってきた。

オランダ船でイギリスの東インド会社に送った手紙が祖国に届き、慶長十八（一六一三）年、イギリス国王ジェームズ一世の親書を携《たずさ》えた東インド会社の船団が、平戸に到着したのである。

アダムスは、イギリス船の来訪を喜び、家康に帰国の許可を願い出て、承諾されていたのだが、なぜか、せっかくの帰国のチャンスをふいにし、東インド会社の社員となって、日本で貿易に従事する道を選んだ。

帰国すればただの船員だが、日本にいれば賓客として扱われ、また、日本人女性と結婚して子どもが生まれていたことなどが、永住する決意を固めた理由だといわれている。

だが、この選択は裏目に出た。

永住を決意してまもなく、家康が死去。その跡を継いだ秀忠《ひでただ》は家康に重用されていたアダムスを快く思わず、彼の貿易の特許状に大幅な制限を加えるなど冷遇した。

そして、元和六（一六二〇）年、アダムスは失意のうちに病没してしまうのである。

八百屋お七

想い人会いたさに自宅に火をつけ、死刑となった哀れな女、一方の美少年はその後どうなった⁉

相手は旗本の次男か、寺小姓か

恋が身を滅ぼした女の典型ともいえるのが、八百屋《やおや》お七《しち》である。

お七は、駒込《こまごめ》追分の太郎兵衛という八百屋の娘として生まれる。天和二（一六八二）年、大火事があったとき、太郎兵衛一家は寺に避難。この時十六歳のお七は、そこで同年齢の美少年と知り合い、恋仲となった。

だが、家が新築されると、恋人に会えなくなってしまった。お七は彼会いたさ一心で、なんと家をわざと燃やしてしまうのである。火事になればまた会えると思ったのだ。

しかしお七は放火の犯人として捕まり、鈴ヶ森刑場で火あぶりの刑となってしまった。

井原西鶴《いはらさいかく》の『好色《こうしよく》五人女』をはじめ、様々な小説や芝居の題材となってきた有名な話だが、お七が火あぶりになった後、相手の男はどうしたのだろうか。

まず、相手の男の名前だが、『好色五人女』では「吉三郎」となっているが、これは井原西鶴の脚色らしい。

小説や芝居でしばしば名前が変えられたようで、本当は、旗本の山田重太郎の次男・佐兵衛であるとか、あるいは寺小姓《てらこしよう》・生田庄之助だとか、いくつかの説がある。

いずれにしても、武家か寺小姓か、気軽にデートするわけにはいかない立場にいる少年だったのだろう。

この恋人は、決して薄情な男ではなかった。彼はお七の放火が自分のためだったと知ると、自分もその跡を追って自害を試みるのである。だが、住職に諭《さと》されて思いとどまった。

そして出家して「西運」と号し、お七の菩提《ぼだい》を弔って生きたと伝えられている。

徳川綱吉……………江戸時代を通じてもっとも愚かな法律「生類憐みの令」。しかし、そのおかげで命が助かったカラスがいた⁉

江戸が誇る愚法はなぜ生まれた？

「生類憐《しょうるいあわれ》みの令《れい》」が出されたのは五代将軍・徳川綱吉《つなよし》の時代。綱吉発案によるこの命令に関して、難色を示す家臣も多かったが、強引な将軍に押し切られた形での発布となった。

「生類憐みの令」が発布されて、世の中の不満が高まっていくなか、それみたことかと民衆の笑い種《ぐさ》になるような出来事があった。

新島《にいじま》へ罪人を送る舟のなかに、なんと綱吉に糞《ふん》をかけたカラスがいたのである。

生類憐みの令は、動物たちに対して慈愛の心を持とうというもの。幕府の解説では、いくつか具体的な例があげられており、それによれば、蚊に刺されても決して蚊を殺してはいけないし、人を噛むほど凶暴な野犬でも殴ってはいけないとのことだった。

綱吉の意気込みは強く、法令を守らない者は厳罰に処されたという。寺子屋を経営する男が、急に道に犬が飛び出して荷車に轢《ひ》かれることがないよう、車の横に見張り役をつけたり、犬同士がケンカをしていたら、ケガをしてはいけないので、ケンカの仲裁をした、などという話もある。

それにしても、なぜ綱吉はこのような非常識とも思える命令を出したのだろうか。

どうやら命令が出された裏には、綱吉の後継者問題が存在していたようだ。綱吉が僧の隆光《りゅうこう》に「世継ぎを授からないのは前世に殺生をしたからである。その罪を悔い改めて、生き物を大切にするとよい。なかでも、綱吉が戌《いぬ》年生まれなのにあやかって、犬を大切にすると願いが叶う」といわれていたのを綱吉の側近が聞いている。

また、生類憐みの令の施行に伴い、犬奉行という職種がもうけられた。犬籍簿《けんせきぼ》もつくられ、野犬を収容するための犬屋敷もつくられたようだ。なかでも中野に建設された犬屋敷は十万坪の敷地が用意され、相当数の野犬が収容できる壮大なものだったという。試算によると、年間のエサ代が米だけでも十二万石以上。一般的な大名家の年間収入をはるかに超える費用が必要だったとみられている。

自らの首をしめた綱吉をあざ笑う庶民

税金の無駄遣いが叫ばれたご時世、「生類憐みの令」が、民衆たちの間から怨嗟《えんさ》の声で迎えられたことは想像に難《かた》くない。

そんな時、綱吉をあざ笑うかのような出来事があった。

綱吉が外出途中の路上で、カラスに糞を落とされたのである。怒り心頭の綱吉は、すぐにそのカラスを捕らえさせたが、生類憐みの令を思い出し、カラスの処刑を思いとどまったという。そこで本来は死罪に値する罪ではあるが、減刑してカラスを伊豆新島への流罪にすることにした。

この流罪のカラスのために、新島まで役人がつき従ったという。新島につくと、カラスは鳥籠《とりかご》から出され、自由の身になった。一説にはこのカラス、再び江戸城のほうへ飛んでいったといわれている。綱吉は自ら出した命令によって自らの首をしめたようなものだが、こののちしばらくは生類憐みの令の改定はなかった。

紀伊国屋文左衛門

みかんで儲けたのはデマ!? それではいったい何で財産を殖やした？

吉原で遊びほうけた文左衛門

紀伊国屋文左衛門《きのくにやぶんざえもん》といえば、みかんで莫大な利益を得たことで知られている。悪天候のため江戸にみかんの出荷ができず、みかんの値段が高騰していることに目をつけた文左衛門は、他の商人が出航を見送るほどの荒れた天候の中、紀州から船でみかんを運んだのだ。こうして得た金を元手にさらに殖《ふ》やし、のちに「大尽《だいじん》」と呼ばれるほどになった人物である。

ところがこの逸話、嘘ではないかともっぱらの噂になっている。

というのも、この話には矛盾が多すぎる。まず、文左衛門の時代は、まだ紀州みかんが江戸へ出荷されていなかった。また、みかんは紀州の特産品であり、流通は藩が管轄するものだった。若い文左衛門が買いつけること自体、不可能だったはずという意見もある。

しかし、文左衛門が神社に奉納したみかん運搬船の模型が残ることから、文左衛門がみかんを運んだ事実はあるようだ。おそらく、それは紀伊国屋の創業時の話ではなく、すでに一財産築いた後の話だろうといわれている。

じつのところ、紀伊国屋の歴史は材木で一山当てたことに始まる。文左衛門は、江戸で火事が起きた際に、ほかの商人に先駆けて材木を買い占め、巨額の利益をあげていたようだ。これで一気に財産を殖やした彼は、幕府の御用商人になっている。

大金を手にした文左衛門は、のちにお大尽遊びと呼ばれるほど吉原《よしわら》で遊んでいたようである。多数の目撃証言も残る。

ここから推測して、みかんで儲けたという話は正確ではないが、文左衛門が驚くほどの財を成していたことだけは確かだ。

大岡忠相

江戸の町奉行から寺社奉行への栄転！しかし、その陰ではひそかにいじめられていた!?

控え室に入れない!?　嫌がらせの毎日

江戸の名奉行と名高い大岡越前守忠相《おおおかえちぜんのかみただすけ》は、元文元（一七三六）年、南町奉行から寺社奉行に栄転した。

南町奉行時代と比べて、彼が寺社奉行になってからのことはあまり知られていない。いったいどのように過ごしていたのだろうか。

じつは寺社奉行になったのち、忠相は他の寺社奉行たちから疎《うと》んじられており、あまり活躍していない。

そもそも寺社奉行というのは、一万石以上の奏者番《そうじゃばん》である譜代《ふだい》大名が就任するのが通例で、町奉行、勘定《かんじょう》奉行の三奉行の最上位にある。地位は高くても実務のあまり伴わない役職。大岡忠相が寺社奉行に選ばれたのは、異例の栄転というのは表向きで、大商人や幕府内部の反対派などが、目ざわりな存在である彼を町奉行の職から遠ざけようとしたのではないかともいわれている。

そういう裏事情があったとしても、大名出身の寺社奉行にしてみれば、大名でもない忠相が寺社奉行になったのはおもしろくない。そこで、様々な嫌がらせをしたというわけだ。

たとえば、忠相が寺社奉行として初登城した日、江戸城の寺社奉行たちが詰めている部屋に入ろうとすると、入れてくれない。「ここは奏者番の控《ひか》え室だから、奏者番でない者は入ってはならない」というのがその理由だった。

これを聞いた八代将軍・徳川吉宗《よしむね》は、奏者番の控室の隣に忠相専用の控え室をわざわざつくってやったという。

忠相が奏者番の控え室に入れるようになったのは、七十二歳のこと。三河西大平《にしおおひら》で一万石を与えられて大名となり、奏者番を兼ねるようになってからのことであった。

ただし、奏者番というのは、年始や節句のときの司会のような役目で、声を張り上げなければならず、七十代の忠相にはきつかったようだ。声が低いと叱られ、進退伺《うかが》いを出したこともあったそうである。

平賀源内……発明で名をなした天才科学者、しかしその晩年は殺人罪で捕まり、なんと獄死!?

なぜ人を殺めてしまったのか

エレキテルなどの発明で名高い平賀源内《ひらがげんない》。彼は、数々の発明のかたわら、小説や戯曲を書き、科学者としてだけではなく、本草《ほんぞう》学者・戯作《げさく》者としても活躍した人物だ。

だが、この天才発明家の晩年は、意外なほどみじめだった。

源内は、一時は、エレキテルや菅原櫛が評判となり、かなり豊かな生活を送っていたようである。だが安永七（一七七八）年、彼の細工品の下請けをしていた弥七という男が、源内の名をかたってエレキテル製造の資金を集めるという事件を起こしてから、生活が困窮しはじめた。

翌年、源内は神田の旧宅を安く買ったのだが、この家は亡霊が出るとの噂のあるいわくつきの家だった。

その祟りというわけでもあるまいが、この年、源内は誤解から殺人を犯した。当時の『聞《きく》まゝの記《き》』という見聞録に書き残されているところによると、彼がある町人と飲み明かした翌日、大事な書類がなくなっていたので、その町人が盗んだと思って斬りつけた。

一説によると、源内が斬りつけたのは二人で、一人は親指を斬られ、もう一人は頭を斬られて逃げたが、その傷がもとで死亡したという。

しかしその後、書類がなくなったのは誤解とわかり、源内が切腹しようとしたのを門人たちが止めている間に役人に捕らえられ、彼は獄中、破傷風《はしょうふう》で死亡した。

遺骸は従弟たちに渡されたとも、罪人だから遺骸は渡されず、衣類と履物だけが浅草総泉寺《そうせんじ》に葬られたともいわれる。

ただしこれにも異説があり、源内と親しかった老中・田沼意次《たぬまおきつぐ》が、源内が死んだことにして、ひそかにかくまっていたという説もある。

なお、かつてＮＨＫで放映された、源内が主人公のドラマ『天下御免』では、日本に嫌気がさした源内が海外に船出する結末になっていた。

雷電為右衛門

史上最強の力士が横綱になれなかったのは、大名家同士の確執があったせい⁉

勝率九割六分二厘を誇る「無敵の大関」

相撲は日本の国技である。

力士たちは他のスポーツ選手たちと同じように、世間の人々の注目を集める存在だ。一瞬にして勝負が決まる相撲は、非常にわかりやすい格闘技であり、老若男女を問わず人々に愛されている。

いうまでもないことだが、相撲界には番付《ばんづけ》という、力士たちの力量を示す指標がある。力士たちの番付の推移は、人々が関心を寄せる的の一つだ。

この番付で、最強の力士に与えられるのが横綱の称号。多くの力士が横綱になるべく、日夜稽古《けいこ》に励んでいる。

江戸時代、やはり相撲は人々の注目を集める興行だった。その中で、勝率九割六分二厘という驚異の数字を残していたのが、雷電為右衛門《らいでんためえもん》。史上最強の力士と呼ばれた男である。

ところがこの雷電、最強の力士にもかかわらず、その番付は大関のままで、ついに横綱になることはなかった。

当時は、現在の年六場所制とは違い、年に二場所だけ開かれていた。江戸相撲のもっとも華やかだったこの頃は、雷電の他にも谷風《たにかぜ》、小野川《おのがわ》といった横綱が相撲人気を支えていた。

彼らの錦絵《にしきえ》は、現代のスターのブロマイドやポスターのように、ファンの間で人気を呼んだ。

当時の興行形態は、現代とはかなり異なっており、人気力士のほとんどは大名に抱えられた存在である。

このような大名お抱えの力士を、興行の期間だけ勧進元《かんじんもと》（興行主）が借り受け、他の藩の力士と競い合わせた。力士たちの勝敗は力士だけでなく、彼らを抱えていた藩の名誉にも関わるものだったのだ。

勧進元も苦労が多く、興行期間を決めると大名家に人気力士の貸し出しを依頼し、力士の力量を見極めたうえで番付表を組む。さらに宣伝して見物客を集めることも行なった。この番付表には、いまでいう所属部屋ではなく、どこの大名のお抱え力士かが藩名で書かれている。

雇い主が申請しないので横綱になれない!?

こうした相撲業界にいた雷電は、前述のように、もっとも勝率が高いのに大関のままで、横綱ではない。当時の番付では、最高位は大関であり、横綱は名誉称号のようなものであった。とはいっても、雷電ほどの力士なら横綱になって当然のはずだ。大関のままなのは妙である。

この謎を解く鍵が、彼を抱えていた大名家にある。雷電を抱えていたのは松江藩の松平家。一方、横綱の免許を与える資格を持つ吉田司《よしだつかさ》家は、肥後藩の細川家臣だった。だとすれば、松江藩が肥後藩に雷電の横綱昇進を依頼すればよさそうなものだが、なんらかの理由で申請しなかった。

おそらく松江藩と肥後藩の藩主同士の間に、なんらかの確執があって、それが松江藩主に申請をためらわせたのではないかと思われる。

雇い主の事情により横綱になり損《そこ》ねた雷電。しかし、彼は現在まで史上最強の力士として、その名を天下にとどろかせている。

小林一茶

ほのぼのとした情感を詠んだ歴史に残る俳人、その晩年は遅咲きの「春」を楽しんだ⁉

精力を保つための努力も怠らず

「目出度《めでた》さも　ちう位《くらい》也　おらが春」「瘦蛙《やせがえる》　まけるな一茶　是《これ》に有《あり》」など、庶民的な句を読んだ小林一茶《こばやしいっさ》。ほのぼのとした情感が持ち味である。そんな一茶の私生活は、苦難の連続だった。

三歳で生母と死別した一茶は、継母《ままはは》に嫌われ、十五歳で江戸へ奉公に出された。そこで俳句と巡り合うが、その後も極貧の生活をしながら地方を転々としていた。父が死んだ後も、継母との遺産相続でもめ、故郷の信州に帰れたのは五十一歳になってからだった。

それまで金もなく住むところも定まらない身の上だったため、一茶は独身だった。しかし、父の遺産を手に入れ、故郷に定住するようになると、ようやく結婚することができた。このときすでに五十二歳、一茶の遅すぎる青春がはじまった。

相手は二十四歳も年下の菊。若い妻を前にして、一茶の男としての欲望に火がついた。菊を相手に、一日三回の性交は当たり前、何度交わっても飽きることはなかった。よほどうれしかったのだろうか、一茶は毎日、日記に妻と何度交わったかを克明に記録している。

若い妻を喜ばせるためか、精力を保つための努力も怠らなかった。山へ入っては、「イカリソウ」という強精薬草を採り、よく飲んでいた。これを飲むと勃起力が凄まじく、まるで陰茎が怒っているように見えることから、その名がついたといわれる薬草である。

また、俳句の仲間から蛇《へび》の黒焼きを食べると精力が強くなると聞くと、それを求めてもいる。そうまでしても、妻を抱きたかったのだろう。

しかし、一茶の性豪ぶりに妻の体がついていかなかったのか、菊は三十七歳で他界。二人の間に生まれた子も幼くして次々と死んでしまった。

その後、一茶は六十二歳で再婚する。相手はまたしても二十四歳下、三十八歳の雪だった。しかし、一晩に五回も体を求めてくる一茶にあきれ果て、わずか三か月で里に帰ってしまった。

それ以降も一茶の性欲は衰えることはなく、二年後には三十二歳のやをと再々婚した。はたしてこの時、一晩に何回交わったのかは記録にないが、翌年、一茶が病死した際、妻のやをが妊娠中だったことを考えると、一茶は死ぬ前まで性交に励んでいたことは間違いない。一茶は遅咲きの春を満喫したわけである。

間宮林蔵

日本の北方を調査し、海峡にその名を残した探検家が転身したのはなんと隠密!?

シーボルト事件で「幕府の犬」と恐れられる

間宮林蔵《まみやりんぞう》は、樺太《からふと》探検の第一人者として知られる。

彼の最初の北方探検は寛政十二（一八〇〇）年のこと。蝦夷《えぞ》地御用雇《やとい》に任命された林蔵は、村上島之允《むらかみしまのじょう》という役人に従って蝦夷へ渡り、伊能忠敬《いのうただたか》から測量の技術を学んだ。

その後も林蔵は何度も蝦夷や国後《くなしり》・択捉《えとろふ》島の調査に出向き、文化五（一八〇八）年、幕府の命令で、松田伝十郎とともに樺太へ向かった。

その翌年にも一人で樺太に赴《おもむ》き、樺太が海峡によって大陸とへだてられた島であることを発見した。

彼が発見した海峡を、ドイツの医師・博物学者のシーボルトは「間宮海峡」としてヨーロッパに紹介。彼の名は世界地図上、不朽のものとなった。

だが、文化八（一八一一）年、その報告書を幕府に提出した後、林蔵は「大転身」を遂げる。

なんと、幕府の隠密《おんみつ》になってしまったのだ。

忍耐強くて測量技術に長《た》けた探検家というのは、幕府には、隠密の適任者と映ったのだろう。

そして、有名な「シーボルト事件」（一八二八年）でシーボルトを告発したのは、じつはこの間宮林蔵だった。

シーボルトが幕府天文方の高橋景保《たかはしかげやす》を通じて間宮に渡した荷物を、彼は開けずにそのまま奉行所に届けた。外国人とのプライベートな交際を禁じる幕府の方針に従ったのだ。

これがきっかけでシーボルト事件が起き、高橋景保は獄死。蘭《らん》学を志す学者たちは、間宮を「幕府の犬」と恐れ、忌《い》み嫌った。

そういう悪評の一方、間宮は、隠密としての能力は高かったらしく、潜入困難と評判の薩摩藩にも、経師屋《きょうじや》の弟子となって、城下町への潜入に成功している。

林子平

「海防の必要性」を説いたことで罪に問われて病死！しかし墓に入ることができたのは、それから四十八年後!?

「先見の明」がありすぎた不幸

黒船来航より半世紀以上も前に、「帝国主義諸国の軍艦が日本に来るはずだから、いまのうちに海防を整えておかなくてはならない」と主張する本を出版した人物がいる。江戸中期の警世《けいせい》論家・林子平《はやししへい》だ。

彼は、長崎にいた間にオランダ人から得た情報や、交友関係から得た海防問題や兵学の知識をもとに、寛政三（一七九一）年、海防の必要性を説いた『海国兵談』を仙台で三十八部だけ出版した。その他、『三国通覧《つうらん》図説』という本も出版している。

先見の明のある書物だったにもかかわらず、彼はそれからまもなく、これらの書物によって罪に問われる。

その年の暮れ、幕府は、仙台藩に命じて子平を逮捕させ、『三国通覧図説』や『海国兵談』の版木《はんぎ》、印刷された本をすべて没収してしまったのである。

翌年五月、子平は仙台に戻されて蟄居《ちっきょ》を命じられ、その次の年に病死した。

この時、老中は思想・情報の統制に熱心であった、寛政の改革で名高い松平定信《まつだいらさだのぶ》。ロシア船が蝦夷地に出没していたことから、海防の必要性はわかっていたのだが、子平の書物を、幕府の権威を脅かすものと考えたのだ。

子平の不運はまだ続く。

彼の墓をつくる許可が甥に届いたのは、なんと死後四十八年も経過した天保十二（一八四一）年のことなのだ。しかも、本当は文政五（一八二二）年に特赦《とくしゃ》が行なわれていたのに、子平だけ通達を忘れていたというのである。

この通達で、やっと子平は墓をつくってもらえたのだった。

良寛和尚……………晩年に現われた運命の相手！和尚の心を射止めたのはいったい誰⁉

傷心の若い尼僧が弟子入り

ほのぼのとしたエピソードをいくつも残す、江戸時代の禅僧・良寛《りょうかん》。庵《いおり》の床下にタケノコが生えてくると、「かわいそうに」と床に穴を開けてやり、それが生長して屋根まで伸びると、今度は屋根にまで穴を開けた、という話は有名だ。

浮世離れしたイメージの強い良寛だが、なんと晩年に、美貌《びぼう》の若い尼僧と燃えるような恋をしている。

この尼僧は貞心尼《ていしんに》といい、俗名は奥村マス。武士の娘で、十八歳で医者に嫁いだが、五年で離縁され、傷心のために出家した女性である。

彼女は三十歳のとき、良寛の評判を聞いて師と仰ぎ、弟子になりたいと望んで人伝《ひとづ》てに連絡をとり、手づくりの手毬《てまり》を土産に良寛の庵を訪れる。

良寛が留守だったので、手毬に和歌を添えて置いて帰ったところ、良寛から返事の歌が届いて、弟子入りしたのである。

その時、良寛は七十歳。越後の国上山《くがみやま》の中腹の庵でさびしい暮らしをしていたが、貞心尼を得て、華やいだものとなったようだ。

「君やわする道やかくるゝこのごろは　まてどくらせど音づれもなき」

こんな情熱的な恋の歌を詠んでいたりもする。

しかし、この恋は四年で終わりを告げる。良寛は天保二(一八三一)年、七十四歳で、貞心尼にみとられて、病気のためこの世を去った。

葛飾北斎

浮世絵の新分野を開拓し、現在も人気の高い絵師。じつは安藤広重に人気を奪われ、嫉妬の炎を燃やしていた!?

なぜ花鳥画や美人画に転向したのか

『富嶽《ふがく》三十六景』で有名な江戸時代屈指の浮世絵師・葛飾北斎《かつしかほくさい》。錦絵の持つ味わいを風景版画に活かして、浮世絵の新分野を開拓した人物といってもいいだろう。

北斎は、七十代半ばにして自分の人生を、「今後、八十、九十と研究を続けたならば、百で神妙《しんみょう》の域に達し、百十歳で一点一画、生けるがごとく描けるだろう」といっていたが、神妙の域に達する前の嘉永二（一八四九）年、九十歳で死亡した。

死ぬまで絵を描き続けられたのだから、充実した晩年だったのかといえば、そうでもなかったらしい。

ライバルの安藤広重《あんどうひろしげ》に人気を奪われ、焦りと嫉妬で「神妙の域」とはほど遠い心境にあったというのだ。

北斎が風景画の最高峰といわれながら、ふいに花鳥画や美人画に転向してしまったのには、広重の存在があったともいわれる。

広重は初めは美人画を描いていたが、北斎に刺激され、また、東海道を往復する機会に恵まれたことから、北斎の『富嶽三十六景』に一年遅れて、天保四（一八三三）年、『東海道五十三次』を発表した。

これは、東海道の宿場町の風景・風俗を描いた五十五枚の作品で、富士を東海道と甲州から眺めた北斎の『富嶽三十六景』が主観的で激しい画風なのに対して、広重の感傷的な画風は庶民に受け、北斎の人気をしのいでしまったのだ。

そんな北斎の苦しい晩年を描いた小説がある。

『藤沢周平全集』第一巻に収録されている「溟《くら》い海」という短編。先にあげた「百で神妙の域に達し……」の言が、「落ち目の老絵描きの遠吠え」と受け取られ、北斎は広重をはっきり憎むようになり、期待していた仕事を広重に奪われた時には、北斎に彼を襲わせようと考えるほどに、北斎が広重への嫉妬を募《つの》らせる姿が描かれている。

実際のところはわからないが、「もう十年、せめてあと五年、生き延びられたら、本物の絵描きになってみせる」という、死に際の北斎の言葉が案外、こんな晩年を物語っているのではないだろうか。

シーボルト

日本を国外追放されたのちも、アイ・ラブ・ニッポン！　ずっと夢見ていた日本の再訪

若き日の追放から三十年後の再来日

文政十一（一八二八）年に起こった「シーボルト事件」は、長崎のオランダ商館で医師をしていたフィリップ・フランツ・フォン・シーボルトが、日本地図などの国禁の品を国外に持ち出そうとしたのが発覚し、日本からの追放と再来日禁止が言い渡された事件だ。

このシーボルトをオランダ人だと思っている方も多いかもしれないが、彼は、オランダの委託で来日したドイツ人である。

事件が起こったのは、彼が六年間の日本滞在を終えて帰国しようとしていた矢先のこと。

日本の対外政策上では大事件だったようだが、彼自身にとってはたいした出来事ではなかったようだ。

日本の研究に必要な記録や収集品などは彼の手元に残り、問題の日本地図さえ、幕府に没収されたときはすでに写し終えていた。それに彼は、まだ三十二歳の若

さ、学者としてはこれからだったのである。

帰国後、シーボルトは、『日本』『日本植物誌』『日本動物誌』といった日本に関する書物をいくつも著《あらわ》し、日本研究の専門家として認められている。

追放された後も、一貫して彼は日本へ好意を抱いていたようで、世界情勢からみて日本の開国は必須だと考えると、弘化元（一八四四）年には、開国の必然性を丁寧に説いたオランダ国王からの親書が、日本にもたらされている。

また彼は、ロシア皇帝からの依頼で、日本に開国を促す書面の起草にあたり、ペリーのアメリカ艦隊が日本に向かうことを知ると、自分も遠征隊に加えるよう運動したりもしている。

開国によって、日本とオランダとの間に通商条約が結ばれ、シーボルトの再来日禁止も解除になると、安政六（一八五九）年、追放されてから三十年の時を経て、オランダ貿易会社の顧問として再来日を果たした。

シーボルトは、昔の門人や知人、患者たちに歓迎され、日本人妻・お滝や娘・おいねとも再会、四年ほど日本に滞在したのち帰国している。

大塩平八郎

庶民のため幕府に歯向かい、最期は爆死を遂げた正義の味方、じつは、ひそかにヨーロッパへ逃亡していた!?

明治時代には「海外逃亡説」まで登場

江戸時代後期、飢饉《ききん》や役人の腐敗などで幕府の評判は地に落ちていたが、その表われとしてよく引き合いに出されるのが、大塩平八郎《おおしおへいはちろう》の乱である。

百姓一揆とは違って、元与力という官憲側の人間が起こした、江戸時代には珍しいタイプの反乱だ。

天保七（一八三六）年、大坂では数年続いて起こった「天保の大飢饉」のため、餓死者が続出していたが、時の大坂町奉行の跡部《あとべ》山城守良弼《やましろのかみよしすけ》は、民衆救済の手立てを何も講じず、役人や富裕な商人たちは、民衆の苦難をよそに、料亭遊びなどにふけっていた。

そこで翌年、現職の時から清廉な与力として知られていた大塩平八郎が、ついに反乱を起こした。

乱は半日で鎮圧されたが、平八郎は養子の格之助《かくのすけ》らとともに逃亡した。

四十日後、隠れ家を発見され、彼は爆薬の火を放って自殺した。発見された遺体は黒焦げで、大塩父子という確証はなかった。

この平八郎が、なんとヨーロッパに逃れていたという説がある。彼の死は、大坂の民衆たちに惜しまれたため、「大塩は生きている」という噂がしばしば流れた。

これが明治時代になると、「ヨーロッパに逃れて」という説まで新たに出てきたのだ。

乱に加担しながら捕まらずにすんだ秋篠昭足《あきしのあきたり》という医師の墓が大坂の瀧淵寺にあるが、その墓の碑文に、平八郎のヨーロッパ行きが書かれているというのである。それによると、大塩父子や秋篠らは乱後、河内国の山中の洞窟にしばらく隠れひそみ、その後、長崎から船で清国へ渡ったという。

そこから大塩父子はヨーロッパへ向かったが、秋篠は一人帰国したのだという。

しかし残念ながら、このことを裏づける有力な証拠は現在のところ見つかってはいない。

鼠小僧次郎吉

盗んだ小判の総額はなんと三千両以上！ 貧しい庶民に配る……のではなく、全部自分で使っていた⁉

本当の鼠小僧はどんな人？

義賊と呼ばれ、庶民から愛された鼠小僧《ねずみこぞう》が、じつは単なるこそ泥だったことが判明した。これは、捕まった鼠小僧の自白により明らかになったことだ。

つましい暮らしが営まれる長屋の格子《こうし》窓の間から、チャリンと投げ込まれる黄金《こがね》色の小判。手にした庶民は鼠小僧の贈り物だと、義賊の登場に大喜びする。

江戸時代を舞台にした痛快時代劇でおなじみの場面だが、彼が主役である数多くの物語は、想像の産物とはいえ、まったく架空の出来事というわけでもない。どこからともなく忍び込むことから鼠小僧と呼ばれた盗賊は、確かに存在した。

鼠小僧次郎吉《じろきち》と呼ばれた盗賊が捕まったという記録は、天保三（一八三二）年の「御仕置例類集《おしおきれいるいしゅう》」にある。これは奉行所の作成する公式文書で、いまでいう警察の調書と裁判所の判例集を合わせたようなものだ。

これに記された彼の罪状は、確かに現代に伝えられる物語とよく似たもの。大名屋敷をはじめ武家屋敷ばかりを狙い、物品には手をつけず現金ばかり盗む。もちろん屋敷に火をつけたり、人を傷つけたり、ましてや殺したりもしていない。

実際の鼠小僧は一度捕まっているが、入れ墨《ずみ》の刑だけで放免されており、その後も盗みを続け、結局、足掛け十年にわたる盗人《ぬすっと》稼業を続けている。

鼠小僧が忍び込んだ屋敷は九十八か所、盗みに入った回数は百二十二回と記録されているから、二回以上被害にあった屋敷も存在することになる。被害総額は三千両を優に超す。

しかも本人が忘れてしまったものもあるようなので、実際の被害総額はこれ以上の額に達すると思われる。

武家屋敷だけ狙ったのが人気の理由?

それにしても、これだけの被害がありながら、わずか一回しか逮捕されずに済んだのはなぜか。

それは、屋敷警備の不行き届きの責任を問われることを恐れた武士たちが、被害届を出さなかったからだ。

しかし、武家屋敷ばかりを狙う盗賊の話は、どこからともなく漏れ、当時から広く世間に知られていた。逮捕の九年も前に、肥前平戸藩主を隠居した松浦静山《まつらせいざん》が記した『甲子夜話《かっしやわ》』の中で、町で評判になっている鼠小僧の存在が垣間みえる。

とはいえ評判になったのは、彼が盗んだ金を庶民にばらまく義賊だったからではない。鼠小僧の自白調書では、盗んだ金はすべて賭場《とば》や遊興飲食費に使い、時には江戸近郊の賭場にまで足を伸ばして遊んだとされている。

それなのに、いつの間にか彼が義賊に仕立てあげられて伝わることになったのは、武家屋敷だけを狙った点が、支配階級へ不満を抱く庶民の鬱憤《うつぷん》晴らしになったためだった。

人の心がすさんだ世の中にあって、一服の清涼《せいりよう》剤ともいえる義賊の存在。しかし、現実にはなかなか見ることができないのが事実なのだ。

滝沢馬琴

両眼を失明し、妻を失いながらも続けた執筆、大作『南総里見八犬伝』はこうして生まれた！

副業ではない「職業作家」のさきがけ

江戸時代の戯作者で、『南総里見八犬伝《なんそうさとみはつけんでん》』などの代表作で知られる滝沢馬琴《たきざわばきん》。この馬琴、どうやら偏執狂的な性格の持ち主だったようで、どういうわけか、自分の日記に異常に詳しく天気のことを記していた。

何が彼をして天気の克明な記録を残させたのかは不明だが、のちに、この偏執狂的な性格が、大著『南総里見八犬伝』を完成させる原動力となったようだ。

もともと武士の家に生まれた馬琴だが、やがて武士の身分を捨てて、戯作者でありながら絵師でもあった山東京伝《さんとうきょうでん》に弟子入り。武士時代にたしなんだ『漢書』や日本の古典文学などの知識を生かして読本《よみほん》を書きはじめた。

この時代、本業のある人が副業でものを書く形がほとんどだったが、馬琴は作品の原稿料だけで生活する職業作家のさきがけだった。

最後は口述筆記！「執着心」が生んだ畢生の大作

人気作家となった馬琴は、その多作ぶりでも有名で、生涯の総作品数は二百五十を超える。朝から夜まで机に向かっていたというが、その忙しさのかたわら、欠かさずつけていたのが、冒頭に出てきた日記だ。

日記に「晴れ」「雨」と記すだけならおかしくはない。しかし馬琴は、一日の天気の変化まで克明に書いていたのだ。

「雷が三回鳴った」、「昼から雲が出て九時過ぎに雨が降り出したが、あまり強くは降らなかった」などと、じつに詳しい。馬琴は天気に対し、偏執狂的ともいえる執着をみせているのだ。

しかし、この気質が『南総里見八犬伝』を完成させたともいえる。馬琴は四十七歳の時に『南総里見八犬伝』を書きはじめ、途中六十七歳で右目を失明するという不運にあうが、それにもめげずに書き続けている。七十三歳の時には左目も失明し、妻にも先立たれてしまった。それでも創作意欲は衰えず、息子の嫁に口述筆記させながらようやく完成させた。

第一巻を書きはじめてから、なんと二十八年もの歳月をかけて書き終えているのだ。

息子の嫁は平仮名しか書けなかったため、一つ一つ漢字を教えながらの作業だった。相当な根気がなければできない仕事だったはずだ。創作意欲だけでなく、なんとしても書きあげようという執着がなければ続かない。

馬琴が日記に天気を記し続けた真意はよくわからないが、とにかくその執着心によって生まれたのが『南総里見八犬伝』だといえる。

第五章

激動の幕末期に活躍した人物の驚きの「その後」

清水次郎長

いかさまバクチ、ケンカに明け暮れた日々が一転！ ヤクザの親分が事業家へ!?

決して「正義の味方」などではなかった!?

かつて、講談や映画の世界などで、日本中のヒーローとしてその名をとどろかせた清水次郎長《しみずじろちょう》親分。だが、任侠ものによくあることだが、そのヒーローぶりのほとんどが、講談や浪曲《ろうきょく》の脚色によるものである。

駿河《するが》国清水港の次郎長こと山本長五郎《やまもとちょうごろう》は、たしかに、伝説のヒーローの原型になりそうな波乱万丈の人生を送ったが、決して正義の味方などではなかった。

彼は、二十二歳頃から博徒の仲間に入り、いかさまバクチの名人として知られるようになった。それに加えて、自分の名を上げ、縄張りを広げるために、しょっちゅう闘争を繰り広げていた。

しかも海道《かいどう》一の大親分というのも事実ではないようで、次郎長一家はたしかにケンカに強いことでは知られていたが、しょせんよくあるヤクザの一派にすぎなかったのだという。

ただ、義理と人情に篤《あつ》かったのは事実のようで、暴風雨で沈んだ徳川幕府の軍艦の水死体を集め、「仏《ほとけ》に官軍も賊軍もあるものか」と、手厚く葬ったりしている。

地元・清水の発展に寄与した次郎長親分

このケンカとバクチに明け暮れていたヤクザの親分は、明治元（一八六八）年、東海道総督府判事・伏谷如水《ふせやじょすい》から旧悪を許され、十手《じって》捕り縄、帯刀《たいとう》の特権とともに街道取り締まりを命じられ、二足のわらじを履くことになる。

以後、政府との交渉が多くなり、とくに、のちに明治天皇の側近となる静岡県権大参事・山岡鉄舟《やまおかてつしゅう》と出会ってから真人間に変身を遂げた。

明治七（一八七四）年、鉄舟と、時の県令の大迫貞清《おおさこさだきよ》に「囚人を使って、富士山麓の原野の開墾事業をしないか」と持ち掛けられた次郎長は、これを承諾。開墾事業を根気よく続けるかたわら、清水港発展のために蒸気船導入に力を尽くしたり、英語塾を始めたり、また、油田の開削事業にも参加している。そして、最後の仕事となったのは汽船宿である。

「俠客は畳の上で死ねない」などとよくいわれるが、次郎長の晩年は妻の三代目お蝶《ちょう》と二人、静かに暮らし、明治二十六（一八九三）年、畳の上で七十四歳の大往生を遂げた。

のちにヒーローとしてもてはやされたのも、ヤクザの親分だったことよりも、地元の発展に尽くしたことが大きいのではないだろうか。

また、師と仰ぐ鉄舟の東京での葬儀では、次郎長は降る雨も構わずに泣き続けた、という話も伝わっている。

勝海舟 …………日本人で初めて太平洋を横断した「咸臨丸」艦長。しかし、じつは「無能」で海軍を追い出された!?

「船酔い」ではなく「熱病」と弁解?

勝海舟《かつかいしゅう》といえば、幕末、早くから海外に目を向け、坂本龍馬《さかもとりょうま》などに大きな影響を与えた人物として知られる。長崎海軍伝習所の生徒監《かん》で、軍艦操練所の教授方頭取でもあった。

海舟が、「咸臨丸《かんりんまる》」の艦長として太平洋を横断し、アメリカへと渡ったことは、歴史が語るとおりである。海軍伝習所で生徒たちに操船を教えていたくらいであるから、さぞかし有能な艦長だっただろうと、普通は思う。

しかし、海舟はじつは有能どころか、役立たずの「ダメ艦長」だったという。

万延元（一八六〇）年一月十九日、咸臨丸は、アメリカへ向け浦賀を出発した。

しかし、艦長の海舟はその日のうちにダウン。そのまま船室にひきこもってしまった。体質的に船に弱かったらしいのだが、本人は、船酔いではなく、熱病だと弁解している。

「自分一人で艦を指揮するのは心もとない」

しかも彼は、船酔いの件を別にしても、艦長としては無能だった。

海軍伝習所にいたとはいっても、そもそも外洋航海の経験もなしに短期で艦長を養成するというのは無理がある。海舟に限らず、日本人乗組員たちは、そろって役立たずだったらしい。

「咸臨丸」に乗り組んでいたアメリカ海軍大佐のジョン・ブルックが「日本人は、操帆《そうはん》に関して無能で、帆をあげることもできない。士官はまったく物を知らない」と書き残している。

「咸臨丸」が無事にアメリカまでたどり着けたのは、ブルックとその部下たちのおかげだったといえそうだ。

さらに海舟は、サンフランシスコに入港するとき、国際的な海軍の決まりでは司令官の旗を揚げることに決まっているのに、木村喜毅《きむらよしたけ》司令官の旗ではなく、自分の旗を揚げると言い張って、みんなを困らせた。

帰りは帰りで、初め、木村司令官は使節の補欠として帰国せずにワシントンに行くはずだったのに、海舟が、「自分一人で艦を指揮するのは心もとない」と言うので、ワシントン行きを断念しなければならなくなった。

こういった醜態《しゅうたい》をさらしたためか、帰国後、勝は艦長には向いていないと、海軍をクビになっている。

お龍……幕末の英雄・坂本龍馬が愛した妻の晩年は、大酒飲みで手がつけられなかった!?

龍馬の姉・乙女との確執

坂本龍馬と妻のお龍《りょう》は慶応二（一八六六）年、西郷隆盛《さいごうたかもり》の媒酌で結婚した。だが、その結婚生活はたった二年足らず。龍馬の暗殺によって終わりを告げた。

龍馬の死を知らされたとき、お龍は、ショックのあまり泣くこともできず、茫然《ぼうぜん》と立ち尽くしていたという。

この後のお龍は、龍馬の遺言によって、いったん、龍馬の盟友である長州の三吉《みよし》慎蔵《しんぞう》に託された。龍馬が、実家の坂本家ではなく三吉にお龍を託したのは、気の強いお龍と、やっぱり気の強い姉の乙女《おとめ》をはじめとする坂本家の人々との衝突を心配したのだろう。

龍馬は結婚前、乙女にお龍を紹介したのも手紙でだけで、実際には引き合わせていないほどなのだ。

だが、海援隊士らの協議で、お龍は、まもなく土佐の坂本家に引き取られる。

龍馬が生前に心配したとおり、勝気《かちき》なお龍は坂本家では嫌われ、完全に孤立し、ついには坂本家を出ることになる。

一説によると、とくに龍馬の姉の乙女には嫌われ、「非行があった」というので追い出されたともいわれる。

最愛の龍馬に代わる男はいなかった

坂本家を出た後、お龍は、自分の親戚の千屋家にしばらく身を寄せるが、まもなくここも去り、明治二（一八六九）年の夏に京都に戻る。

その後、明治十八（一八八五）年、お龍が四十五歳のとき、横須賀に住む妹の家に身を寄せ、思いがけない縁を得て、隣家の西村松兵衛と結婚する。

だが、龍馬の妻という誇りと夫に先立たれた無念さは、再婚によっても癒《いや》されることはなかったらしい。酒を飲んだくれては、「わたしは龍馬の妻よ」とわめき散らし、手もつけられなかったという。

次のような逸話も残っている。明治三十七（一九〇四）年の大雪の日、とある易者が西村家に宿泊した。そこで彼が見たのは、三日間酒を飲み続ける老婆の姿。それだけでも驚きであったが、その老婆が龍馬の妻だと知り、易者は衝撃を受けたという。

その縁で彼が建てた横須賀市・信楽寺《しんぎょうじ》のお龍の墓には、「坂本龍馬之妻龍子之墓」と刻まれている。

幾松
桂小五郎を命がけで支えた芸妓はその後、尼となって祈りの日々を送った？

維新後も、献身的な愛で夫を支える

幕末、木戸孝允《きどたかよし》がまだ桂小五郎《かつらこごろう》という名だった頃、彼の窮地を何度も助け、命がけで支えたのは、芸妓の幾松《いくまつ》だった。

彼女は、若狭《わかさ》小浜藩士・木崎市兵衛の娘として生まれる。父の死後に養女に出され、十四歳のとき、その養父に芸妓に出されたのだった。

二人が出会ったのは、幾松二十歳、桂三十歳の頃であった。このとき幾松にはすでに旦那がいたが、めったに刀を抜かない桂が力尽くで幾松を奪い取り、落籍《らくせき》したといわれている。

その後も幾松は芸妓を続け、宴席で情報を手に入れては、桂や勤王の志士たちに流し、支援した。新選組が桂を捜して幾松の家に乗り込んできたときは、時間を稼いで彼を逃がしたりもした。

その献身的な振るまいは維新後に報われる。桂が三度の改名を経て木戸孝允となると、幾松も松子《まつこ》と改名して正式な夫人となったのだ。

ただし、新政府要人の妻が元芸妓では具合が悪かったようで、いったん長州藩士・岡部利済《おかべりさい》の養女となって入籍している。

だが、明治八（一八七五）年に木戸は脳病を患い、二年後、天皇の伴で京都に赴いたときにそれが再発。松子は駆けつけて懸命に看病したが、ついに彼はそのまま四十五歳で死去した。

松子はすぐさま髪をおろし、翠香院《すいこういん》と号して、夫が生前、隠居用にと買ってあった京都の上土手《かみどて》町の別邸に移り住み、夫の冥福を祈って過ごした。そして明治十九（一八八六）年、四十四歳でこの世を去った。

山本八重

男装し、会津藩の砲隊指揮を務めた女戦士の看護師への華麗なる転身!

京都で出会ったまったく新たな人生

幕末に勃発した戊辰《ぼしん》戦争(一八六八～六九)の際、幕府に与した東北地方の諸藩のなかで、もっとも激しく新政府軍に抵抗したのが会津藩だった。

その会津の鶴ヶ城《つるがじょう》の籠城戦で、砲隊の指揮を務めていた女性がいる。山本八重《やまもとやえ》という二十二歳のうら若き女性だ。

彼女は会津藩の砲術師範・山本権八の娘で、父や兄の影響で大砲や鉄砲の心得があり、勝気な性格でもあった。

十九歳のとき、山本家に寄宿していた川崎尚之助《かわさきしょうのすけ》と結婚してから鉄砲を持つことを父に禁じられていたが、味方の敗色が濃くなってきたのを感じると、八重は父の留守中に、また銃の練習をするようになっていった。

そして、慶応四(一八六八)年九月十四日に新政府軍の総攻撃がはじまると、その二日後から二十一日まで、夫に頼まれて砲隊の指揮をとったのである。

会津藩主・松平容保《まつだいらかたもり》が降伏して、二十三日に開城となったとき、「女と子どもは放免されるが男は切腹」と噂が流れるなか、男装して戦っていた彼女は、男たちとともに潔《いさぎよ》く最期を迎えたいと、男たちの列に交った。だが、女とばれて放免される。

その後の彼女は、明治四（一八七一）年、死んだとあきらめていた兄・覚馬《かくま》が京都にいることを知ると、上洛。兄の勧めで、「新英学校及女紅場《しんえいがっこうおよびにょこうば》」という女学校に入学した。降伏の際に生き別れになっていた夫とも再会できたが、夫婦仲はもう終わってしまっていた。

次第に彼女はキリスト教に興味を抱くようになり、まもなく、のち同志社大学を創設する新島襄《にいじまじょう》と出会う。

明治九（一八七六）年、京都初のキリスト教の洗礼式を受けて、翌日、キリスト教による結婚式を挙げ、二人は結ばれた。

その後は、新島襄に内助の功を尽くし、新島の死後、日清・日露の両戦争で、赤十字社の篤志《とくし》看護婦として働いて、勲二等を受章している。

8 五稜郭の戦い（1868.10 ～ 1869.5）

軍艦を率いて江戸から箱館に脱出した旧幕臣の榎本武揚が五稜郭に立て籠り、抵抗するも、1869年5月18日、新政府軍の前に降伏。戊辰戦争の終結。

7 会津の戦い（1868.8 ～ 9）

元京都守護職だった松平容保の居城がある会津若松を中心に激戦が繰り広げられた。16～17歳の少年たちで編成された白虎隊士中二番隊19人が死亡。

4 上野戦争（1868.5.15）

旧幕臣らなど約1000名で彰義隊が結成され、江戸開城後、上野寛永寺で抵抗。しかし大村益次郎率いる新政府軍の攻撃の前に、わずか１日で壊滅した。

3 江戸城無血開城（1868.4.11）

1868年３月15日の新政府軍の江戸城総攻撃の前に、勝海舟と西郷隆盛の会見などにより、江戸城が無血開城される。

2 相楽総三の処刑（1868.3）

「年貢半減」を布告しながら進軍した赤報隊だったが、偽官軍と見なされ、相楽総三らが処刑される。

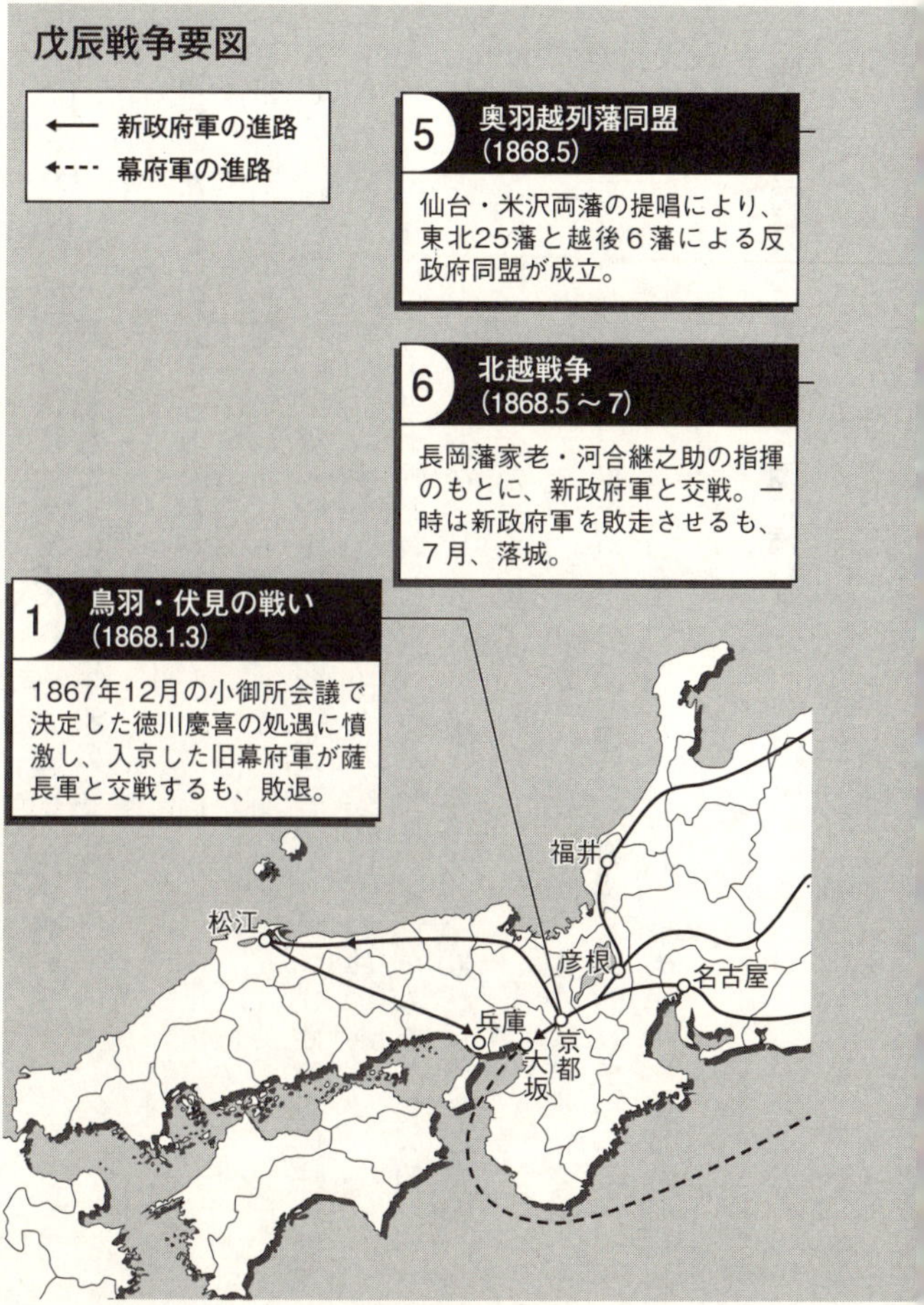
戊辰戦争要図
新政府軍の進路
幕府軍の進路
5 奥羽越列藩同盟
(1868.5)
仙台・米沢両藩の提唱により、東北25藩と越後6藩による反政府同盟が成立。
6 北越戦争
(1868.5～7)

長岡藩家老・河合継之助の指揮のもとに、新政府軍と交戦。一時は新政府軍を敗走させるも、7月、落城。
1 鳥羽・伏見の戦い
(1868.1.3)
1867年12月の小御所会議で決定した徳川慶喜の処遇に憤激し、入京した旧幕府軍が薩長軍と交戦するも、敗退。
福井
松江
彦根
名古屋
兵庫
京都
大坂

唐人お吉

……………ハリスに仕えて手にした大金が人生を狂わす！
酒に溺れた末に訪れた不幸の結末

一週間もたたずに暇を出されたお吉

幕末の開国後の悲劇のヒロインとして有名な「唐人《とうじん》お吉《きち》」。

本名は斎藤きちといい、恋人の鶴松との仲を裂かれて、アメリカの初代駐日総領事タウンゼント・ハリスに、妾《めかけ》として差し出された下田の芸妓である。

支度金二十五両、月手当十両という条件だったので、家族はみなエビス顔だったかもしれないが、十七歳の彼女にとっては、鶴松と別れて、みなが恐れる異人の妾になるというのは、辛いことだったにちがいない。

だが、お吉はそれからすぐに、「腫《は》れ物ができた」という理由で暇《ひま》を出された。ハリスのもとにいたのは、三日だったとも一週間だったともいわれている。

そんなに早くクビになっても、お金はしっかりと支給されたので、世間の理解さえあればむしろおいしい仕事だったかもしれない。

「冷たい世間」への悔しさから酒に溺れる

しかし、ハリスのもとから帰ってきたお吉に、世間は冷たかった。以前は、「新《しん》内《ない》お吉」「明烏《あけがらす》のお吉」ともてはやされる人気芸者だったのに、ハリスにほんの短期間仕えた後は、「唐人お吉」「ラシャメン（洋妾）お吉」となじられるようになってしまったのである。

外国人の妾になったという差別意識のほか、小娘が大金を手にしたことへのやっかみもあったようだ。

そんな状況に耐え切れず、十年後、お吉は下田を去って、横浜にいるかつての恋人の又五郎（鶴松）のもとへ向かった。そして又五郎と結婚し、明治四（一八七一）年、下田に戻った。

まじめな又五郎に対して、お吉は酒とバクチにふける毎日。冷たい世間への悔しさが、彼女を酒とバクチに走らせたのかもしれない。

それが原因で二人は離婚し、その後、又五郎は急死。お吉は、三島で芸者になったり、下田に戻って髪結《かみゆ》いになったり、小料理屋を開いたりしたが、酒乱のためにいずれも長続きせず、晩年は、昔の仲間の恵《めぐ》みで食いつなぐ毎日だったという。

明治二十三（一八九〇）年、ついに彼女は川に身を投げて自殺した。

大村益次郎……じつは命に別状はなかった！　襲撃された維新政府の立役者を殺したのは、堅苦しい規則だった!?

士族の恨みを買い、重傷を負う

攘夷派の浪士に襲撃されて重傷を負った大村益次郎《おおむらますじろう》が二か月後に死亡した事件。明治になったばかりの物騒な世相を象徴するかのような出来事だが、彼が命を失う羽目になったのは、世相のためだけではない。当時の硬直した規則のためでもあったのだ。

大村益次郎は、長州藩の医師の子として生まれ、蘭《らん》医を目指して学問をするうち、西洋兵学も身につけた。居を転々としていた大村は、その兵学の知識を見込まれて、郷里の長州に藩士として迎えられる。仕官後の大村は、第二次長州征伐で長州方を勝利に導き、兵学者としての才能を高く評価された。

戊辰戦争、とくに江戸での彰義隊《しょうぎたい》征伐にも作戦指導にあたって、新政府軍を勝利に導いている。新政府ではのちに陸軍省・海軍省にわかれる兵部《ひょうぶ》省で、次官職にあたる大輔《たいふ》に任じられる。この職に就いた大村は、西洋風の国民皆兵《かいへい》という考えに則《のっと》った徴兵制の導入に取り組んだ。

これが、のちに大村が襲撃されるきっかけとなった。それまで戦争は武士の専売というべきものであり、武士は戦士だからこそ特権階級であったという意識を強く持っていた。維新後に、時代の波に取り残されていった旧武士たち、いわゆる士族の人々は、それまで持っていた特権だけではなく、自分たちが士族であるよりどころさえ奪われると感じ、大村に不快感を持つようになった。その結果が大村の襲撃である。明治二（一八六九）年九月四日のことであった。

大村は京都の旅館でくつろいでいたところを襲われ、額《ひたい》と右足に傷を受けた。この傷がもとで敗血症にかかり、十一月五日に世を去っている。大村益次郎の死が暗殺とされるのはそのためだ。

天皇の勅許がなければ、すぐに手術できない？

その二か月間、大村の治療にあたったのは、かつて大村が学んだ適《てき》塾の恩師・緒《お》方洪庵《がたこうあん》の次男や、長崎に滞在していたシーボルトの娘で、日本の女医第一号の楠本《くすもと》いねなど、そうそうたる医師団である。主治医は蘭医ボードイン。

大村は大怪我を負ったものの、致命傷は受けなかったようで、京都から大阪の病院まで運ばれてから治療を受けている。それだけの余裕があり、かつ、これだけの医師団が揃っていながら、なぜ命を救えなかったのだろうか。

じつは、救命の機会は十分にあったのだ。ボードインの診断では、足の傷は重傷ではあっても、切断すれば命をながらえることができる見込みだった。

ところが、当時は政府高官が手術を受ける際には、天皇の許可を得なければならなかった。京都を離れ、すでに東京に移っていた天皇の勅許《ちょっきょ》を求めての連絡は、時間を要する。やり取りをするうち、手術する適切な機会を失ってしまい、敗血症を起こして命を失ったというのが大村の死の真相である。

近藤勇

志半ばにして殺された新選組局長、その首はいったいどこへいったのか⁉

正体を見破られた新選組局長の最期

新選組局長になる前の近藤勇《こんどういさみ》は、天然理心流《てんねんりしんりゅう》の看板を掲げる町道場の主だった。武蔵国多摩郡の豪農の三男として生まれ、江戸で道場を構える師匠の養子に入って近藤家を継いだのだ。

近藤は京都に上って盟友の土方歳三《ひじかたとしぞう》と新選組を組織するが、土方が官軍との最後の戦いである箱館戦争まで戦ったのに対し、近藤は、最初の鳥羽・伏見の戦いより前に負傷して江戸に戻らざるを得なくなる。

江戸では、近藤は改めて甲陽鎮撫隊《こうようちんぶたい》を組織して関東で戦ったものの敗れ、武士らしく切腹して最期を飾ろうとする。しかし土方の説得に負け、大久保大和《おおくぼやまと》という変名を使って板橋の東山道総督府に出頭した。すでに天運は尽き果て、すぐに正体を見破られて十分な裁判を受けることなく処刑された。慶応四（一八六八）年四月二十五日のことだった。

近藤の首は、京都でさらし首にするため、酒（一説では塩）に漬けて運び去られ、胴体は板橋にそのまま埋葬された。京都の首は、さらしてあったものを誰かが持ち去ったという。

近藤の多くの墓、いったい首はどこに？

近藤の首を埋葬した首塚というのが愛知県岡崎市にあるが、なぜか首を埋葬したという場所がほかにも二か所あり、墓は四か所もある。ただし、墓には実際に遺体や骨を埋葬してあるものと、供養のためだけに建てるものとがあるから、多くても不思議はない。

新選組の研究者たちの調べによれば、供養墓であることがはっきりしているのは、会津若松市の天寧寺《てんねいじ》にあるもので、転戦しながら箱館を目指していた土方が、近藤斬首の知らせを聞いて滞在中に建てたものだ。また、東京都荒川区の円通寺《えんつうじ》にあるものは、上野の山で戦った彰義隊も含めて、旧幕府軍の戦死者を追悼するものである。

そのほかのものでは板橋の処刑場近くの、かつての旧家の敷地に永倉新八《ながくらしんぱち》が建てたものと、近藤の娘の夫に養子として入った甥が菩提寺《ぼだいじ》に建てたものがある。菩提寺のものは、甥が、夜中に板橋へ行って胴体だけの遺体を掘り起こして持ち帰り埋葬した、と語っており、永倉のものは、旧家の当主が総督府の命で埋めたと、その家の子孫が伝承している。昭和四（一九二九）年に墓の修復で掘り出したとき、実際に胴体だけの骨を見たと子孫が証言をしてもいる。

一方の首のほうの墓は、明治時代の半ばに京都の東山《ひがしやま》山中で見つけたが場所は忘れたという人の証言が、昭和十二（一九三七）年六月二十五日付けの東京朝日新聞に載ったことがある。ただし、その墓はいまに至るまで見つかっていないし、場所も特定されていない。

また、愛知県岡崎市の法蔵寺《ほうぞうじ》にある首塚は、さらし首を盗んだ元隊士の依頼で建てられたものと伝えられるが、墓の台座に彫られた人物名や建立《こんりゅう》年の不自然さが指摘されている。

首を埋葬したもう一つの墓は山形県米沢市にあって、近藤の従兄弟にあたる人物が、首を板橋から盗んで赤羽《あかばね》で焼き、骨を持ち帰って埋めたと伝わる。しかし、首が京都の三条河原にさらされたのは事実だし、従兄弟という人の家系そのものがあやふやなので、話が誇張された結果、観光名所になってしまったのだろう。

近藤の遺体がどこに埋められたにせよ、これだけ墓があるということは、旧幕臣が時を経て次々に新政府の要人になったように、逆賊として処罰された近藤の名誉も大きく回復された証《あかし》といえよう。

沖田総司

病身を押しながらの戊辰戦争への参戦！
しかし、戦場で倒れることができなかった無念

天才剣士、斬り合い中に病で倒れる

剣客ぞろいの新選組のなかでも、とくに沖田総司《おきたそうじ》は天才剣士として名高い。

沖田は、近藤勇の試衛館《しえいかん》道場に学んで十代で早くも免許皆伝となり、二十歳で塾頭になるという才能を発揮した。新選組の結成後は、芹沢鴨《せりざわかも》暗殺のときに最初の一太刀をふるい、元治元（一八六四）年の池田屋事件では、池田屋の二階で五人もの浪士を斬り伏せている。

この池田屋事件のとき、ドラマなどではよく、沖田が血を吐いて倒れるシーンが登場する。永倉新八の『新撰組顚末記《てんまつき》』でも、「沖田が大奮闘の最中に持病の肺患《はいかん》が再発してうち倒れた」とある。喀血《かっけつ》したかどうかは不明だが、昏倒したのは史実のようである。

沖田は自分の斬った敵の死体を枕に横たわり、しばらくのあいだは立ち上がることもできず、やがて到着した土方歳三の隊によって祇園《ぎおん》の会所に送られた。戦いはまだ続いていたが、戦線を離脱して休むしかなかったのだ。

気がはやるも、病床で歯噛みする日々

では、その後の沖田はというと、相変わらず新選組幹部として活躍している。病気だということをうかがわせる記録もない。池田屋事件のとき、すでに肺結核が発病していたとしても、まだその頃は大した病状ではなかったといえる。

当時結核は、死亡率の高い難病である。安静にして過ごすのが普通だが、沖田は新選組隊士として戦い続けた。

しかし、無理がたたったのか、慶応三（一八六七）年六月、屯所《とんしょ》を西本願寺から不動堂《ふどうどう》村に移転した頃から沖田の病状は悪化した。

同年十二月、近藤が伏見で狙撃されたとき、沖田は動くことができず悔しがった

新選組隊士の変遷

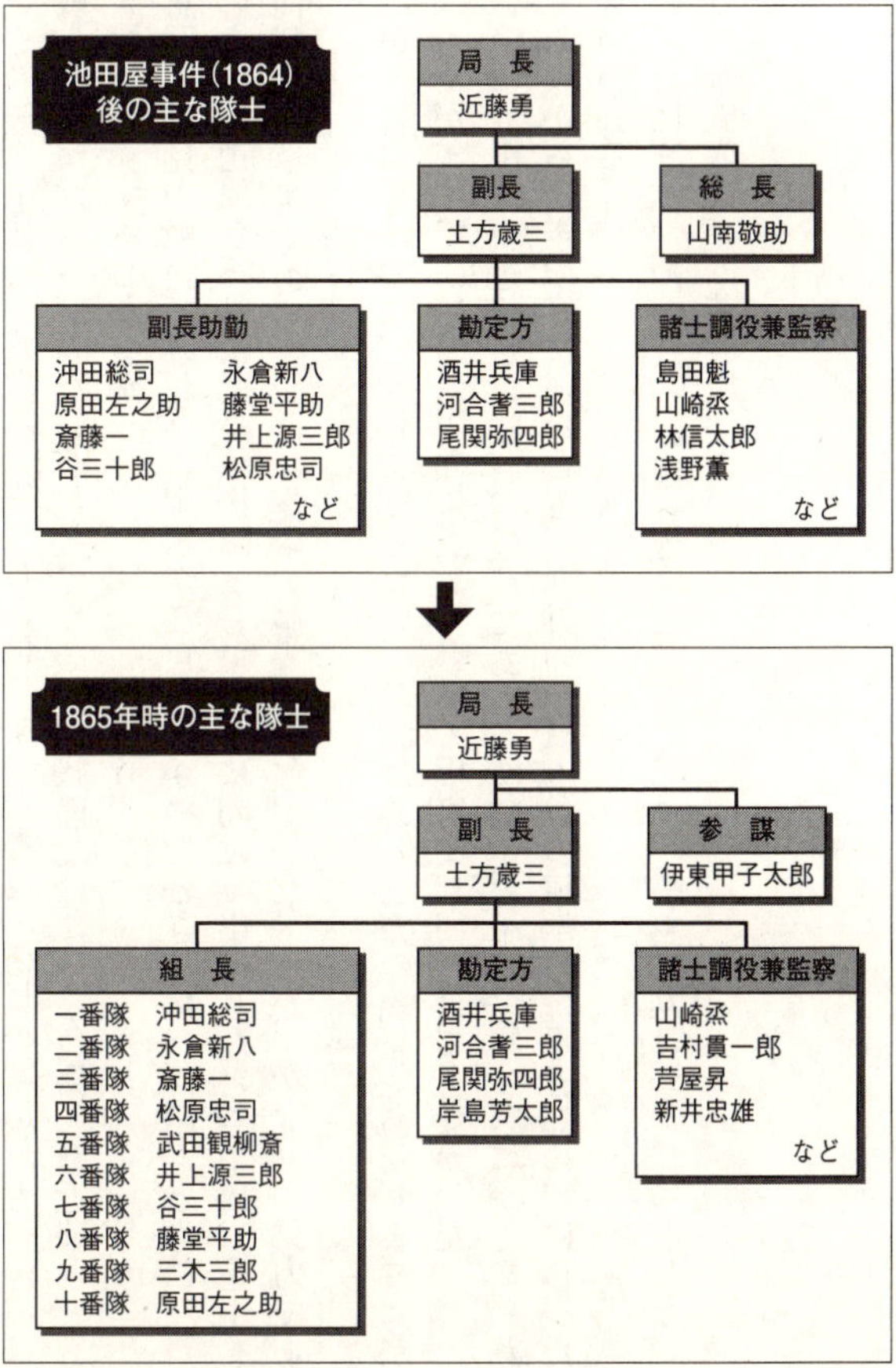
池田屋事件（1864）
後の主な隊士
局長
近藤勇
副長
土方歳三
総長
山南敬助
副長助勤
沖田総司
原田左之助
斎藤一
谷三十郎
永倉新八
藤堂平助
井上源三郎
松原忠司
など
勘定方
酒井兵庫
河合耆三郎
尾関弥四郎
諸士調役兼監察
島田魁
山崎烝
林信太郎
浅野薫
など
1865年時の主な隊士
局長
近藤勇
副長
土方歳三
参謀
伊東甲子太郎
組長
一番隊　沖田総司
二番隊　永倉新八
三番隊　斎藤一
四番隊　松原忠司
五番隊　武田観柳斎
六番隊　井上源三郎
七番隊　谷三十郎
八番隊　藤堂平助
九番隊　三木三郎
十番隊　原田左之助
勘定方
酒井兵庫
河合耆三郎
尾関弥四郎
岸島芳太郎
諸士調役兼監察
山崎烝
吉村貫一郎
芦屋昇
新井忠雄
など

という。翌慶応四（一八六八）年一月にはじまった鳥羽・伏見の戦いにも、沖田は参戦したかったにちがいないが、とてもそんな状態ではない。負傷した近藤とともに大坂で療養するしかなかった。

鳥羽・伏見の戦いで敗れた新選組が江戸に向かったときには、沖田もともに江戸にいき、新選組が三月に甲陽鎮撫隊として甲府に向けて出発したときには、途中まで同行した。動くのも苦しい状態で行軍に加わったのだから、かなりの気力である。

だが、気力だけではどうしようもない。日野にある土方の義兄宅あたりまではがんばったが、すでに体力は限界に達し、とても甲府まで同行はできなかった。

ついに沖田は新選組から離れ、浅草にあった医師・松本良順《りょうじゅん》の家にかくまわれた。それから松本の家にいたとも、郊外の千駄ケ谷の植木屋・平五郎の家に移ったともいわれる。

いずれにせよ、沖田はその隠れ家で三か月ほど病臥《びょうが》し、五月三十日に没した。まだ二十五歳という若さだった。

斎藤一

討ち死にしたはずなのに、生き延びて警察官に!?
大正時代まで生き残った新選組三番隊隊長

ひっそりと戊辰戦争を生き残った一

斎藤一《さいとうはじめ》は、新選組の副長助勤《じょきん》、三番隊組長を務めた人物で、草創期からの幹部の一人である。

彼は幕臣の子として江戸に生まれ、若い頃から無外流《むがいりゅう》の剣を極め、天然理心流の試衛館道場に出入りしていた。そのため、新選組の結成以前から近藤勇らと面識があった。

十九歳のとき、誤って人を斬り殺してしまい、江戸を脱出して京都に赴いたところ、近藤らの浪士組《ろうしぐみ》（新選組の前身）が上洛してきたので、加わったのである。

戊辰戦争では、斎藤は土方歳三らと別れて会津に残り、会津若松郊外の如来堂《にょらいどう》に布陣していた。同志の多くが高久村の戦いに応援に出かけ、少数で本営を守っていたのだが、その手薄になっているときに敵の奇襲を受けてしまった。多勢に無勢の戦いで、斎藤ら如来堂にいた留守番組は全員討ち死にした……と、多くの者は思い込んだ。

だが、じつは隊長の斎藤をはじめ何人かは、血路を開いて生き延びていたのである。斎藤は、新選組のなかでも沖田総司や永倉新八と並ぶ剣客だったというから、それも可能だったのだろう。

相次ぐ改名で西南戦争にも参加

斎藤はその後、会津藩が移封《いほう》となった斗南《となみ》に赴き、一戸伝八《いちのへでんぱち》と名乗ったのち、さらに藤田五郎と名を変えた。藤田の名前は、旧会津藩主の松平容保に賜《たまわ》ったものと伝えられている。

そこで彼は、会津藩士・高木小十郎の娘の時尾《ときお》と結婚した。仲人は松平容保だったという。おそらく斎藤は、元新選組幹部として、会津藩主に大事にされていたのだろう。

明治四（一八七一）年または明治七（一八七四）年、斎藤は上京し、警視局（現・警視庁）に勤務した。明治新政府は、元幕府側の人間を数多く警察官として登用したのだ。

明治十（一八七七）年に起こった西南戦争にも、斎藤は警察官として出陣し、新聞に載るほどの奮戦ぶりを見せている。西南戦争では、かつて幕府側だった警察官たちが、戊辰戦争のときの薩摩への恨みから奮戦したといわれており、斎藤もその一人だったのだろう。まして名うての剣客なら、さぞかし西郷軍にとって脅威だったと想像される。

その後、斎藤は、巡査部長や警部補を経て警察を退職したあと、東京高等師範学校附属東京教育博物館の看守となり、さらに東京女子師範学校の校内取り締まり係となった。

斎藤が死亡したのは大正四（一九一五）年のことで、床の間で結跏趺坐《けっかふざ》して臨終を迎えたと伝えられている。享年七十二であった。

原田左之助

妻子への愛着が不幸を呼んだ!?　悪運の強い男の最期

「死にぞこね左之助」の悪運の強さ

運が強い人物が、ついには悪運にも見放される……というのはよくあることだが、原田左之助《はらださのすけ》の最期はまさにそのようなものだった。

彼は、副長助勤、小荷駄雑具《こにだぞうぐ》の担当長、十番隊組長と、新選組の幹部職を歴任した人物で、「死にぞこね左之助」のあだ名があった。郷里の伊予松山藩で若党《わかとう》を務めていた頃、意地の張り合いから切腹しようとし、そのときの傷跡が腹に残っていたためだ。

また、池田屋事件のときにも、奮戦して死んだという噂が流れるほど激しく戦ったが、やはり生きていた。原田は何度も無茶をしては生き延びた悪運の強い人物だった。

妻子のため「命を惜しんだ選択」が裏目に

だが、その後、彼の悪運も尽きるときがやってくる。

鳥羽・伏見の戦いが終わると、原田は、永倉新八らとともに近藤勇らの本隊と決別し、靖兵隊《せいへいたい》をつくって会津に向かうが、途中で一人、江戸に引き返した。同志らは驚いて説得したが、原田はかたくなまでに聞き入れず、引き返す理由さえ告げなかった。のちに永倉は、原田が突然引き返した理由を、「妻子への愛着に心惹かれたため」と語っている。

原田は、新選組隊士には珍しく、町人の娘と正式に結婚して男児を儲け、妻子を大事にしていた。しかも、新選組が将軍とともに京を離れた慶応三（一八六七）年十二月、原田の妻は二人目の子を身ごもっていたという。その妻子が官軍に占領されているはずの京都にいるのだから、原田が心配したとしても不思議はない。

命知らずで無茶ばかりしていた男が、ここに至って妻子のために命が惜しくなったのだが、それは裏目に出てしまう。

原田は、おそらく江戸を経て京都に向かうつもりだった。だが、江戸に戻れば官軍ばかりで、東海道も中山道も官軍に押さえられていて、とても京には戻れない。かといって、いまさら靖兵隊のあとを追いかけることもできない。折しも、江戸では彰義隊が上野で最後の戦いに臨もうとしている。これにでも参加するしか、もはや行き場所はなかった。

原田は彰義隊に入ると、慶応四（一八六八）年五月十五日の上野戦争に参加し、重傷を負った。そのため、本所猿江町の神保山城守《じんぼやましろのかみ》邸まで退いて治療を受けていたが、二日後に息を引き取ったという。

途中で別れた永倉の方は戊辰戦争後も生き残っているから、原田も引き返さずに彼と行動をともにしていれば、生き残れた公算が大きい。命を惜しんだために死ぬことになったのは皮肉な話だ。

ただし、これには異説がある。さらにその後、原田が生き延びて、放浪生活をしていたというのである。

日清戦争（一八九四〜九五）のとき、新選組に詳しい老軍夫がいて、「原田左之助さんでは？」と人に聞かれても、肯定も否定もしなかったという。また、生きて大陸に渡り、馬賊の頭領になったという眉唾《まゆつば》ものの伝説もある。
「死にぞこね左之助」が上野戦争でも生き延びたのかどうかは定かではない。

島田魁……激戦を戦い抜き、明治まで生き延びた怪力男、再就職先はなんと寺の守衛!?

自慢の怪力で新選組に貢献

魅力的な群像を描き出した新選組のなかで、一人ひとりをとり上げていくと、「隊で一番の……」という形容詞で語られる人物がかなりいる。そのなかで「一番の怪力」と形容されるのが島田魁《しまだかい》だ。

島田は美濃大垣藩の出身で、庄屋の両親が藩の御用材を川の氾濫《はんらん》で流失した責任をとって自殺してからは、親戚の家を転々としており、武家奉公を経て江戸へ出た。十九歳のときのことだ。

江戸では剣術道場で修行をしているから、親のない身であれば、剣での自立が一番の近道と考えたらしい。また、この江戸で、近藤勇の道場に出入りしていた永倉新八と知り合った。

しばらくして江戸を離れると、その剣の腕が見込まれて大垣藩士の島田家の養子になったが、文久三（一八六三）年、のちに新選組となる壬生浪士《みぶろうし》の隊員募集を知ると、脱藩して参加した。

すでに島田は三十六歳になっていたが、孤児になってから探し続けていた自分の居場所を見つけたような思いがしたからに違いない。永倉と京都で偶然再会したのも、彼に運命を感じさせたことだろう。

体格や年齢からだろうが、同年七月に隊士が起こした大坂力士との乱闘事件の直後に行なわれた隊の組織編制では、諸士調役兼監察という役にも就いた。長州藩尊《そん》攘《じょう》派の集会を狙って襲った池田屋事件では、最初に不穏な気配を感じとったのが島田で、探索の結果、集会の場所を突き止めるという働きぶりを見せる。

彼は剣術修行のおかげか、どちらかというと学究肌だった土方歳三の直属の実働隊として、長州藩からのスパイの疑いがある隊士や脱走しようとした隊士を粛清《しゅくせい》するなど、隊としては蓋《ふた》をしておきたい部分の仕事を裏で多くこなし、実際の攘夷派狩りでは第一線に出ることはなかったようだ。

土方に一心同体のようにつき従う

実戦の経験はあまりないまま、鳥羽・伏見の戦いでは永倉らと最前線に出て戦い、多くの死者を出した新選組のなかの生き残り組となった。この戦いでは、逃走のとき装備の重さのために塀《へい》を乗り越えられないでいる永倉を、上から差し出した銃につかまらせて引き上げたという、大男ならではのエピソードも残している。

島田は、尊敬する土方とともに江戸、勝沼《かつぬま》、流山《ながれやま》、会津と転戦したが、このときは足にけがを負った土方を背負って歩くという驚くべき力を発揮した。

土方が決戦と決めて旧幕府軍の榎本武揚《えのもとたけあき》とともに箱館戦争を戦ったときも、島田は一緒だった。その時点で壬生浪士からのメンバーは彼一人だ。榎本隊と行動をともにすることが多くなっていた土方に、島田はここでも新選組隊を離れてつき従う。護衛のような役を務めてまるで一心同体のようだったが、そんな二人にも別れの日がやってきた。

箱館総攻撃のさなか、明治二（一八六九）年五月十一日に土方は腹部を狙撃され戦死した。その日、たまたま新選組隊で戦っていた島田は生き延び、その四日後に新選組隊は投降する。そして、市内の寺に収容されたのち、青森へ護送された。盟友・永倉とは、途中から袂《たもと》を分かつが、彼も古参新選組のなかでの生き残りの一人だ。

明治五（一八七二）年に許された島田は、京都で待っていた新選組時代からの妻のもとへ帰り、晩年は西本願寺の守衛として、仲間の隊士の菩提を弔《とむら》いながら過ごしたという。

永倉新八

新選組隊士から文筆家へ！　激闘の記録と亡き同志の歴史をいまに伝える

「生き証人」が亡き同志たちに捧げる書

永倉新八《ながくらしんぱち》は、近藤勇の道場に出入りしているうちに彼と親しくなり、ともに京都に向かって新選組を結成した。結成当時から幹部となった永倉は副長助勤、二番隊組長として常に第一線で奮戦し、池田屋事件では刀が折れるまで戦って負傷している。

戊辰戦争では江戸まで敗走したのち、近藤らと別れて靖兵隊を組織して会津に向かった。会津の援軍といえば聞こえはよいが、少人数の部隊だから苦戦の連続である。その激戦のなかでも永倉は生き抜き、会津の落城を迎えたのだった。

その後、戊辰戦争が過去のものとなると、永倉は新選組の生き証人となっていく。

まずは、明治九（一八七六）年、永倉は東京・板橋の近藤が処刑されたあたりに、新選組の死者たちを悼《いた》む追悼碑を建てた。碑の正面には近藤と土方の名が刻まれ、両側面には百十名の死亡した隊士の名が刻まれている。どのような隊士がいたのかがわかる貴重な碑文だ。

さらに、永倉は新選組についての文献資料も数多く残した。明治四十一（一九〇八）年、家督を養子の伝次に譲って隠居したのち、彼は新選組時代を振り返って書き物に没頭したのだ。これは自分自身の青春の記録であり、亡くなった同志たちに捧げる供養でもある。

たとえば、彼は明治四十四（一九一一）年に『七ヶ所手負場所顕《あらわ》ス』を著《あらわ》す。自分の負傷歴を記したこの覚え書きは、新選組で彼がどのような戦いをしたのか、傷を通して後世に伝えている。この覚え書きは、いまは遺族の寄贈で北海道開拓記念館に保管されている。

現在、我々に新選組のことをよく伝える『新撰組顚末《てんまつ》記』も、永倉の残した書き物がもとになっている。

大正二（一九一三）年、七十回にわたって「小樽新聞」に連載された彼の回顧談「永倉新八」は、新選組隊士として戦った当事者の語る貴重な記録のうえ、講談としてのおもしろさもあって、たいへんな人気を呼んだ。この連載が彼の死後、長男の義太郎によって『新撰組永倉新八』として一冊の本にまとめられ、さらに戦後になって復刊されたのが、『新撰組顚末記』だ。

『新撰組顚末記』は、質量ともに新選組のことを知るうえで貴重な史料といわれる。新選組に関する史実が比較的くわしく伝わっているのは、永倉のおかげといえる。

相馬主計

新選組最後の隊長として幕引きした五稜郭の戦い、その後は流刑先で寺子屋の師匠に!?

敗戦処理として臨んだ「最後の隊長」

新選組最後の隊長は、土方歳三と思っている人が多いかもしれないが、じつは相馬《そう》主計《まかずえ》である。

相馬は、慶応四（一八六八）年四月に近藤勇が捕らえられたときに、近藤の救出に奔走する土方に命じられ、死を覚悟して総督府に助命嘆願の書状を届けた。しかし、彼も捕らえられてしまい、近藤は斬首に処された。

近藤の処刑後しばらくして、相馬は釈放され、彰義隊残党の再挙に加わったのち、土方と合流して箱館の五稜郭に赴く。

翌年五月十一日に土方が戦死すると、その四日後、新選組がたてこもる弁天台場の主将である箱館奉行・永井玄蕃頭尚志《ながいげんばのかみなおむね》は、相馬を新選組隊長とした。名誉とばかりは喜べない。永井玄蕃は、糧食の尽きた弁天台場でこれ以上の抵抗は無理とあきらめ、政府軍への恭順を決定すると同時に、相馬を敗戦処理雑務のために隊長にしたのだ。

相馬に残されたのは降伏しかなく、しかも新選組の全責任を負い、戦争責任者として処断されかねない危険な立場である。

この立場のためか、その後、相馬は終身流罪という重刑になってしまう。はっきりした判決理由は残されていないが、坂本龍馬と伊東甲子太郎《いとうかしたろう》の暗殺に関わったとされたことと、近藤勇の助命嘆願の書状を届けたときに捕らえられ釈放されながら、再び賊軍に身を投じたことも合わせて、そのような判決になったのだろう。

流刑地での幸福な日々が、東京に戻って暗転……

未来を閉ざされて伊豆七島の一つである新島《にいじま》に送られた相馬だが、そこでの生活はそれほど不幸なものではなかった。

相馬は、まじめで誠実な人柄からか人々に好かれやすかった。箱館戦争時代に、占領地の箱館市民たちに好意をもたれていたほどだ。おかげで、新島でも島の人々に慕われていた。

しかも、彼は学問に秀で、器用でもあった。自分で設計して家を増築することもできたし、寺子屋を開いて多くの子どもたちに読み書きを教えたりもした。学問ができて性格もいい先生だったから、教え子たちにたいへん人気があった。

流人たちの多くは、島で結婚しても帰還の許しが出れば妻子を捨てて帰るのだが、彼は違った。わずか二年で赦免《しゃめん》されて、東京に戻れることとなったとき、島で結婚した妻をともなって帰っている。

皮肉なことに、彼は東京に帰ってまもなく割腹《かっぷく》自殺をしたといわれる。理由は定かでないが、死ぬ直前に官吏登用の話を断ったことや、困窮にあえぐ元新選組隊士たちになじられたことなどから、現実的な生活と新選組最後の隊長としての意地との間で葛藤《かっとう》があったものといわれる。

赦免されずに終身流刑のままだったほうが、相馬にとっては幸せに天寿をまっとうできたかもしれない。

谷干城

西南戦争で熊本城を守った猛将は、学習院で超スパルタ教育を行なった！

西郷軍の出鼻を挫いた熊本城での奮戦

土佐出身の谷干城《たにたてき》は、慶応三（一八六七）年に乾退助《いぬいたいすけ》（のちの板垣退助）とともに西郷隆盛に会って薩土《さっと》密約を結び、倒幕運動を加速させるという役割を果たした。

とくに彼の名を高めたのが西南戦争である。

西南戦争の勃発に先立つ明治九（一八七六）年十一月、谷は熊本鎮台司令長官に任命された。西郷の挙兵が予想されたので、それに備えての任命である。

谷は密偵を鹿児島に潜入させ、西郷が挙兵する数日前にその情報をつかんで作戦を立てた。それは、進軍せずに熊本城で籠城《ろうじょう》するという作戦である。

政府軍が到着するまでそれほどかからないという思惑から、籠城に踏み切ったのだが、その読みは外れてしまう。政府軍の到着は遅れ、一万数千人という西郷軍を相手にした籠城は五十日以上に及んだ。

その間、谷が敵陣を眺めているときに敵兵に狙撃され、弾丸がのどを貫通するという事件まで起きている。幸い弾丸が気管を外れていたので、一週間ほどで再び指揮をとれるようになった。もしも弾が気管に当たって彼がここで命を落としていれば、熊本城は西郷軍に奪われ、西南戦争はあるいはもっと長引いていたかもしれない。

谷は多くの戦没者を出しながらも、政府軍が来るまでもちこたえ、その功績を讃《たた》えられた。

その後、谷は順調に出世しながら、わずか四年で軍籍を離れる。職を辞した前年に、西部検閲使として九州地方を視察したとき、征台《せいたい》の役（一八七四年）で戦病没した兵士たちの合葬墓所跡を見たのが原因だった。長崎県下梅ケ崎にあった合葬墓所が移転された後、地面にまだ白骨が散らばっているという粗雑な扱いをされていた。

そのことに谷が腹を立てて政府に訴えても、長崎県令の減俸諭告《ゆこく》という形式的な処置しかとられなかったのだ。

背嚢を背負わせた谷のスパルタ教育

軍を退いた谷は、明治十七（一八八四）年に宮内省の二等官と、同時に学習院の院長に任命された。

当時の学習院の生徒である華族の子弟たちは、江戸に遊学したときに貧しい暮らしをした経験をもつ谷の目から見ると、いかにも柔弱《にゅうじゃく》で甘えている。たとえば、従者を伴って人力車で通学する者も珍しくない。

これではいけないと、谷は強壮健康な体と活発有為な精神を育成すべくスパルタ教育を開始した。

従者つきでの人力車通学はもちろん禁止だ。それだけでなく、通学のときには、兵隊と同じ背嚢《はいのう》（現在のランドセル）を背負わせた。

授業では柔道や水泳といったスポーツだけでなく、撃剣《げきけん》、銃槍対闘術など、軍隊のような演習もさせた。厳しい軍隊の教練を課して、生徒たちを有用な人材に鍛え上げようとしたのである。

彼のこの教育方針は、太平洋戦争が終わるまで学習院で踏襲され続けた。

乃木希典

学習院長となり、華族教育に精を出した
「おじいさん先生」が生徒を退学にしたその意外な理由とは⁉

軍旗を奪われた生涯の痛恨事

明治十（一八七七）年の西南戦争で、政府軍の軍旗《ぐんき》が西郷軍に奪われるという事件が起こっている。このときの政府軍の当事者は、のちの陸軍大将で当時は少佐で第十四連隊長だった乃木希典《のぎまれすけ》である。

乃木は、西郷軍の奇襲を受けて退却するとき、軍旗をまいて河原林雄太《かわらばやしゆうた》少尉に背負わせ、十数人の護衛をつけて後方にさがらせた。だが、退却する途中、不運にもその河原林が逃げ遅れ、銃撃で倒されたのである。

西郷軍は、倒した敵が軍旗を背負っているのを見ると、これを奪って熊本城外の高地に掲げて城兵を嘲《あざけ》った。

一方の乃木は、軍旗を失ったと知って、自刃《じじん》しようとした。明治時代には、軍旗は錦の御旗《みはた》に準ずるものとされており、それを失うのは一大事だったのだ。

征討総督本営は、止むを得ない事情だというので、乃木を処罰しなかった。それが彼をいっそう苦しめた。

この事件後、乃木は異常なほどに勇猛な戦いぶりを見せる。軍旗を奪われた衝撃が大きく、死に場所を求めるかのように奮闘したのだ。

第三軍の司令官となった日露戦争（一九〇四～〇五）でも、彼は戦死を望むかのような戦い方をし、戦後には自決を願い出て明治天皇に止められている。戦争に勝って英雄と讃えられたが、多くの部下たちを戦死させたことへの自責の念のほうが大きかったのだ。

学習院女生徒の「ミスコン一位」に激怒!?

この乃木がその後、さらに一転してなんと学校の院長先生になり、日本一の美女を退学させたことはあまり知られていないのではなかろうか。

明治四十（一九〇七）年、乃木は「華族教育のこと、すべて卿《きょう》に一任す」という勅令を受け、陸軍大将のまま、学習院長を兼任することになった。

軍人の院長というと恐そうだが、意外にも乃木は生徒たちに恐がられることなく、「おじいさん」と呼ばれて親しまれた。軍人のときとは別人のような気のいいおじいさんとなって、生徒たちに接したのだ。

だが、院長になった翌年、女学部三年の十六歳の女生徒が日本初の美人コンテストで第一位に選ばれると、乃木は激怒した。

なにしろ、軍旗を失ったからといって自刃しようとするほど彼は厳格でまじめな人間である。日頃は生徒たちにやさしく接していたとはいえ、やはりその厳しい態度は失われていない。「女学生が美人コンテストに応募するとはけしからん」と腹を立て、その女生徒を退学処分にしてしまったのだ。

女生徒の父親が慌てて上京し、乃木に抗議したが、彼は一向に譲ろうとしない。

女生徒は泣く泣く学習院を去った。

とはいえ、やはり乃木も、退学にしたままではかわいそうだと思ったのだろう。日露戦争のときの戦友の息子に彼女を紹介して縁談をとりもち、みずから媒酌人をつとめたといわれている。

飯沼貞吉

「白虎隊の悲劇」から一人生き残った少年兵はその後、どのような人生を歩んだ!?

絶望して自刃した少年隊の悲劇

戊辰戦争の悲劇として名高いのが、慶応四（一八六八）年八月二十三日の飯盛山《いいもりやま》での白虎隊《びゃっこたい》の自刃だろう。

白虎隊は、会津藩の十五〜十七歳（のちに十六〜十七歳に改められる）の藩士で構成された少年隊で、五つの隊に分けられていた。そのうち自刃したのは、士中《しちゅう》二番隊のなかの十九人の隊士たちである。

士中二番隊は兵糧をもたずに出発してしまい、隊長の日向内記《ひなたないき》が食糧調達のために隊から離れてなかなか戻ってこないことに焦《じ》れて、勝手な行動に移った。そのため、敵の一斉射撃に見舞われ、二手に分かれて逃げたところ、一方のグループ十九人の眼下に会津城や町が炎と黒煙に包まれている光景が広がっていた。それを見て、てっきり会津城が炎上したと思い込んだ少年たちは、絶望して自刃に至ったのだ。

ただし、彼らのうちでただ一人、最年少で数え十五歳の飯沼貞吉《いいぬまさだきち》だけは一命を取りとめた。脇差《わきざし》でのどを突いて気を失ったところを、息子を捜しにきた別の隊士の母親に発見され、救出されたのである。

新時代の「電線技師」の職務に生涯を捧げる

その後の飯沼は、助かったことを素直に喜べる心境ではなかった。一人だけ生き残ったことに苦しみ、自刃して果てた仲間たちに申し訳なく思って、自刃に至るまでのことを彼はしばらく語ろうとはしなかった。「国亡《ほろ》ばばともに亡びん、此れ男子の心なり」という思いを、彼も自刃した仲間たちと共有していたのだ。

それから四年間ほどの彼の足跡はわかっていないが、明治五(一八七二)年八月二十六日に名を貞雄と改め、新たな出発をする。工部省からの辞令を受け取って、赤間関局《あかまがせき》に勤務することになったのだ。

このときから、飯沼は工部省(のちの逓信《ていしん》省)の電線技師の仕事に生涯を捧げることになる。文明開化によって日本中に電線が張り巡らされていった時代にその先駆けとして活躍し、明治二十（一八八七）年には逓信省工務局第一課長に昇進している。

明治二十七（一八九四）年に日清戦争がはじまると、彼は京城—釜山間の電線架設を担当した。

日本軍が征服した土地での仕事だから、極めて危険である。周囲は身を守るためにピストルを携えるように忠告したが、彼は、「私は白虎隊で死んでいるはずの人間です」と笑って答え、聞き入れようとしなかった。白虎隊から二十六年という歳月を経てなお、自刃した同志たちへの思いがあったことがわかる。

彼はこの仕事に成功し、半世紀近く経った昭和十五（一九四〇）年、「福島民報」が『逓信文化七十年』を連載したとき、「日清役最初の勝報、飯沼の使命成功、白虎隊の生き残り」と紹介されて有名になった。

とはいえ、彼自身はこれを知らない。これより九年前、昭和六（一九三一）年に死亡しているからだ。仮に自分が有名になるまで生きていたとしても、生き残ったことに苦しみ続けた身であれば、「白虎隊の生き残り」と讃えられても喜ばなかっただろう。

彼の墓所は死亡した仙台市内にあるが、遺言によって飯盛山にも墓碑が建てられている。

林忠崇

大名から農民へのまさかの転落人生！
徳川家のために脱藩した藩主を待ち受けていた壮絶な後半生

前代未聞！　佐幕のために藩主が脱藩

戊辰戦争のとき、諸大名の中でただ一人、脱藩して戦った人物がいる。上総《かずさ》請西《じょうざい》藩一万石の藩主・林忠崇《はやしただたか》である。

忠崇は、戊辰戦争のときにはまだ数え年で二十歳だったが、「将来は幕府老中になる器」と評されていた。その彼のもとに、慶応四（一八六八）年四月二十八日、人見勝太郎《ひとみかつたろう》と伊庭八郎《いばはちろう》に率いられた遊撃隊がやってきて、ともに戦うことを呼びかけた。

これに応じた忠崇は、閏《うるう》四月三日、請西藩士五十九人を連れて脱藩した。藩主自身が脱藩した例はほかにない。上総請西藩には官軍と戦う軍事力が到底ないため、藩と謹慎中の徳川慶喜《とくがわよしのぶ》に迷惑がかからないように、このような前代未聞の道を選んだのだ。

忠崇の目的は徳川家の再興だった。出陣にあたって忠崇が一同に読み聞かせた軍令状でも、それは最初にはっきりと明記してある。

彼らが出陣するとき、村人たちはみんな、道ばたに土下座して見送った。佐幕《さばく》の気風の強い地域なので、みずから脱藩してまで戦おうとする殿様は領民たちに感銘を与え、期待もされたのだ。

その後、忠崇は官軍側についた小田原藩と戦ったり、奥羽越列藩同盟の諸藩を訪ねたりした。彼は剣の腕に覚えがあり、若さもあって、自ら前線で戦いたがったが、さすがに周囲に止められて後方にいたという。

しかし、彼らの遠征は連戦連敗に終わる。九月には米沢藩と仙台藩が相次いで降伏し、手を組んで戦える藩もなくなった。

このときになって、忠崇は、思いがけない知らせを耳にする。それは、徳川家が存続するという話だった。

新政府は、閏四月二十九日に徳川家の存続を決定していた。忠崇が脱藩して戦いをはじめた目的は、じつはその時点で果たされていたのだ。

「これ以上戦ったら、いくさのためのいくさ、私のためのいくさになってしまう」

そう判断した忠崇は、十月に降伏を申し入れた。このとき、彼とともに脱藩した藩士たちのうち、十六人は戦死、または病没していた。

昭和まで生き抜いた「最後の江戸大名」

彼にとっては処刑も覚悟のうえの投降だったが、それは免れた。家来と引き離されて監禁され、明治五（一八七二）年に晴れて自由の身となったが、その後の彼の生活はなかなか大変だった。

明治新政府のもとで大名たちは華族となったが、忠崇は脱藩したうえに新政府と戦っているので、一介の庶民として生きなければならなかった。林家の存続は認められたが、当主となったのは甥の忠弘である。

忠崇は、甥のもとにしばらくいたが、まもなく家を出る。なんと農民となって、かつての自分の領地に入植《にゅうしょく》したのである。

気の毒に思った知人が口をきいてくれたようで、ほどなく彼は東京府の下級官員となったが、長続きせず二年で辞めてしまう。続いて、彼は、函館の商店の番頭、大阪府西区役所書記など職を転々とした。

彼が無爵《むしゃく》華族となって名誉を回復するのは、明治二十六（一八九三）年になってからである。苦労をしたが晩年は幸福で、昭和十六（一九四一）年、九十四歳の長寿をまっとうしている。

榎本武揚

最後まで新政府軍に抵抗した男が成し遂げた シベリア大陸横断という快挙

箱館戦争で切腹も覚悟するが……

榎本武揚《えのもとたけあき》といえば、箱館戦争で蝦夷島総裁をつとめた人物として名高い。

明治元（一八六八）年十月二十六日、榎本軍は箱館の五稜郭を占領し、十一月には土方歳三を隊長とする一隊が松前城と江差《えさし》を制圧した。

こうして蝦夷地を占領した榎本軍だが、翌年五月十六日、新政府軍を前に本拠の五稜郭を除いて砦《とりで》がすべて壊滅した。

もはやここまでと悟った榎本は、本営の一室で切腹しようとする。自分の命と引き換えに、同志千人を救おうと思ったのだ。

だが、周囲に止められて切腹を断念すると、自分が官軍に降伏して謝罪することによって、同志たちの命乞いをすることにした。

翌日、彼は官軍の参謀・黒田清隆《くろだきよたか》に会い、降伏文書を手渡した。これによって、幕末・維新の戦いは完全に終結した。

新政府のもと、ロシアとの領土交渉に臨む

その後、榎本は、明治五（一八七二）年三月六日に特赦によって釈放されると、早くも二日後に、開拓使四等出仕を命じられた。

反乱軍の総裁にしては取り立てられるのがずいぶん早いが、榎本は幕末にオランダに留学して自然科学や法学などを広く学び、卓越した知識や才能から幕府海軍副総裁にまで出世した経歴をもつ。新政府は、それを埋もれさせるつもりはなかったのだ。

降伏のときに初めて会った黒田らが、榎本を引き立てようと運動したともいわれている。

開拓使となった榎本は、北海道と改名された蝦夷地で、まず函館（箱館、明治二年より改称）付近の鉱物調査を行ない、続いて、石狩、日高、十勝《とかち》、釧路、根室など、北東部地方の物産を調査した。

明治七（一八七四）年、榎本は海軍中将兼特命全権公使としてロシアに赴いた。幕末以来、日本の外交上の重要課題となっていた樺太《からふと》（サハリン）の帰属問題について、ロシアと交渉するためである。

特命全権公使には、黒田清隆をはじめ数人が候補に上がっていたのだが、黒田が

榎本を強く推して、榎本の派遣が決まったのだ。

榎本は、約一年間の交渉ののち、樺太・千島《ちしま》交換条約を結ぶと、明治十一（一八七八）年に帰国するとき、なんと、若い日本人留学生二人とシベリア横断旅行を敢行した。

いまでこそ鉄道を使って観光旅行も可能なシベリアだが、当時はまだシベリア鉄道は走っていない。ロシア人でさえ旅行しようなどという気を起こさない未踏《みとう》の原野である。そこを外国人三人で旅しようというのだから、極めて大胆な冒険旅行だ。

しかしこれは、単なる好奇心や冒険心による遊覧旅行ではなかった。ロシアの風土や国情を調査するのが目的だったのだ。

榎本たちは、ロシアの首都サンクト・ペテルブルクからウラジオストックまで、六十五日をかけて、馬車と船で約一万キロを踏破した。旅行の間、彼は身についた知識を活かしてシベリアの調査を行ない、『西比利亜《シベリア》日記』を記している。

ペリー

日本を開国に導いた東インド艦隊司令長官、アメリカに帰国後、いったい何をして過ごしていた⁉

条約締結後、すぐに帰国したペリー

アメリカ海軍東インド艦隊司令長官のマシュー・ペリーが嘉永六（一八五三）年、鎖国の真っ只中にある日本に突如来航したのはあまりに有名な話だ。嘉永七（一八五四）年、七隻の艦隊が浦賀に入港し、幾多の困難を経て、横浜で「日米和親条約」は締結された。その後、追加の十三か条も結び、懸案《けあん》事項の下田、箱館（現・函館）の開港と、下田への領事館の設置を決めた。

だが、条約を締結すると、ペリーは健康上の理由ですぐ帰国の途についた。

ペリーはアメリカ各地で盛大な歓迎を受け、ニューヨークに帰任することになった。その後、彼を中国公使にという話がもち上がったが、当のペリーはこの話に乗り気ではなかったようだ。というのも、すでに老齢の身であったペリーには、海上勤務をこなす体力がなかったのだ。

遠征で培《つちか》われたペリーの東洋諸国に対する知見は、アメリカ国民にすぐ披露された。日本人については「日本の教育ある階層の人々は、正義と敬意をもって接すれ

ば、宣教師の言葉に耳を傾けてくれる。洗練された理性的な国民で、隣国の中国よりむしろ説得に対して心を開く人々である」と語ったという。

『日本遠征記』の執筆に追われた晩年

また、日本の職人のことを世界一の腕前と絶賛し、発明の能力がもっと自由に発揮できれば、世界のもっとも進んだ製造業国と肩を並べることになると予想したという。

ペリーは退官後、『日本遠征記』の編纂《へんさん》に専念した。彼の外交的な成果だけではなく、遠征艦隊の全活動、科学・文化的な内容までも盛り込んで、後世に残したいと考えたのだ。

日本のことを記録に残したかったペリーだが、じつは執筆にまったく自信がなかった。以前、ウィルクス中佐という人が書き、そのお粗末な内容からほとんど見向きもされなかった『太平洋探検航海記』の二の舞だけは避けたかった。そこでペリーはリバプール駐在領事のナサニエル・ホーソーンに編纂の補助を依頼した。ホーソーンは『緋文字《ひもんじ》』などの著書で名声を得た人物だ。

ペリーは苦労の末、一八五七年十二月に全三巻の編纂作業を終える。だが、遠征記ができあがった二か月後、ペリーはひどい風邪にかかり、病の床《とこ》に伏してしまった。さらにはリウマチが再発して、様々な医師が治療に尽くしたが症状は一向によくならなかった。

一八五八年三月四日、ペリーはニューヨークの自宅でリウマチによる心臓発作で死去した。六十三歳であった。

徳川慶喜

江戸幕府最後の将軍からカメラマンへ！ ひたすら趣味の世界に生きたその後の人生

もともと「洋癖家」で新しいもの好き

鳥羽・伏見の戦いに敗れてから江戸城無血開城まで、慶応四（一八六八）年の前半は、十五代将軍・徳川慶喜《よしのぶ》にとって苦悩の日々が続いたはずだ。しかし、すぐに上野寛永寺に蟄居《ちっきょ》したのを評価されて、彼は命を奪われることもなく謹慎の身として無事に故郷の水戸へ戻ることができた。

さらに徳川家の処遇が駿河《するが》所領と決まると、そこに移住して、明治二（一八六九）年九月には謹慎を解かれる。これで、新政府に関しては慶喜の問題は解決したのである。静岡に住んだということは、徳川宗家《そうけ》を継いだ家達《いえさと》とは直接の血縁ではないが、居候《いそうろう》として置かれたようなものである。

そのことを承知していたのか、それ以後、慶喜は決して表舞台に出ることがなかった。長かった居候生活に別れを告げると東京に住んだが、公爵家として一家を構えることを許されても、自分の世界に引きこもって過ごす。その自分の世界というのが、趣味に生きることだった。

まだ一橋《ひとつばし》家にいた頃の慶喜は、進んでフランス語を学ぶなど「洋癖《ようへき》家」と呼ばれるほど新しいもの好きで知られていた。生臭い政治の現場から解放された彼は、絵画、写真、工芸、和歌、俳句、書、能といった芸術の趣味や、乗馬、狩猟、釣りといった体を使う趣味に加え、サイクリング、ドライブといった野外活動を楽しんでいたのである。

自転車ですら珍しい時代にサイクリングを好み、日本で三番目の自動車購入者となったというからハイカラだったようだ。

とくに写真への興味は特別だったらしく、慶応二（一八六六）年頃からお抱え写真師をおいて自分を撮らせており、静岡時代には自分で写す喜びに目覚めたらしい。

ひっそりと人目を忍ぶように過ごしていた静岡時代も、写真撮影に出かけるときだけは別で、農民の大根洗いや農作業風景、清水港の波止場《はとば》風景などを撮りに、あちこちへ出向いていた。

明治三十（一八九七）年、六十一歳になって東京に住んでからも、長屋の子どもたちを写すなど、庶民生活のなかへ顔を出していたことがわかる。

趣味を通じた華族間のネットワーク

世紀も変わって明治三十五（一九〇二）年、明治維新もようやく歴史として捉えられるようになった頃、政権を禅譲《ぜんじよう》した徳川慶喜の功績が評価しなおされる。前述のように、すでに明治十七（一八八四）年に公爵家となっていた徳川家達とは別に公爵家として家を構えることが許されてからは、行動半径も少し広がる。といっても、やはり写真の世界においてだった。

そのころ、華族の写真愛好家たちの手で、流行していた写真の投稿誌『華影《はなのかげ》』が発行されていたのだが、慶喜もここに投稿している。ほかにも、能や囲碁のような趣味を通じて、華族間でのネットワークを広げていったのである。

晩年は悠々自適の生活だったといってもよく、彼から政権を奪ったともいえる明治天皇の崩御後も元気で暮らした。自分でももっと長生きできると思っていたようだが、七十七歳を迎えた大正二（一九一三）年、肺炎で世を去った。

プチャーチン

天災によって沈没したロシア船のおかげで向上した幕末日本の造船技術

ペリーに一歩先を越されたプチャーチン

沖縄近海や西方の海で西欧やアメリカ各国の船が見かけられるようになった頃、北の海ではたびたびロシア船が姿を現わしていた。いずれも、日本に開国を求めようとして訪れていたものだ。

そんななかで、一歩先んじたのがアメリカのペリーで、嘉永六（一八五三）年六月、浦賀来航によって歴史のうねりを大きくしたのだった。

それに遅れることわずか一か月あまり、今度は長崎にロシア船が入港する。ロシア使節エフィム・プチャーチンの率いる艦隊である。この一か月の遅れと、浦賀と長崎という距離の差は、そのままその後の交渉にも影響し、翌年、和親条約が締結されるのも、アメリカが一年ほど早かった。

ただ、記録によれば、ペリーとプチャーチンがそれぞれの故国から日本への航海をはじめたのは、ペリーのほうが一か月半ほど遅かったという。ぐるりと地球を半周する航海の間に、アメリカ艦隊がロシア艦隊を追い越してしまったのである。

安政の大地震で帰国の船が失われる

それが、決して船の性能のせいとはいえないが、船に関する運の悪さがプチャーチンにはあったようだ。念願の日露和親条約を締結して、意気揚々と帰国するはずのところが、できなくなってしまったのだ。

プチャーチンが条約の交渉をしているまさにそのとき、下田沖に停泊していた彼の乗船ディアナ号が、遠州灘《えんしゅうなだ》沖で起こった地震のために破損し、その後に沈没してしまうという事故にあったからだ。

地震は安政元（一八五四）年十一月四日の午前中に起こった。その規模はマグニチュード八・四とされていて、国内では駿河・遠江《とおとうみ》・伊豆・相模《さがみ》を中心に一万人の死者を出した。ディアナ号も、津波にあって座礁して船底が壊れ、乗組員にも五人の死者が出ている。

ディアナ号の修理を希望したロシアに幕府は戸田《へだ》港への曳航《えいこう》を命じるが、その途中、今度は暴風に見舞われて船は沈没してしまう。

大砲五十二門を装備し、全長五十二メートルの巨大戦艦ディアナ号も天災にはかなわなかった。

プチャーチンが帰国のための造船を申し出て許可が下りると、船大工を中心に二千人が動員され、戸田で工事がはじまった。伊豆の小さな漁港で、日本で初めての洋式帆船の建設が行なわれたわけだ。

そこで西洋の造船技術を学んで技術を身につけた船大工は、後世の日本の造船界の宝になったことは確かだが、プチャーチンが乗ってきた船と同等のものをつくるとなると、当時の技術では限界がある。二千トンあったディアナ号に比べ、翌年三月十日に完成したのは百トンの帆船二隻だった。

一隻はヘダ号と名づけられ、大事な和親条約締結書をもったプチャーチンが四十人ほどの乗組員を連れて出航したのは三月二十二日であった。

ほかの乗組員たちは、もう一隻の船と外国船を使って日本を去っていったという。

ハリス

パリ見物に、ローマ旅行……。日米修好通商条約の立役者の優雅な余生とは!?

幕府から再任を求められるほど信頼される

タウンゼント・ハリスは、一八四六年からニューヨーク市教育委員長として活動し、その後、貿易商となりアジア各地を旅行して回るようになった。その頃より彼はしだいに外交官を志すようになる。

ペリーが日米和親条約を締結し、下田に領事館が置かれることを知ったハリスは、大統領のピアースに直談判し、初代の駐日総領事に任命してもらう。

安政三（一八五六）年七月、やっとのことで下田に着いた彼の上陸を拒んだと伝えられる幕府であったが、五年九か月の滞在ののちにハリスが離任する際には、さらに三年間の留任を求め、それが無理だとわかると、別れを惜しんでアメリカ国務長官にハリスの再任を要請までしたという。

安政四（一八五七）年十二月、江戸城で将軍・家定《いえさだ》に謁見《えっけん》すると、ついに翌年六月に、米艦ポーハタン号の艦上で日米修好通商条約に調印した。日米修好通商条約は、ハリスの十四回にわたる交渉という苦労の成果だった。彼の誠実な人柄が、しだいに幕府の信頼を勝ちとったのだ。それからというもの、ハリスは、幕府からたびたび外交問題について意見を求められるまでになった。

独身で自由気ままな「老大君」の余生

そのハリスも、大任を果たした過労からか、健康を害して文久二（一八六二）年四月に帰国し、その後ニューヨークで十五年間生活した。そのあいだ、絶えず日本に関心を抱き続け、彼の日本での評判を聞きつけた訪問者に日本での自分の活躍ぶりを熱心に話した。

彼がアメリカに帰国したときは南北戦争の真っ只中だった。独身の彼を出迎える人もほとんどなく、ニューヨーク四番街の下宿で孤独で質素な生活を送った。それでも、ニューヨークの近隣に住む人たちは、ハリスを老大君（オールドタイクーン）と呼んで親しんだという。

その頃、ハリスが日本滞在中に自分の収入で暮らしていたことを知った国務長官は、かかった費用のすべてを国家が補償すると決めた。それからのハリスは、悠々自適に暮らし、ニューヨークの財界の人々の集まりであるユニオン・クラブの会員にもなっている。

文久三（一八六三）年に麻布《あざぶ》善福寺のアメリカ大使館が火事で焼けたとき、ハリスは再建のために金千両を寄付したという。

その後も彼はローマへ旅行したり、パリの大博覧会を見物したりと人もうらやむ暮らしぶりだったようだ。公職につくこともなく、静かな境地を楽しみながら、友人や親戚ともあまりつき合わず、自由気ままを貫いた。

そして、七十三歳の一八七八年二月二十五日、ハリスはニューヨーク市の下宿で肺出血が原因で死亡した。

彼の墓碑には、日本の国民権利を尊重した証《あかし》に、日本から「日本の友」という称号を得たと刻まれている。

和宮

嫌々ながらも受け入れざるを得なかった政略結婚が一転、意外と幸せだった「徳川の女」としての生活

天下泰平のため、愛する婚約者との別れ

安政五（一八五八）年、大老・井伊直弼《いいなおすけ》は安政の大獄に踏み切った。十四代将軍・徳川家茂《いえもち》の就任や日米修好通商条約の締結で幕閣内で開国、攘夷の意見が乱れ飛び、さらに朝廷の勅許違反との非難の声があがるにしたがって、尊皇攘夷運動が高まったのを見過ごせないと考えたからだ。

しかし、これがますます朝廷との関係をこじらせていくことになる。

そこで浮かんだ案が、孝明《こうめい》天皇の妹・和宮《かずのみや》の家茂への降嫁《こうか》だった。将軍と天皇の妹の婚姻によって公武《こうぶ》合体を図ろうというものである。この画策は成功し、文久元（一八六二）年十一月、和宮は関東へ下り、翌年二月には江戸城で婚儀が行なわれた。

しかし彼女はすんなり納得していたわけではなかった。この婚儀よりも十年以上も前に許婚《いいなずけ》として有栖川宮熾仁親王《ありすがわのみやたるひと》が選ばれており、万延元（一八六〇）年には挙式の運びとすでに決まっていたのである。

結果的には、和宮降嫁問題が起こったため婚姻は延期され、最終的には婚約破棄ということになったのだから、いくら女性が従順だった時代とはいえ、心のうちに思うところはあったに違いない。

兄の孝明天皇への手紙には、「天下泰平のため、嫌々ながら受け入れた」と本心を告白しているほどだ。

短くも幸せだった、夫との江戸城生活

それでも、江戸城に入ってからの彼女は、十七歳と同じ年である家茂に愛されて幸せに暮らしていたという。悩みといえば、義理とはいえ姑《しゅうとめ》にあたる前将軍・家定夫人の天璋院《てんしょういん》としっくりいかなかったこと。また、大奥という江戸城独特の仕組みにもなじめなかったようである。

婚姻に際して、しきたりは京都にいたときのままという約束ができていたので、彼女は将軍の正室の呼び名である御台所《みだいどころ》は使わせず「宮さま」で通したし、京風の暮らしをしていた。家茂との対面のときも、家茂のほうから先に挨拶するという

禁中のしきたりも守られて、大切に扱われていたのである。

また家茂は、金魚など珍しいものが手に入ると必ず和宮に見せ、宮中風に和歌が贈られてくると、お返しにべっ甲《こう》のかんざしを届けるなどしている。

こんな仲睦《なかむつ》まじい婚姻生活も、家茂の死没により三年半ほどで終わる。家茂はその間に二度も上洛しており、しかも最後の上洛は一年以上に及ぶものだったから、二人で過ごした実質の時間はかなり短いといえる。

家茂が彼女を大切にしていたことは、彼の死後、和宮が受け取った遺品の中に、凱旋のときのお土産にと約束した西陣織が一反《たん》まじっていたという逸話からもわかる。

それでも、彼女はまた運命にもてあそばれる。江戸へ東進してくる追討軍の総督が、かつて婚約者だった有栖川宮熾仁親王だったのだ。このとき和宮は、徳川に嫁《か》した女として攻撃猶予を願う手紙を書き、将軍家の存続と名誉を守るのに力を注いだ。

維新後、いったんは里帰りしたものの明治七（一八七四）年からは東京に住み、三年後、箱根塔ノ沢で湯治《とうじ》中に死亡した。墓は彼女の希望どおり、徳川家の菩提寺である増上寺の家茂の墓の隣に、寄り添うように建てられている。

山田浅右衛門

仕事のストレスを解消!?
夜な夜な宴会を繰り広げていた意外な理由

八代にわたり将軍家に仕えた「首斬り一族」

山田浅右衛門《やまだあさえもん》という名は、正確には一人の人物の名前ではない。家業を代々にわたって後継していくときの、いわば屋号《やごう》みたいなものだ。といっても、彼らの家業は商売ではない。浪人とはいえ、れっきとした武士の家系で、現在も残る立派な墓には、明治以前の八代の名前が刻まれている。

山田家は斬首執行担当を兼ねる役人だった。つまり罪人を処罰するとき、腕を買われて首を斬る役を務める家系で、一六〇〇年代にこの仕事をはじめたらしい初代の山田浅右衛門貞武《さだたけ》から、斬首刑が廃止される明治時代初期までこの仕事をした跡取りとして、八人が家業を受け継いできている。

ただし、この八代目には影武者というか裏の八代目ともいうべき存在の人物がいた。それが山田吉亮《よしふさ》である。彼は七代目の三男で、墓に刻まれた八代目の弟にあたる人物だ。

彼の明治になってからの思い出語りによれば、十二歳で初めて父について刑場に入って以来、兄弟の中ではもっとも多く刑の執行を担当したという。墓には家督を継いだ者の名しか刻まれなかったが、実際は家族総出で仕事をしていたようである。

父親は吉田松陰《よしだしょういん》や橋本左内《はしもとさない》の刑を執行しており、吉亮も米沢藩士・雲井龍雄《くもいたつお》や高橋お伝《でん》などを斬首したと語っている。

山田家は、剣術の腕のよかった初代が将軍家の刀の試《ため》し斬りをする役を仰せつかっていたところ、奉行所の罪人の斬首担当も兼務してほしいという依頼からはじまった仕事で名を挙げ、将軍家ばかりか大名や旗本からも試し斬りや刀の鑑定を頼まれるようになり、その謝礼で裕福な暮らしが維持できていた。

また、剣術の腕を磨いて研鑽《けんさん》を積まなければならないことは当然として、辞世の歌を詠む者がいるときはその心情を理解しなければならないと、俳句を極め宗匠《そうしょう》の資格を代々にわたって持つという家風だった。

職業病!? 毎夜行われる「宴会」の正体

とはいっても、普通の人から見れば、斬首などという仕事は不気味である。そこで、「山田家では夜な夜な宴会が繰り広げられているが、あれは怨霊にとりつかれないよう夜通し騒いでいるのだ」と噂されることもあった。

噂はしょせん噂だが、夜通しの宴会が多かったのは事実で、これはひと仕事した日はなんとなく気分が高揚して、頭がボーッとなるものなのだそうだ。どうせ眠れないし、気を鎮《しず》めるために酒を無礼講で飲むことが許されていた、というのが真実だろう。

周囲から毎夜のように宴会と見られていたとするなら、それだけ山田家の仕事が忙しく、首を斬られる罪人の数も多かったということになる。

こうした事実も、八代目が明治七（一八七四）年には職を解かれ、明治十三（一八八〇）年に制定された刑法で「死刑ハ絞首《こうしゅ》ス」と定められて山田家の家業が断絶したため、当事者が昔語りができるようになってから明かされたものである。さらし首にする場合は、首を置いたときに安定するよう斬り口に気を使うといった生々しい告白もある。

八代目が職を解かれた後も、裏八代目の吉亮には仕事があったようで、最後の仕事が、明治十五（一八八二）年一月一日の新刑法施行の半年ほど前の七月二十四日だったことも語っている。

上野彦馬

幕末志士を撮影し、日本初の写真館を開いた
カメラマンが戦場で貫いた己の信念とは!?

長崎で「幕末スター」をのきなみ撮影!?

四国高知の桂浜《かつらはま》に建てられた、太平洋を見つめている坂本龍馬の像は、彼の生前の写真を参考につくられたものだという。

そんなふうに、幕末の志士たちの写真がかなり残されているが、それを撮影したのが上野彦馬《うえのひこま》だ。

彼は長崎町人で技術者の上野俊之丞《しゅんのじょう》の次男として生まれたが、その父親は日本で初めてダゲレオタイプ（銀板《ぎんばん》写真）を試みた人物である。

父の死後、家督を継ぐと豊後日田《ぶんごひた》の広瀬淡窓《ひろせたんそう》に学び、長崎に戻ってからはオランダ語や化学を学ぶ。父と同じく写真に魅せられた彦馬は、その後、写真機や薬品の研究を続け、フランス人写真師からも写真術を学んだ。

その集大成として、彦馬が長崎に「上野撮影局」という日本初の写真館を開いたのが文久二（一八六二）年のことだった。

時期が時期だけに、長崎を訪れる志士も多く、さきの坂本龍馬のほか後藤象二《ごとうしょうじ》

郎《ろう》、高杉晋作、伊藤俊輔《しゅんすけ》（のちの博文《ひろぶみ》）、桂小五郎（のちの木戸孝允）などが彦馬に写真を撮ってもらっている。

西南戦争で従軍カメラマンのさきがけに

この時代はほとんどが肖像写真だが、彦馬の写真家としての先進性は、維新後も発揮される。明治十（一八七七）年の西南戦争には、なんと従軍カメラマンとして同行しているのである。

彦馬は、長崎県令の北島秀朝《きたじまひでとも》からこの仕事を依頼されていて、直接の発案者は征討軍の川村純義《かわむらすみよし》であることを北島は彦馬に伝えている。従軍カメラマンとしては、彦馬以外にもすでに征台の役（一八七四年）や萩《はぎ》の乱（一八七六年）もその姿が見られたが、彦馬が撮影した量の多さとレンズが切り取った写真の報道性を考えると、のちの日清・日露戦争に従軍した陸軍測量部の写真担当者たちに与えた影響の大きさがうかがえる。

カメラマンといっても、いまのように小型のカメラを使っているわけではない。助手二人と、暗幕や原板入れ、湿板《しつばん》写真機本体などの運搬係八人という「撮影部隊」ともいえるような大仕事だった。

この撮影部隊が、激戦地として知られる田原坂《たばるざか》に到着したときは、すでに戦いは終わった後だった。それでも彦馬は、生々しい弾痕《だんこん》が残る民家の土蔵、砲弾で削り取られた松の枝、大砲でえぐられている山肌などを湿板に記録する。そのおかげで、人々は田原坂の決戦のすさまじさを実感することができたのだ。

また熊本の町へ入ってからは、戦禍に見舞われて瓦礫《がれき》の山となった街並みや、反対にすべてが焼け落ちて、ぽつんぽつんと残された立ち木や土蔵などを写して回る。ここでは、別班をつくっていた弟子たちと出会って、彼らが野戦病院の兵隊たちの姿を写していたのを知る。

彦馬自身が撮影した写真は、さらに進んで鹿児島に入り、城山《しろやま》の砲塁を写したものも含めて風景のみで、兵士の死体が写ったものは一枚もない。官軍・賊軍と分けてはいても、戦争自体に正義も不正義もないという、彦馬の戦争観をよく表わすものだと評価されるのはこの点だ。

この仕事の後、彼は写真をただの技術の巧拙だけでなく、対象の命や心を表現するものとして究めていく道に分け入り、そのための機材や薬品の改良にもいっそうの熱を加えたのだった。

グラバー

幕末の騒乱に乗じて財をなすも、あえなく破産……。その後、彼はどうなった!?

幕末維新の影の主役だった「死の商人」

長崎の観光名所である邸宅に名を残すトーマス・グラバーは、安政六（一八五九）年、上海《シャンハイ》から長崎へやってきた。彼はスコットランドの商人の息子で、上海で成功している父を見習い、自分も野望を抱いて開国したばかりの日本を訪れたのだ。ときにグラバーは二十一歳。

彼は、文久元（一八六一）年にグラバー商会を設立して貿易業に乗り出すと、すぐに父譲りの才能を発揮して商売を成功させたうえ、華麗な人脈を築きはじめる。

初期の頃は、会社設立に際して支援を受けたジャーディン・マセソン商会の仲介などで地道に商売していたものの、英国海軍に強力なコネをもって成功した父を見習い、日本の海防ブームに乗じて武器や火薬、艦船などを必要としている佐賀、萩《はぎ》、土佐といった諸藩を顧客にして、いまでいう「死の商人」となって財力をつけていった。

グラバー自身は特定の政治的な考えなどないから、幕府を上得意にしているのに、先物買いのつもりで尊皇攘夷派にも肩入れする。伊藤俊輔（のちの博文）に留学資金を用立てたり、坂本龍馬を支援したりと、薩長同盟の陰で重要な役割を果たした。彼の政治的嗅覚《きゅうかく》は優れており、政治と経済の密接な関係を読み取って金をつくる錬金術に長けていたのである。

こうして稼いだ資金で、長崎・大浦海岸に日本最初の鉄道を敷設《ふせつ》し、三菱造船所の母体となった小菅《こすげ》修船所の建設や高島炭鉱の開発などを行なうが、結果的に日本の近代化に大きく貢献したこれらの事業も、日本を有望な市場に育てるための、彼の先行投資だったと考えていい。

日本の情勢が風雲急を告げると、彼の商売はますます繁盛する。戊辰戦争での武器調達がそのピークだった。この頃には、実際の政治にもいくらか関わるようになっていたグラバーは、徳川慶喜の助命嘆願といった活動もしている。

一度は破産するも、日本の産業革命に尽力

しかし、彼の調達した武器によって日本に安定社会が築かれはじめると、グラバー商会は急速に傾く。これは新政府の代表となった三条実美《さんじょうさねとみ》が借金を返済しなかったのが最大の原因で、明治三（一八七〇）年、ついにグラバー商会は倒産してしまう。

商売の規模は大きかったものの、当初から自己資金は少なく、ジャーディン・マセソン商会やオランダ貿易会社などからの融資でもちこたえていた事業だけに、債務返済が不可能になれば道は一つしかない。

グラバーは、日本を市場にするべく開発を手がけた高島炭鉱に財産をつぎこんだが、その炭鉱が利益を生むのはまだ先のことだった。倒産は、先行投資が実って利益を生むまでの時間より、社会の変革があまりに速く、彼の予想を超えていたための悲劇と見ることもできる。それは、とりもなおさず、明治維新がいかに過激な革命であったかの証拠でもある。

倒産後のグラバーは、ずっと日本にとどまり、最終的に三菱の所有となった高島炭鉱の顧問を務めた。この炭鉱は、グラバーの設立した修船所と合わせて、以後の三菱が大躍進する原動力となっていく。

彼はその顧問時代に築いた人脈を頼って、横浜にあった日本最初のビール工場の経営不振を立ち直らせ、新会社の設立に尽力するが、この会社はのちのキリンビールの母体となったものだ。

財力を失ったとはいえ、幕末から維新へかけてグラバーの日本実業界に残した業績は計り知れない。

坂本乙女

軟弱だった龍馬を鍛え、世に飛翔させた「お仁王さま」も病には勝てず……

龍馬の精神風土となった「男勝りの姉」

坂本乙女《おとめ》はいわずと知れた坂本龍馬の姉である。三歳違いでしかないが、彼女が十五歳、龍馬が十二歳のときに母親が亡くなったため、乙女が母親代わりとして弟を育てた。それゆえに、龍馬の精神風土はこの姉にあるというのは衆目の一致するところだ。

志士としての名を高めた龍馬からは想像できないが、彼は幼少時はひ弱で泣き虫、塾に通ってもすぐに泣かされて帰ってくるような子どもだったという。病弱だった母親が龍馬を甘やかしたからという説もあるが、年の離れた長兄と龍馬の間に、乙女を含む姉三人がいたことを考えると、どんな環境でどんな少年が育つかはおのずとわかる。

ただし、姉といっても乙女は別だった。「坂本のお仁王《におう》さま」とあだ名されるほど体が大きく、身長五尺八寸（百七十六センチ）、体重三十貫（百十三キロ）はあったという。その体で剣術や馬術をたしなむほか、弓術、水練など武道を心得た男勝りの女性で、そのうえ和歌や琴、三味線から謡曲、浄瑠璃《じょうるり》、琵琶歌《びわうた》など芸事もひととおりこなすという多芸多才な人物である。

こんな彼女が、龍馬の性格の矯正に乗り出したのだから、厳しさがうかがい知れる。食事の作法をしつけ、読み書きを教え、剣術の手ほどきをしたから、城下の道場に通うようになると、龍馬の腕はどんどん上がった。

龍馬からの手紙でわかる「姉の暮らしぶり」

剣術の修行に出ているときペリーの米航で目覚めた龍馬は、やがて志士となって文久二（一八六二）年、脱藩の道を選ぶ。その頃の乙女は、近所の医者・岡上樹庵《おかのうえじゅあん》に嫁いでおり、それは安政三（一八五六）年のこととされる。翌々年には長男を出産するがまもなく離婚、実家に戻る。

離婚の原因は、夫の愛人問題、姑《しゅうと》との折り合いが悪かったなど、現代さながらの諸説があり、時期もはっきりしない。おそらく脱藩の頃は、すでに実家にいたのではないかとする説が有力だ。

というのも、脱藩後の龍馬が乙女に書き送った書簡には、この夫・岡上に触れたものは一つもないからで、たとえ離婚していなくても、おそらくほとんど交渉のない状態にあったものと考えていい。龍馬は、数多くの手紙の中で、姪《めい》や使用人についてまで言葉を書き添えているほどだから、もしまだ乙女が岡上家にいたのだとすれば、そばにいるはずの乙女の夫に一言、挨拶があって然《しか》るべきだろう。

それにしても、各地から届けられた近況報告の乙女宛の手紙の多さが、龍馬と姉の関係を示す何よりのものである。

姉に育てられたことを、龍馬本人は妻のお龍に、

「若いときに親に死なれてからは、乙女姉さんの世話になって成長したので、親の恩よりも姉さんの恩のほうが大きい」

と語ったという記録があり、彼にとって、とにかく特別な存在だったことがわかる。

晩年、乙女は「独《どく》」と改名し、兄・権平の養子である直寛に養われて暮らすが、明治十二（一八七九）年八月三十一日、壊血《かいけつ》病にかかり、四十八年の生涯を終えた。

第六章

近代史に名を馳せた英才たちの意外な「結末」

向畑治三郎と北賀市市太郎
……ロシア皇太子を助けた二人の車夫に訪れた、ひと時の栄光。しかし、日露戦争で狂った運命の歯車

「大金持ち」「全国の人気者」から奈落の底に

明治二十四（一八九一）年五月十一日、「大津事件《おおつ》」が勃発した。

ロシア皇太子ニコライの来日に先立って、「西南戦争で死んだはずの西郷隆盛がじつはロシアに逃れていて、今度の皇太子来日のお供をして帰国する」という噂が流れ、これを本気にした滋賀県守山署の警官・津田三蔵《つださんぞう》が、被害妄想から皇太子に斬りつけた事件である。

人力車の車夫の向畑治三郎《むこうはたじさぶろう》と北賀市市太郎《きたがいちいちたろう》が津田を取り押さえたので、皇太子は危機一髪で命をとりとめたものの重傷を負い、大国ロシアの怒りを恐れて、日本政府は真っ青。天皇自ら関西まで皇太子を見舞って、なんとかことなきを得た。

この事件で重傷を負ったニコライ皇太子と、彼を助けた二人の車夫のその後は、あまり幸運なものではない。

まずニコライ皇太子は、一八九六年、モスクワのクレムリンでの戴冠《たいかん》式で、晴れてロシア皇帝ニコライ二世となった。この戴冠式には、日本からは伏見宮貞愛親王《ふしみのみやさだなるしんのう》

と特命全権大使の山県有朋《やまがたありとも》が出席した。

だが、ニコライ二世の治世は苦難続きであった。民衆の支持を失い、ついにはロシア革命で廃帝となったあげく、妻子もろとも処刑される。

二人の車夫も、彼らが救ったロシア皇太子と同じく、一時は栄光に輝いた。日本の政府からは終身年金三十六円、ロシアからは一時金二千五百円と終身年金一千円という恩賞を受け、大金持ちになったうえ、全国的な人気者となったのだ。

だが、明治三十七（一九〇四）年、日露戦争が始まると、状況は変わった。敵国ロシアの皇帝が、かつて彼らが助けたロシア皇太子だったからである。もちろん、ロシア側から支給されていた年金一千円も取り消された。

北賀市市太郎は、郷里で畑を買って堅実な人生を歩んでいたのでまだよかったが、向畑治三郎は、バクチで身を持ち崩してしまった。

向畑は昭和三（一九二八）年に死去したが、その三年前、なんと七十一歳のときに、少女三人に暴行した罪に問われている。

西郷隆盛

西南戦争で死んだはずの英雄がじつは生きていた!?
民衆の間でささやかれた「西郷生存説」

行方不明の軍艦「畝傍」で帰ってくる!?

明治十（一八七七）年九月二十四日、西南戦争に敗れて、鹿児島の城山《しろやま》で自害して果てた西郷隆盛《さいごうたかもり》。その西郷が、じつはこのとき死んではいなかったという噂が、明治当時から何度も流れている。

西郷の死後、部下たちは彼の首と体を別々の場所に埋めたため、遺体が確実に西郷のものだという証拠がなかった。首も、西郷には七人の影武者がいたといわれていたので、絶対に西郷のものだとはいいきれなかった。

そういう不確実さと、西郷が民衆に親しまれていたところから、西郷が生き延びて海外に逃れていたという説が数多く流れたものらしい。

そんな西郷生存説の中でも傑作といえるのは、「西郷が行方不明の軍艦『畝傍《うねび》』に乗って戻ってくる」というものである。

「畝傍」は、日本がフランスに製造を依頼した最新鋭の巡洋艦。明治十九（一八八六）年十月に完成して、ル・アーブル港から日本に向かって出帆したのだが、十二月二日に寄港地のシンガポールを出た後、忽然《こつぜん》と姿を消した。

実際のところは、そのとき南シナ海に暴風雨が荒れ狂っていたことや、大砲の数を増やしたために二重底がなくなって安定が悪くなったという設計上の問題から、沈没したのだろうと考えられるが、当時は、「三千六百十五トンもある軍艦がそうたやすく消えるはずはない」と、大騒ぎになった。

ちょうど、西郷生存説がまじめにささやかれていたこともあって、どうやら、この「畝傍」消失事件と西郷生存説が結びついたらしい。

そして、「西郷が『畝傍』に乗って帰ってくる！」という流言《りゅうげん》まで飛び交い、そういう漫画が新聞に載ったりもしたそうである。

伊藤博文

討幕後、内閣総理大臣の座に就いた英才は女遊びがひどく、明治天皇に注意されていた！

ありあまる体力で芸者遊びを好んだ伊藤

伊藤博文《いとうひろぶみ》は、幕末の動乱を無事に生き延びて、明治新政府の要人となった。そのうえ初代内閣総理大臣の座に就いている。

長州藩士として討幕のために東奔西走し、新政府の要人になってからも四時間の睡眠で激務をこなしたというから、その体力には目を見張るものがある。明治天皇が、伊藤の健康は病的だと評したのだから、体力は相当なものだったのだろう。この伊藤のありあまる体力は、性生活でも発揮されていた。それをなんと、明治天皇に注意されていたのだ。

伊藤は維新前から芸者遊びを好み、なじみの芸者を妻に迎えるほどだった。もっとも、これは京都で活躍した志士たちにとって珍しいことではない。志士の討幕運動を通じて、内助の功を発揮したのは芸者が多かったからだ。

ただ伊藤の場合、明治時代になっても芸者遊びはやまなかった。自ら一千人の女性を相手にしたと豪語していたほどで、美醜《びしゅう》に関わりなく、気まぐれにその時々で相手を決めるほどの女好きは、周囲もよく知るところだった。

玄人ばかりでなく、素人女性でも、これと決めたら一途になるところもあった。鹿鳴館《ろくめいかん》で開かれたパーティの折、美女で名高い伯爵夫人を庭の木陰に引っ張り込んだという暴露記事が、新聞に掲載されたこともある。

神奈川県の大磯《おおいそ》にある別荘には、わざわざ大阪から芸者を二人も呼び、交互に相手をさせていた。どちらを選ぶかはその日の気分で、相手が決まるともう一人は別室にさがらせた。しかしこれは眠ってもいいということではない。しばらくすると合図のベルがなって、残された一人も寝室に入る。そして、三人で川の字になって眠ったのだ。

まるで寝室をのぞいていたかのように詳しく語られるのは、伊藤があけすけな性格だったため、多くの人に自慢していたからだ。医師のベルツ博士も、伊藤について酒・女・タバコを好み、しかもそのことを隠そうとしない、と書き残している。さらに、制服を着た男の給仕より、芸者の美しい手のお酌《しゃく》の方がずっといいと、常に伊藤がいい続けていたとも書き加えてある。

明治天皇も、この性豪ぶりにあきれ果ててしまい、ついには慎《つつし》むよう忠告したのである。

正岡子規

確固たる地位を築いた俳人が「殿堂入り」を果たしたあるスポーツとは!?

自らのペンネームの一つに「野球」を使う

「柿食えば　鐘《かね》が鳴るなり　法隆寺」の句で有名な、明治期の俳人・歌人の正岡子規《まさおかしき》。

子規といえば現代の俳句・短歌の基礎を大成した人物だ。それまでの花鳥風月《かちょうふうげつ》にとらわれがちな短歌などを受け入れず、目でみた風景を写実的に表現する子規の歌論は、当時の歌壇《かだん》に大きな衝撃を与えた。

子規はこのような文学者としての顔とは別に、スポーツマンとしての顔も持っていた。

郷里の松山から上京、東京で学生生活を送っているとき、アメリカ生まれの球技・ベースボールと出会っている。

彼は仲間と一緒によくベースボールに興じたようで、強打者として評判だったらしい。

当時のベースボールは生まれたばかりで、ルールも定まっていなかった。たとえば現在のフォアボールのようにボール四つで出塁するのではなく、ボール七つで出塁することもあったという具合だ。

子規は、英語で出版されたルールブックを訳してもいたようだ。彼がその頃はじめて使った訳語で、打者、直球といった言葉はいまも使われている。

しかし何より特筆すべきなのが、「野球」というゲーム名だろう。子規の幼名は「升《のぼる》」という。じつは、彼は俳号として「子規」のほかに、「野球」という名でも作品を残している。「野（の）球（ぼーる）」というしゃれになっているわけだ。

彼は自分の愛するベースボールの訳語を、自分の名前にもじって使うことを思いついたようである。

これらの熱意が評価され、野球を世間に広めた功績により、なんと平成十四（二〇〇二）年、名誉の野球殿堂入りを果たしたのである。

津田梅子……女性教育者の先達となるも母国語を忘れた帰国子女、なんと外国人に日本語を通訳をしてもらうはめに!?

帰国後に思わぬ苦労？　女子英学塾の創設者

日本人が日本で過ごすのに通訳が必要だったという馬鹿げた話がある。明治時代、わずか七歳でアメリカに渡った津田梅子《つだうめこ》は、帰国したときにはすっかり日本語を忘れていた。

彼女の渡米は、のちに総理大臣にまでなった維新の立役者・黒田清隆《くろだきよたか》が募った留学希望者に応じたことで実現した。

北海道開拓使として働いていた黒田は、北海道の開拓には教育を受けた者の知識や技術が必要で、そのための人材育成には、母親の役割が大きいと考えた。そこで女性教育の進んでいるアメリカに若い女性を留学させ、まずは母親教育からはじめようという遠大な計画を立てていたのだ。

黒田の呼びかけに応募したのは五人の女性。梅子もその一人だった。

やがてアメリカでの教育を終えて帰国した彼女は、黒田の期待に応えるかのように女子英学塾を創立した。これがのちの津田塾大学である。梅子はまさに女子教育者の先達となったわけだ。

帰国は渡米してから十一年後のことになるが、ラテン語、フランス語で優秀な成績を収め、語学に才能をみせた梅子も、日本語はすっかり忘れてしまっていたらしい。帰国後は日常生活にも不便が生じる有様だった。英語を勉強していた妹に通訳をしてもらうこともあったようだ。

極めつきは、外出中に言葉がわからなくて困っていた梅子が、偶然通りかかった外国人に日本語の通訳をしてもらったこと。突然、日本人が流暢《りゅうちょう》な英語で話しかけ、しかも日本語を通訳してくれと頼むのだから、その外国人もさぞ面食らったことだろう。

渡米直後には、少女とは思えないほど見事な候文《そうろうぶん》で書かれていた梅子の手紙も、やがて英語で書かれるようになっている。

幼い子どもは外国語の習得が早いというが、どうやら日本語の忘却も早いようだ。

白瀬矗

死因は栄養失調!? 借金まみれの大冒険の果てに待っていた悪夢

南極探検の名誉と、現在の二億円近い借金

南極大陸に残された「大和雪原《やまとゆきはら》」の名。これは探検家の白瀬矗《しらせのぶ》が、南緯八十度五分の地点で断念したことを記念する地名だ。南極点に到達できなかったものの、日本人としてはじめて南極の地に降り立った白瀬の名前は、現在でも知られている。

ところがこの探検家、晩年を極貧のうちに終えていたことがわかった。その原因は、ほかならぬ南極探検にあった。

陸軍の軍人だった白瀬は、極地探検をする夢を持っていた。軍を退いた後、北海道の千島《ちしま》探検に参加したことで、その想いを強くしている。

ところが、東京に出て極地探検を行なうための方策を探しているうちに、十年以上もの年月がたってしまった。その間にアメリカのピアリー隊に北極点到達を果たされてしまう。やむなく南極点到達に目標を変更したが、資金がまったく集まらな

かった。

現代では、南極観測は政府の仕事だが、当時は違った。ただ大隈重信《おおくましげのぶ》が後援会長をつとめてくれることになり、新聞社の義援《ぎえん》金募集という形の協力と、借金を重ねたことで、なんとか隊員二十六人を揃えて出発にこぎつけることができた。

出発の日は、明治四十三（一九一〇）年十一月二十九日。長い旅路を経て、南極大陸上陸を果たしたのがそれから二年後の一月十六日のことだった。

しかし、残念なことに、これだけの時間をかけたにもかかわらず、南極点にはたどり着けなかった。おまけに、その後の白瀬の人生にも暗雲が立ち込めることになってしまう。

白瀬には四万円もの借金が残っていた。当時の四万円は、現在では二億円近くに相当する。個人の抱える借金としてはあまりに膨大だ。白瀬は南極で撮影してきた貴重なフィルムの上映会を開いて返済をはかったりしたが、なかなか追いつくものでもなかっただろう。

この借金苦が最後まで尾を引き、第二次世界大戦後は間借り生活。南極探検ではいた長靴まで食料と交換するような暮らしぶりだった。

白瀬の死因は腸閉塞とされているが、じつは栄養失調だったという証言すらある。彼の名が、のちに南極観測船の名に使われたともいわれるほどの名誉を得たが、名誉だけでは食べていけない見本のような人生に終わってしまった。

落合倉吉

意外な使われ方をしてしまった東郷平八郎の使用済みのフンドシ⁉

日本海海戦の大英雄・東郷との出会い

有名人の持ち物は、収集家にとっては価値のあるものらしい。何気ないものに、思わぬ高値がつくこともある。

大正時代にも、一人の有名人を熱烈に慕う若者がいた。沼津牛臥《うしぶせ》にある旅館・三島館の風呂番をしていた落合倉吉《おちあいくらきち》だ。

倉吉が慕っていたのは、東郷平八郎《とうごうへいはちろう》。明治三十八（一九〇五）年の日本海海戦でロシアのバルチック艦隊を破り、イギリスのネルソン提督と並び称された名将だ。

倉吉が東郷に会ったのは、東郷が東宮御学問所総裁として、東宮《とうぐう》（のちの昭和天皇）の教育にあたっていた頃。東郷は東宮の見聞を広めるために、春から夏は艦船で各地へお連れし、一月から三月は沼津御用邸で御勉学というカリキュラムを組んでいた。東宮が沼津御用邸に御滞在のときは、東郷は近くの三島館を常宿にしていた。

宝物のフンドシを収めるための桐の箱

尊敬する東郷の背中を流すことを光栄に思っていた倉吉に、ある日、東郷が「このフンドシも古くなってしまったので捨てておいてくれ」と手渡した。

倉吉にしてみれば、尊敬する東郷が実際に肌につけた品である。捨てるなどもったいないと思い、こっそりそのフンドシを頂戴してしまった。しかも、後生大事に縮緬《ちりめん》の袱紗《ふくさ》に包み、フンドシを収めるための桐《きり》の箱まで注文してつくらせたのである。

使い古しのフンドシであれ、倉吉にとっては宝物だったのだろう。その後、倉吉はあることに気がついた。

自分はこれが東郷の持ち物だったのを知っている。しかし、このままでは本当にそうであったかを証明する術《すべ》がない。そこで、桐の箱を持って、当時東郷につき従っていた小笠原長生《おがさわらながなり》少将に、「確かに東郷元帥が使ったフンドシである」と箱に書いてくれるように頼んだ。

困ったのは小笠原だ。まさか上司である東郷のフンドシだなどと、署名するわけにもいかない。そこで、仕方なく「日本海（二本貫）ぐるぐる巻きに　敵を締め

きつい手柄を　斯《か》くはたち布」と狂歌《きょうか》を記した。

しかし倉吉は満足しなかった。この狂歌だけでは東郷のものだとはっきりわからない。それに署名がなければ、誰が書いたかもわからないではないか。

ところが、これを面白がった海軍関係者が、「このフンドシは確かに東郷元帥が使ったものである。狂歌を箱書きしたのは小笠原少将である」と書き足してくれた。

気をよくした倉吉は、三島館に名士が泊まるたびに、桐の箱を開けて東郷のフンドシを披露していたという。

石川啄木

雑誌を創刊し、車を乗り回す……。「はたらけどはたらけど」貧しい生活を送っていたのは自分のせい!?

評価された歌集も収入には結びつかず

貧困に苦しんだ天才歌人・石川啄木《いしかわたくぼく》。しかし、貧乏の原因は収入の低さよりも、身の丈《たけ》に合わない生活を送っていたためであるという有力な説がある。

芸術家には非運な人生を送るケースが目立つ。生前は作品が評価されず、貧困や病に苦しみつつ、若くして命を落とすこともしばしばある。死後になって名声を得たとしても、本人には伝わりようがないし、それがもたらす富にも縁がない。洋の東西を問わず、このような芸術家は少なくない。

そうした芸術家の、いわば日本代表にあげられるのが、石川啄木だ。若き日に出した歌集で大いに評価されはしたが、収入には結びつかなかった。

「はたらけど　はたらけど　猶《なお》わが生活《くらし》　楽にならざり　ぢつと手をみる」

貧しい生活に苦しむ姿が目にうかぶ名吟《めいぎん》だ。

啄木が故郷の岩手県渋民村《しぶたみ》で小学校の代用教員の職を得たとき、その月給は八円だった。同時代の小説、夏目漱石《なつめそうせき》の『坊っちゃん』に登場する教師の月給が四十円だったことと比べると、その少なさがよくわかる。

啄木は常に金の工面に走り回っていたようで、借金を依頼する手紙なども多く書いている。

貧しい村の中でも、止まらない浪費癖

しかし、渋民の村民たちの話によると、啄木が貧困にあえいでいたのは、薄給《はっきゅう》のせいばかりではないようだ。

当時の渋民村は啄木だけでなく、村全体が貧しい暮らしを送っていた。その中でも、月に八円の収入を得ていた啄木なら、切りつめさえすれば、充分に暮らしていけたはずなのだ。にもかかわらず、啄木が特別苦しい生活を送っていたのは、彼に浪費癖《ぐせ》があったためでもあった。

たとえば、村人が植物の実を利用して洗髪するのに、啄木は貴重品である卵で髪を洗っていた。本当に貧乏なら、その卵すら買うこともままなるまい。

また、渋民村で職を得る前は、無職でありながら盛岡で雑誌を創刊。車を乗り回すなどの浪費を繰り返していたという。

来客があれば天丼の出前をとってごちそうし、外で食べるときは洋食をふるまうなどしている。

歌にあらわれた啄木の貧しい暮らしは、彼の浪費癖にも一因があったのだ。

高橋是清

アメリカ人にだまされて奴隷に！あの大政治家の波乱にとんだ前半生

日本の金融恐慌を救った名蔵相

明治から昭和にかけて、日本の政治に深く関わった政治家・高橋是清《たかはしこれきよ》。世界的に活躍した是清は、まさに我が国の俊英といえる。そんな男が、かつて奴隷に身をやつしていた事実はあまり知られていない。

高橋是清の名をいまにとどろかせているのは、昭和二（一九二七）年の金融恐慌を鎮《しず》めた、大蔵大臣としての手腕である。しかも、このときの彼は、すでに政界を引退した身だった。

相次ぐ銀行の休業という未曾有《みぞう》の出来事に、当時の若槻礼次郎《わかつきれいじろう》内閣は総辞職。後を受けた田中義一《たなかぎいち》内閣誕生とともに、再登板を請われて大蔵大臣に就任したのが、高橋是清だ。

金融界における、それまでの高橋の実績は大きかった。日銀副総裁時代に、日露戦争に際しての外債集めに見事な成果をあげ、日銀総裁に就任。

さらに山本権兵衛《やまもとごんのひょうえ》内閣、原敬《はらたかし》内閣では大蔵大臣に任じられ、第一次世界大戦後に発生した不況の打開にも成功していた。

原敬が暗殺されたのち、立憲政友会《りっけんせいゆうかい》総裁として内閣を組織することになったのも、彼の華麗な履歴の一部である。

ホームステイ留学のはずが奴隷扱いに？

まさに大政治家ともいえる是清。その彼が、いったいどうして奴隷などになった過去を持っているのだろうか。

是清は嘉永七（一八五四）年に江戸で生まれている。幕府御用絵師の川村《かわむら》庄右衛門《しょうえもん》が、川村家に行儀見習いのために出仕していた魚屋の娘に生ませた子だ。

生まれたばかりの是清は、ただちに仙台藩の高橋家に養子に出されている。幼い頃から頭脳明晰だった是清は、藩から横浜に派遣され、そこで英語を学んだ。

十四歳のとき、是清はアメリカに留学する機会を得ている。

ところが、アメリカに滞在中の高橋はだまされて、三年契約の労働契約書にサインしてしまった。

高橋としては、アメリカ人家庭に、書生のような形で住み込み、さらに英語学校に通わせてもらうつもりでいたのだから、とんだ災難である。

このときの高橋は、日常会話には困らなかったものの、文書を読み取るほどの英語力はなかったようだ。しかも、労働契約とはいえ、賃金は相場の二十分の一程度。いわば奴隷も同然である。

やがて高橋もその事実に気づき、なんとか脱出して帰国をはたしたが、すでに幕府はつぶれ、明治新政府が誕生していた。

その後も波乱の人生を送った高橋だが、もし奴隷のままであったなら、後世に伝わる活躍はなかっただろう。

樋口一葉……明治の才媛も男性とは縁がなかった？はかなくだけ散った恋の末路

文筆の師に抱いた恋心

擬古文《ぎこぶん》のみずみずしい文体で、明治を生きる人々の暮らしぶりや感情をいまに伝えているのが、作家・樋口一葉《ひぐちいちよう》の作品だ。

貧しい暮らしぶりと、その短い生涯のため、悲劇の女性といわれることが多い一葉だが、彼女にも青春を味わう時期があった。それが『樋口一葉日記』からうかがえる文筆の師・半井桃水《なからいとうすい》への思慕である。しかし、この恋が実ることはなかったようだ。

一葉は、はじめて桃水に会った日の日記に、桃水のことを色白で穏やかにほほえむ様子は子どもでも心を許すようだ、と記しているから、おそらく一目惚《ぼ》れに近いものを感じたのだろう。彼女は桃水に会うたびに恋心を募らせていった。

日記に綴られたのは「一方通行の思い」？

桃水のほうは、はじめて会った一葉について、年寄りじみた着物を着て、結《ゆ》い上げた髪には飾りもつけず、美人でもない、と語っている。ようするに、好みの女性ではなかったといっているのだ。

極めつきは、三つ指ついて挨拶する様子が、昔の御殿《ごてん》女中みたいだったと、なんとも突き放した見方すらしている。

しかし、一葉の日記をみると、彼女と桃水の会話の内容はまるで本当の恋人同士のようである。

もちろん常に一葉の側だけからの見方だから、桃水の言葉を、一葉が勝手な思い込みで日記に記した可能性も考えられる。

それでも、男女が直接会うのはよくないからと、それまで手紙で連絡していた桃水が、突然一葉を下宿へ招くようなこともあった。

桃水の真意はわからないが、この頃の一葉は夜も眠れないほど胸をときめかしていたことだろう。

日記のどの部分をみても、生き生きとした彼女の感情が伝わってくる。これをみる限り二人の間に恋愛感情があったとしても不思議はない。そして実際に、周囲が二人の関係をそれとなく噂していたこともあった。

しかし一葉の日記刊行後、桃水は二人の関係をきっぱり否定している。さらに桃水の姪が、一葉を顔色が悪い汚い人だとののしり、相手にはならないと語った桃水の言葉を伝えている。二人の関係を隠したいための言葉だとしても暴言が過ぎよう。

一葉から「薄幸《はっこう》」の修飾語がとれることがないのも、若くして世を去った一葉の恋が、このような片思いに終わったのが原因の一つかもしれない。

夏目漱石……漱石の飼っていた猫にも名前がなかった！小説にも登場した夏目家の居候猫はどんな生活を送った？

飼い猫になっても「猫、猫」と呼ぶ

「吾輩《わがはい》は猫である。名前はまだ無い」ではじまる夏目漱石《なつめそうせき》の『吾輩は猫である』は、冒頭がそのままタイトルとなり、漱石の名を一躍世に知らしめた作品だ。

この作品を書いていた頃の漱石は、実際に猫を飼っていたらしい。その猫だが、どうやら、こちらの猫も名前はなかったようだ。

この作品を執筆したきっかけは、神経衰弱ぎみだった漱石が、気晴らしのために、庭に居ついた野良猫の姿を短文に書いてみたことだ。それを雑誌『ホトトギス』の文学仲間内で発表したところ、意外にも好評を得たために執筆を続け、正式

に本として出版したのである。

モデルとなったこの野良猫は、やがて夏目家の飼い猫になっている。もっとも、最後まで名前をつけないほどだから、誰もこの猫を気にかけていなかったらしく、猫を呼ぶときは、ただ「猫、猫」と声をかけるだけだった。

じつは夏目家の「福の神」扱いだった⁉

それならば、なぜ漱石はこの猫を飼っていたのだろうか。

この猫は夏目家が千駄木《せんだぎ》に住んでいたときにやってきたのだが、何度追い出しても庭に入り込んできていた。夏目家の人々は猫が入ってくるたびに追い払っていたほどだ。

ところがあるとき、たまたま夏目家に出入りしていたマッサージ師が、この猫の爪の裏が黒いことに気づいた。爪の裏まで黒い猫は福の神だといわれている。そこで、縁起がいいから飼うように漱石に勧めたそうだ。占い好きの漱石夫人のほうが、それを聞いて飼う気になったらしい。

ただ、飼ってはみたものの、漱石は猫に名前をつけることもなく、あまりかわいがっているようにもみえなかった。ところが、夏目家が早稲田に引っ越すときに、なぜか漱石はこの猫も一緒に連れて行っている。そして、猫は早稲田の地にて、小説の猫より平穏な日々を送って死んだ。

漱石は、知人に猫の死を書き送り、屋敷の隅《すみ》に埋葬したと報告している。漱石は漱石なりの表現で、猫を愛していたのだろうか。いまとなってはわからない。現在は公園になっている漱石の屋敷跡に、猫を祀《まつ》った供養塔が残っている。

大隈重信

テロで負傷し、切断した右足を日本赤十字中央病院に寄付!?

不平等条約の改正に尽力するも……

黒田清隆内閣の外相をつとめる大隈重信は、明治二十二（一八八九）年十月十八日、暗殺未遂事件に遭遇した。

閣議終了後、官邸に帰る途中の彼の乗った馬車が、霞が関の外務省正門にさしかかったところで、物陰から走り出た男に爆弾を投げつけられたのである。

犯人は、国権論者の団体・玄洋社《げんようしゃ》に加わっていた来島恒喜《くるしまつねき》。犯行の動機は、大隈が進めていた条約改正案にあった。

大隈は、日本に不利な欧米列強との条約を改正すべく、交渉に力を尽くしていた。国民は、大隈が作成した改正案は完全に対等な条約であると信じていた。

だが彼の案には、外国人判事の任用や外国人の土地所有権など、相変わらず外国人に有利な内容が残されていた。この改正案がイギリスの新聞に報道されると、日本の民間人たちも知るところとなり、大隈への非難が高まった。それが高じて、ついに暗殺未遂事件に至ったのである。

暗殺未遂事件の記念にアルコール保存？

大隈は一命を取りとめたが、爆裂弾の破片が突き刺さった右足は、大腿《だいたい》部下部三分の一のところから切断しなければならなかった。

このとき、何を思ったのか大隈は、この切断した足をアルコール漬けにしてもらい、自宅に持ち帰っている。いくら自分の足とはいえ、切断した足を家に飾っておくのは気持ちが悪いと思うが、大隈としては、事件の記念といった程度だったのだろう。

取材のために大隈邸を訪れた記者なども、さぞ驚いたと思う。

大隈は、五十一歳にして右足切断の憂き目をみても、気落ちする様子もなく、「足が一本なくなっても、その分、ほかのところに栄養がまわるからいい」と豪語したそうだ。

大隈の足は、大隈邸に保管されていたが、しばしば取り替えなければならないアルコールの代金が思いのほか高くつくため、日本赤十字中央病院に寄付したようだ。

中江兆民

せっかく当選した議員職をわずか三日で辞職!? 奇行の数々で不幸にした人、数知れず!

知られざる兆民の奇行の数々

明治時代、自由民権を新聞・雑誌を通じて人々に啓蒙《けいもう》し、第一回総選挙で衆議院議員にも当選した思想家・中江《なかえ》兆民《ちょうみん》。

兆民は土佐藩の足軽の生まれだが、幼い頃から学問に対する意欲を強く持っていた。フランスへの留学も経験しており、のちに「東洋のルソー」と呼ばれている。

官吏の経験があり、フランスに関する学問を学ぶ学習塾を設立している兆民。社会的に貢献する彼のこと、日常生活でもさぞ模範的な人物だったろうと思いきや、普段の彼は、奇行を繰り返す人物として知られている。

たとえば、せっかく当選した議員の職をわずか三日で捨て去ったり、見合いの席でいきなり尻まくりをすると、見合い相手の女性の頬に尻をすりつけて、その場で破談になったりもしている。

また、別の見合いでは、めでたく結婚にまでこぎつけたのだが、結婚式当日になると、まだ早すぎるとして、式場で睾丸をさらけ出し、破談に持ち込んだこともある。

兆民の奇行はどうも下半身に関わるものが多く、宴席となるともっと派手になった。芸者を前にして、引っ張り出した陰嚢《いんのう》に酒を注ぎ、それを飲めと命じたこともあったという。これらの話は岩崎徂堂《いわさきそどう》の『中江兆民奇行談』で紹介されているものだ。

とんでもない命名法は、万人平等主義ゆえ？

この奇行と彼の思想は、兆民の子どもたちにも被害を及ぼした。なんと、日頃から標榜《ひょうぼう》していた万人の平等という意識の一環として、女の子にとんでもない命名をしているのである。長女は小さかったから「千美」と書いて「チビ」。これは自分の娘だから許せるとしても、弟の娘には、サルみたいな顔だというので「猿吉」と命名させていた。女の子だからといって、女の子らしい名前をつけることなどしなかったわけだ。とはいっても、平等主義が主張された時代だからといって、これは行き過ぎだろう。

のちに彼女たちが名前を変えたことはいうまでもない。

前島密

郵便事業の生みの親が生涯をかけたもう一つの仕事とは!?

三大都市で郵便事業をスタート

郵便制度を考案した通信事業の先駆者・前島密《まえじまひそか》は、越後高田藩の豪農の次男に生まれた。医者を志し、十二歳のとき江戸に出た密だったが、ペリーの黒船を見て、新しい国家建設の必要性に目覚め、学問の方向を変えた。

そのために苦学して数学、英語、経済学、航海術などを身につけるが、縁あって慶応二（一八六六）年には幕臣・前島家を継ぎ、維新後は静岡藩で開業方物産掛《かいぎょうかたぶっさんがかり》を務めた。

その頃、人材を求めていた新政府の目にとまり、明治二（一八六九）年末、民部大蔵省改正掛勤務を命じられる。ここは、上司に大隈重信、伊藤博文、渋沢栄一《しぶさわえいいち》らをいただく、選り抜きの人材が多い役所であった。近代国家へ生まれ変わるために、制度を改革したり新しく設けたりするのが前島の担当部署で、ほかの人も外国奉行所勤務だったとか、海外渡航経験があるといった人ばかりであった。

翌年、年明け早々の仕事はじめから彼が手がけたのは、鉄道建設のための概算書で、経営収支まで添えてその着工を早めるのに一役買っている。駅制改革も手がけ、通信事業との関わりがここで生まれた。

そしてこの年、郵便制度の調査と鉄道建設のための借款《しゃっかん》契約を結ぶ任務でイギリスへ渡った。一年足らずの滞在ののち帰国した前島は、東京、京都、大阪の三都市で郵便事業をスタートさせた。

教育の普及のため「漢字の全廃」を主張

わが国初の盲唖《もうあ》学校創設など、彼の業績をあげればキリがないが、最大のものは郵便事業を円滑にするための各種運輸事業を推進する企業設立への尽力であるといえる。

こんな前島が一生をかけて訴え続けた案が、じつはもう一つあった。漢字の全廃だ。

この訴えは、維新前にさかのぼる。慶応二（一八六六）年に「漢字御廃止之議」という建白書を、将軍・徳川慶喜《とくがわよしのぶ》に提出しているのである。

国民教育の普及には、簡単な文字や文章を用いる必要があり、幼児・児童教育には漢字は害になるだけだというのが彼の主張だった。外国語がアルファベットの表音文字《ひょうおんもじ》であるのにならうべきで、教育の現場ではアルファベットにあたる仮名文字だけを使うようにしてほしいと訴えている。

これは、彼がまだ江戸で医学や英語を勉強中のころ、故郷の甥に土産に持ち帰った本のうち、仮名書きの絵草紙《えぞうし》は読めたが、漢字の本は読めなかったという経験から発想したものだという。

明治二（一八六九）年には「国文教育之議ニ付建議《けんぎ》」を、さらに明治五（一八七二）年には内申書をと、在職中もたびたび提案し、この漢字廃止論への執着ぶりを見せている。

福沢諭吉

西洋文明の導入を主張も、晩年の食事は和食が中心!?
老いて見つめなおした日本人としての原点

大ベストセラー『西洋事情』と「脱亜論」

福沢諭吉《ふくざわゆきち》といえば、著書『学問のすゝめ』をまず思い出す人が多いだろう。数々

の目覚ましい活躍をした人物だが、彼が西洋文明の受け入れに積極的だったことは周知のとおりである。

緒方洪庵《おがたこうあん》が大坂に開いた適塾《てき》で学んだ福沢は、万延元（一八六〇）年の、最初のアメリカ派遣を口火に、翌年のヨーロッパ六か国派遣使節、慶応三（一八六七）年の遣米使節と、三回にわたって西欧の文化に接した。このときの経験にもとづいて著された『西洋事情』は、幕末・明治初年の大ベストセラーとなる。

福沢は明治十八（一八八五）年三月十六日の「時事新報」の紙面に「脱亜論」と題する一篇《ぺん》の社説を書いた。

これは、西洋文明の勢いを阻止することはできず、日本が独立を達成するためには、アジア諸国から脱却し、西洋文明を導入して列強から認められなくてはならないという考えである。ここでは、清国と朝鮮は改心進歩の道を知らず、文明の産物にも心を動かさないと酷評している。

少年時代を思い出した晩年の「和」の生活

このように、一見「西洋かぶれ」といわれてもおかしくない思想を展開した福沢であるが、晩年はこれとは相反する生活を送る。

福沢と妻子との生活は穏やかで、九人もの子宝に恵まれた。また、長男と次男をアメリカに留学させるほどの余裕もあったようだ。

福沢は晩年になると妻子と芝居見物を楽しみ、旅行にもたびたび出かけた。彼の創設した慶應義塾の寄宿舎に住む学生たちを朝早くに起こし、散歩するのが彼の日課になった。

かつての西洋志向はなりをひそめ、彼の生活は驚くことに「和」そのものだった。健康のためにと居合抜きや米搗《つ》きを欠かさず、散歩から戻ると、和食、とくに辛めにつくった味噌汁を好んで飲んだ。中年を過ぎてからは、福沢はたいてい和服で通した。福沢家の人々は、「あんなに西洋好きな人が」と不思議がったという。福沢は病にかかったとき、西洋医学では快復しないと考え、日本人としての原点を見つめなおしている。

晩年に彼が著した『福翁自伝《ふくおうじでん》』には「自分は田舎士族で、少年のときは麦飯や唐茄子《とうなす》の味噌汁をすすり、衣服は手織木綿《もめん》のつんつるてん、フランネルなどは見たこともなかった。この田舎者が開国の風潮につれ東京に住んで、当世流《とうせいりゅう》とはおかしいものだ。田舎者の体のほうが驚いてしまう。風邪をひいたり、熱を出したりするのは、上等な生活をしたからだ。ストーブもなく暖かい衣服もつけず、寒い風が吹き通してもかまわず家にいたり外出もする。少年時代の貧乏生活と同じように、毎日汗を流して働いていれば、そのうちしだいに体が丈夫になる」と書かれている。

体の奥に染み込んだ日本の心を、福沢はずっと大切にもち続けてきたのであった。

江藤新平

意に反して反乱軍の首領に祭り上げられた元参議、法曹から一転、罪人へ！

「法の知識」で明治新政府に貢献

江藤新平《えとうしんぺい》が新政府の要職についたのは、維新前に脱藩までして尊攘《そんじょう》運動に参加した結果だったのかもしれない。確かに脱藩時代に知遇を得た維新の功労者たちの力を借りて、時勢に遅れをとった佐賀藩を救ってはいるが、彼の立法に関する知識が抜きん出ていたのも確かだった。

それが理由で、彼は初代司法卿《しほうきょう》として新政府の中枢に抜擢される。彼が行なったのは、近代国家らしい法秩序の確立だったが、同時に、維新の功労をかさに着た薩長藩閥《はんばつ》政治、とくに長州出身者の汚職も摘発した。

現地の形式的な裁判で「処刑、さらし首」

明治六（一八七三）年、江藤は長州閥の策略の前に参議を辞職せざるをえなくなった。

下野した江藤は、一緒に辞職した板垣退助《いたがきたいすけ》、副島種臣《そえじまたねおみ》らそうそうたる仲間を募って、翌年一月「民撰《みんせん》議院設立建白書」を出すのだが、反乱者に過敏になっていた政府は、建白ですら政府への敵対行動と見なしてしまう。

というのも、江藤の故郷佐賀では、政府に不満を抱く分子が集結しており、ちょうどその扱いに手を焼いていたところだった。おまけに江藤が、建白書提出の翌日には故郷へ向かったとの情報が入ったため、ついに二月四日、鎮圧のための軍を送ることとなった。その全権を委ねられたのが大久保利通《おおくぼとしみち》だった。彼は陸軍少将、権《ごん》大《だい》判事を伴って佐賀へ向かう。まさに軍事と司法を引き連れての大移動である。

一方の江藤は不平分子に加担するつもりはなく、なだめるために帰郷したのだが、板垣や大隈重信が心配したとおり、反乱党の代表に祭り上げられてしまう。

佐賀では、熊本の鎮台《ちんだい》が不穏な動きを察し、県庁の守りに入っていたが、二月十六日、とうとう反乱軍の攻撃を受けた。これに対して政府は征討令を出して応じ、いよいよ佐賀の乱が勃発することになる。

しかし、力の差は歴然としていた。二十日に政府軍の攻撃が開始されると、たちまち反乱軍の敗色が濃厚となって、江藤は二十二日には軍の解散を宣言し、征韓論《せいかん》に敗れて鹿児島に戻っていた西郷隆盛のもとへ向かった。そこで再挙の協力を仰いだが西郷に拒否されてしまったため、次なる協力者を求めて土佐へ移動した。

ところが、江藤自身が司法制度として整えた警察の機能が遺憾なく発揮され、土佐の阿波国境付近にある甲《かん》の浦《うら》で逮捕されてしまった。逃走してから一か月あまり、三月二十八日のことだった。

江藤は東京での裁判を望んだが大久保はこれを聞き入れず、佐賀へ護送させて、同行した判事にたった二日で裁かせた。さらには、地方裁判所で出せる判決の限度を超えた死刑が命じられている。

裁判自体が形式的なものにすぎなかったこともあって、江藤が司法卿時代に行なった藩閥政治に対する糾弾への私刑《リンチ》だと、福沢諭吉らから厳しい批判を浴びる結果となった。

ほかの反乱党員も同様の裁判で罪に落とされたうえ、江藤の処罰がさらし首だったことが、よけい非難の対象となったともいえる。

山岡鉄舟

徳川十五代将軍から明治天皇の側近へ——。決して権威にこびない気骨の将が、天皇の性格を変える

将軍直々の命で西郷隆盛と談判

幕臣でありながら、決して現体制に甘んじることなく、一人の人間として、あるいは時に無法者として幕末を生き抜いた人物に勝海舟《かつかいしゅう》がいるが、彼と並ぶのが山《やま》岡鉄舟《おかてっしゅう》だ。幕府直参《じきさん》でありながら尊皇攘夷の志士たちと交流をもったり、清河八《きよかわはち》郎《ろう》の浪士組に参加して謹慎させられたりと、波乱の幕末期を過ごしている。

そんな彼にふさわしい出番がやってくるのは、慶応四（一八六八）年、戊辰《ぼしん》戦争のさなかである。官軍による東征の足音が江戸にも届きそうな頃、恭順の意を表しているとはいえ、将軍の命は風前の灯だった。

山岡は幕臣の身でありながら、十五代将軍・徳川慶喜の依願で、官軍参謀・西郷隆盛の宿泊していた駿府《すんぷ》に、今後の処置についての談判に乗り込む。この西郷と山岡の会見が、のちの西郷・勝の会見につながった。山岡は、江戸城無血開城を導いたといってもいい大仕事を成し遂げたのだった。

「個人として天皇に接する」ことを条件に

明治維新後の山岡は、水戸や伊万里《いまり》で現在の知事のような新政府の役職をつとめている。それが一段落して次の道を考えていた明治五（一八七二）年、西郷から思いがけない依頼が届いた。それは明治天皇の側近になってほしいというものだった。

明治天皇は、即位が十六歳のときで、その年末には王政復古がなり、そして翌年には明治政府が誕生するなど、人格形成の途中で大波乱の中に放り込まれていた。それなのに、宮中には京都時代と変わらぬ女官《にょかん》制度が根強く残っており、西郷は新時代にふさわしい天皇の育成に頭を悩ませていたところであった。

側近として、維新で武勲のあった勇ましい者を配してはみても、みな天皇と聞くだけで萎縮《いしゅく》して使いものにならないというのが西郷の判断だった。しかし、自分と会見した折の山岡の気骨なら、なんとかなると考えて依頼することになったのである。

鉄舟は宮内省の役にはつかず、個人として天皇と接すること、仕える期間を十年に限ることを条件に侍従《じじゅう》役を引き受ける。

侍従時代の山岡と天皇の逸話は彼の伝記などで数多く語られているが、山岡の気性をよく表わしているのが相撲の話である。

あるとき、天皇が山岡に相撲をとろうともちかけるが、自分はその心得がないと断ると、いきなり天皇が山岡にぶつかってきた。彼はそれをとっさによけ、つんのめって転んだ天皇を押さえつけて、日ごろの天皇の行状への苦言を呈《てい》したというものだ。

周囲は山岡の不敬を注意するが、彼はそれが覚悟の行動で、これで態度が改まらなければ出仕を断るといって席を立つ。天皇は体格もよく酒好きで、型破りな行動があったことは事実のようだ。これを機に天皇は山岡に詫びを入れて態度を改めたという。

また西南戦争の後、不平分子が騒いだ竹橋騒動（一八七八年）のときは、深夜にその知らせを聞いた山岡は、寝巻きに袴《はかま》をつけただけの足袋《たび》はだしで皇居へ駆けつけたという話も伝わっており、そのとき持参した刀は、天皇が譲り受けて長く守り刀とし、山岡の死後に子息に返されたという。

自らの志を生涯貫き通した山岡は、十年の出仕を終えてのち、明治二十一（一八八八）年に大往生を遂げた。

桂太郎

三度に渡って内閣を組織した名政治家が、死後、自分の遺体を研究用に提供したその理由とは⁉

日露戦争から三度首相をつとめる

明治三十四（一九〇二）年に、山県有朋の後ろ盾で首相となった桂太郎《かつらたろう》は、日露戦争の遂行に全力を投じ、講和の日を迎えた。

ところが、ポーツマス条約が締結されると、この内容に不満を抱いた国民が全国各地で騒ぎを起こす。この責任を負って桂は首相を辞任するが、その後も鋭敏な頭脳と、卓越した行動力で、明治四十一（一九〇八）年と、大正元（一九一二）年の二回、政権の座に就いている。

陸軍では大将、内閣では総理大臣、爵位においては公爵と、まさに位人臣《くらいじんしん》を極めたという感のある桂だが、軍人時代、第一線で戦闘を指揮することは不得手であり、軍人よりもむしろ政治家として資質を発揮した。しばしば、「サーベルを吊った幇間《ほうかん》」と揶揄《やゆ》されるほど人心を掌握するのが巧みで、山県に深く信頼されていたのも、この政治家の資質ゆえであろう。

第二次桂内閣は、明治四十三（一九一〇）年に韓国を併合し、国内では社会主義・無政府主義を徹底的に弾圧するなど、長州閥を背景とした強権政治を行なった。

明治天皇が崩御すると、桂は内大臣兼侍従長として宮中に仕えたが、西園寺公望《さいおんじきんもち》内閣が倒れたのを機に第三次桂内閣を組織する。だが、この行動は非立憲的であると批判を浴び、全国で護憲運動が広がった。桂は政友会を切り崩し、新政党「立憲同志会」を結成することを公表したが、民衆運動が激化したため総辞職。第三次桂内閣は六十日ほどの短命に終わった。

晩年は病に倒れ、医学の未発達を痛感

その後も桂は政権への意欲を捨てきれず、自分の政党の組織化に尽力するが、すでに病を得ており、大正二（一九一三）年の三月には静養を余儀なくされる。さらには、長男の病死という不幸にも見舞われた桂だったが、「天が私を試しているのだ」といって、その後も政界への復帰を図り続けた。

だが、病状は悪化する一方で、ついに死を覚悟した桂は自分の体を医学の研究用に提供したいと申し出る。ドイツに留学していた当時、人体解剖を見学したこともある桂はその重要性を認識していたのである。自分の病名について、医師が明確な診断を下しえないでいることにも、不満であったようだ。

　また、静養中の桂は、日本人と西洋人の頭脳の優劣についてもしばしば論じていた。そのため、自分の遺体の解剖においては脳をも調べ、西洋人との違いを明らかにするようにと言っている。

　後に行なわれた彼の遺体解剖には桂の夫人も立ち会ったが、終始平静な態度で見守っていたという。プロイセンの軍制を手本として日本の軍制改革を行なった桂は、宰相ビスマルクを深く尊敬していたが、取り出された桂の脳はビスマルクのものより二百グラムほど軽く、哲学者カントのものとほぼ同じ重さだったという。

桜井忠温

旅順要塞で蜂の巣になって生還したのちは、まさかのベストセラー作家へ転身!?

アメリカ大統領もドイツ皇帝も絶賛！

「九死に一生を得る」という文句があるが、まさにそれを旅順の地で身をもって体験したのが当時、陸軍中尉だった桜井忠温《さくらいただよし》だ。

　松山出身の彼は、陸軍士官学校を卒業後、明治三十七（一九〇四）年に日露戦争に従軍。歩兵第二二連隊小隊長として旅順第一次攻撃に参加した。だが、旅順の戦

日本軍の進路
樺　太
択捉島
国後島
色丹島
歯舞諸島
ロシア
ウラジオストック
3 遼陽《りょうよう》の戦い
初の両軍主力の戦闘、ロシア軍退却
1904年8月28日～9月4日
「軍神」橘周太中佐
鬱陵島《ウルルン》
（松島）
6 日本海海戦
バルチック艦隊壊滅。ロシアは講和会議受諾
1905年5月27日～28日

日露戦争要図

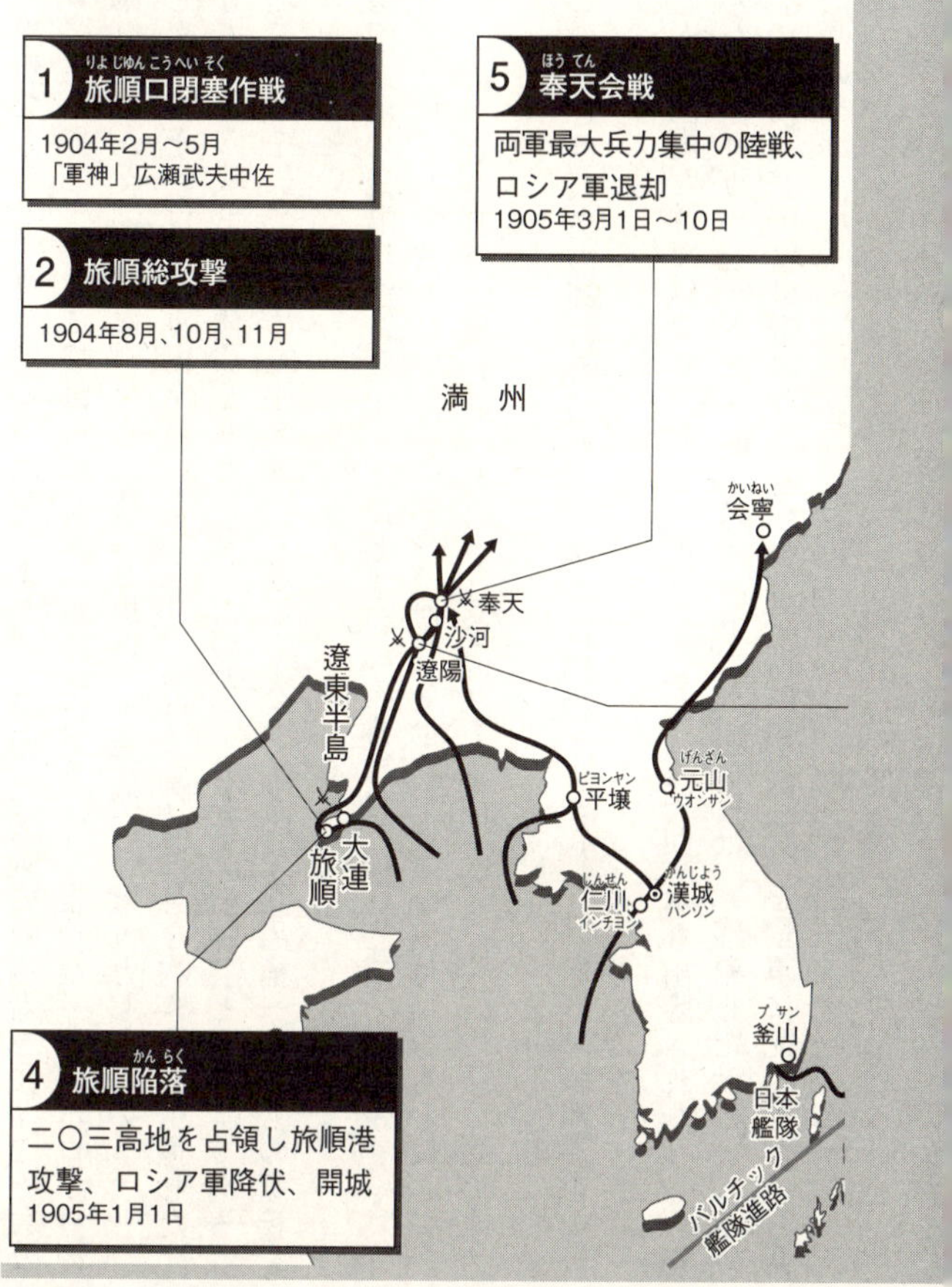
1 旅順《りょじゅん》口《こう》閉《へい》塞《そく》作戦
1904年2月～5月
「軍神」広瀬武夫中佐
2 旅順総攻撃
1904年8月、10月、11月
5 奉天《ほうてん》会戦
両軍最大兵力集中の陸戦、
ロシア軍退却
1905年3月1日～10日
4 旅順陥落《かんらく》
二〇三高地を占領し旅順港
攻撃、ロシア軍降伏、開城
1905年1月1日
満　州
会寧《かいねい》
奉天
沙河
遼陽
遼東半島
大連
旅順
平壌《ピョンヤン》
元山《げんざん》
ウオンサン
仁川《じんせん》
インチョン
漢城《かんじょう》
ハンソン
釜山《プサン》
日本艦隊
バルチック艦隊進路

いは激烈なもので、ロシア軍の砲撃によって日本軍は多数の死傷者を出すことになる。桜井もまた、機関銃で撃たれて全身蜂《はち》の巣《す》になってしまった。そのボロボロの身体を見た人々は、間違いなく死体だと思い、火葬場に運ぼうとしたという。

しかし、それほどの重傷を負いながらも、彼は奇跡的に息を吹き返し生還した。

そして、日露戦争での体験をもとに著したのが、有名な『肉弾《にくだん》』という本である。戦場で右手を失ったため左手を使い、巻紙に大きな文字で風呂桶一杯分もの原稿を書き記したという。

「惨雨《さんう》血風《けっぷう》の残酷に泣けり……」で始まる『肉弾』は、明治三十九（一九〇六）年に出版され、大ベストセラーになった。何しろ本人の過酷な実体験をもとにしているだけに、その迫力は並大抵のものではない。人々はこぞってこの本を買い求めた。

このことは天皇の耳にも伝わり、桜井は拝謁《はいえつ》を許され、以後天皇の知遇を受ける。

しかも国内だけではない。なんと世界各国で次々に翻訳本も出版された。それを読んだアメリカのセオドア・ルーズベルト大統領からは、「感激した」という手紙が寄せられ、ドイツ皇帝のヴィルヘルム二世は「『肉弾』を全軍に配布せよ」と命じたという。

けしからん内容？　陸軍内でも賛否両論

だが、良いことばかりではなかった。『肉弾』がベストセラーになると、ほどなく桜井は陸軍から出頭を命じられる。そして、陸軍上層部から「これ以上続けて書くなら、こちらにも考えがある」とすごまれてしまう。陸軍上層部には、輝かしい戦功を「残酷に泣けり」などと表現する『肉弾』はけしからん本だと考える人がいたのだ。

桜井は本を出版した当時もずっと陸軍に在籍していた。その軍の上層部からのクレームである。これでは、とても書き続けることなどできない。そのため、桜井は『肉弾』以降はしばらく本を書くことをやめている。

陸軍の圧力により筆を断っていた桜井だったが、転機は突然訪れた。ある日再び軍に呼び出された彼が、恐る恐る出かけると、田中義一《たなかぎいち》大将が彼に向かってこう質問した。

「近頃さっぱり書かないがなぜか？」

そして、困惑する桜井に向かい、続けてこういったのだ。

「どんどん書いて戦勝に酔《よ》っている奴らの目を覚まさせてやれ」

こうして陸軍大将・田中義一のお墨つきをもらった桜井は再び筆をとったのであ

る。

その後、桜井は陸軍に在籍したまま執筆を続け、昭和五（一九三〇）年には陸軍少将となる。そして、昭和四十（一九六五）年に故郷松山で永眠した。享年八十六歳であった。日露戦争の時代に世界にその名をとどろかせた大ベストセラー作家が日本にいたことは、あまり知られていない。

長岡外史……旅順攻撃を日本から指揮した参謀次長が日本中に普及させたレジャー、それって何⁉

「思いつき屋」が旅順攻略の策を練る

明治三十七（一九〇四）年の日露戦争において、大本営陸軍部参謀次長として、現地司令官と大本営の間を取り持ったのが長岡外史《ながおかがいし》である。大本営の参謀総長は長州閥の山県有朋だったが、これは名目だけの総長で、実際の執務にあたったのは長岡であった。

長岡は、旅順攻撃の参謀長・伊地知幸介《いじちこうすけ》と何度も連絡を重ねた。しかし、正面攻撃を繰り返し、なかなか陥落させることができない現地の有様に、切歯扼腕《せっしやくわん》していたと伝えられている。

思いつき屋ともいわれた長岡だが、二〇三高地へ攻撃の主力を向けよと主張したり、その発想が的を射ていることもしばしばだった。もっとも大きな功績は、二八センチ榴弾砲《りゅうだんほう》を導入させたことで、これによって砦の要といわれた副官コンドラチェンコを葬り去り、旅順陥落のきっかけをつくっている。

雪国での戦闘を想定して導入されたスキー

戦後の長岡は、意外な方面で活躍する。明治四十三（一九一〇）年、新潟高田（現・上越市）の第一三師団の師団長であった長岡のもとに、陸軍省から二台のスキーが送られてくる。

スウェーデン軍隊で用いられていたスキーを、第一三師団でも使ってみようというのだ。越後高田が豪雪地帯であることから、白羽の矢が立ったのであろう。これが、日本にスキーが持ち込まれた最初である。

長岡は、北欧を視察した際にスキーを見たことがあり、雪国にはもってこいの道具だと思っていたので大いに喜んだ。

スキーとともに送られてきたフランス語の使用書の翻訳を参謀に命じると、スキー委員会を設置し、各隊から将校を選抜させた。オーストリアのレルヒ少佐が、スキーを教えにやって来ることになっていたが、長岡は負けず嫌いを発揮して、レルヒ少佐が来る前に熟達して、反対に教えてやれと発破《はっぱ》をかけたという。当時のスキーは長い一本のストックで滑るものだった。将校たちは汗みどろになって練習に励んだが、コツをつかむことができない。レルヒ少佐の着任が近づくにつれ、長岡に小言をいわれるのが嫌で、なるべく側に行かないようにしていたという。

それでも、レルヒ少佐の訓練の甲斐《かい》あってうまく滑れる者が増えると、長岡はこれを民間にも普及させるべく、積極的に動いた。軍部は、雪国での戦いを想定してスキーを導入しようというのだが、長岡は、スキーは雪に虐《しいた》げられてきた北国の人間が、雪を克服する素晴らしい道具でもあると考えたのだ。

高田の新聞社に、スキーを宣伝するよう働きかけると、学校の教師にも呼びかけて練習に参加させた。しかも、食費の実費を払うだけで兵営に宿泊させるというサービスぶりである。とかく民間と隔絶しようとする軍隊にあって、大変珍しい試みである。こうして、スキーは広く日本全国に普及していった。

余談ながら、長岡はやたらと長い口ひげをたくわえて左右にピンと跳ね上げ、その端から端までの長さは、六十七・三一センチメートルもあった。これは当時の世界一で、現代ならばギネスブックに載るところである。部下たちは、「プロペラのようだ」とささやいていたという。

ステッセル……ロシア軍を率いた旅順要塞の司令官、戦後は意外にも茶の行商人に転向!?

名将ではなく「嫌われ者」の司令官だった?

旅順要塞に籠城し、乃木希典《のぎまれすけ》率いる第三軍と激闘を繰り広げたアナトーリイ・ステッセル中将は、開戦当初は遼東半島の陸軍の指揮を執っていたが、南山《なんざん》の戦いに敗れた後、旅順要塞の司令官に任命された。

日本では「水師営《すいしえい》の会見」の歌にも登場するように、乃木と戦った名将として好意的にとらえられている人物だが、ロシア本国での評判は、すこぶる悪かった。

まず、部下に対して強権をふるい、プライドばかり高かった。当時のロシアの将校はみな貴族であり、平民である兵士のことなど、道具程度にしか考えていないのが普通だったが、ステッセルの嫌われようはただごとではなく、背後の味方から撃たれたことさえあったという。

また、要塞の司令官としてスミルノフ中将が赴任し、彼に指揮権を渡すよう辞令が出ていたにもかかわらず、自分のプライドにこだわった彼はこれを握りつぶして居座ってしまった。

このため、旅順要塞には二人の司令官がいるという奇妙な状況が生まれる。この二人の司令官が別々の命令を出すものだから、将官たちは混乱した。しかもステッセルは、歩兵以外の戦術については無知で、砲兵や工兵が中心となる要塞での戦いにおいては、強い指導力を発揮することもできなかった。もっとも、その分、将官の意見はよく聞き、戦術を任せていたらしいが……。

上層部の命令を無視してまで旅順の指揮を執り続けたステッセルだったが、二〇三高地が陥落すると急に戦意を失い、戦闘の続行を主張する将官たちを欺《あざむ》いてまで降伏してしまう。要塞には、まだ一万人近い兵力と十分な食糧、弾薬が残っていたにもかかわらず、である。

敵将の「死刑判決」に乃木が助命運動

このように、まったく救いようのない指揮官に見えるステッセルだが、彼にも弁護の余地はある。援軍の期待できない状況の中で立て籠《こも》り、五か月も戦い続けたことは評価すべきであろう。また、ステッセルが降伏しなかったとしても、すでに要塞は日本軍の包囲下にあるので陥落は時間の問題。しかも、旅順市には非戦闘員が大勢残っていたのである。ステッセルは、首都サンクト・ペテルブルクに宛てた書簡や電報で、市中での虐殺を阻止したいこと、一万人の戦闘員はほとんどが病人であることなどを訴えている。

また、ステッセルには四人の養女がいたが、これは戦死した部下たちの遺児で、ステッセル夫人も大層かわいがっていたというから、非情な指揮官というイメージも少しは薄れてくる。

旅順陥落後、ロシアで軍法会議にかけられたステッセルは、明治四十一（一九〇八）年に死刑判決を受ける。しかし、これに驚いた乃木が、「ステッセル将軍の罪を赦《ゆる》したまうよう」と皇帝に嘆願書を送ったり、各国の報道機関を通じて助命運動を行なったこと、さらにヨーロッパのマスコミが彼に同情的だったことが功を奏したらしく、禁錮十年という刑に減刑され、やがて恩赦によって釈放されている。

牢獄を出たステッセルは、一市民として平凡な余生を送った。シベリアで茶の行商をしていたともいわれている。

乃木が殉死した際には、「モスクワの一牧師から」という香典《こうでん》が届き、後で調べてみれば、これはステッセルからのものだったという。

秋山好古

……………

元帥への昇進を断ってでも選んだ教育の道！日本騎兵隊の父は戦後、校長として活躍⁉

全軍崩壊の危機を救った秋山の騎兵隊

我が国の「騎兵の父」といわれた秋山好古《あきやまよしふる》は、安政六（一八五九）年、伊予松山藩士の家に生まれた。陸軍士官学校を経て、陸軍大学校に入学。明治二十（一八八七）年から四年間はフランスに留学し、ここで騎兵戦術を習得した。

そんな彼の名を一躍有名にしたのは、日露戦争での活躍だ。第二軍に所属する騎兵第一旅団長として出征した彼は、騎兵を馬から下ろして拠点を守るという意表をついた陣地戦を決行した。日本よりはるかに優れたコサック騎兵の突撃を阻止するには、同じく騎兵で正面から対決したのでは不利であり、重火器を使って敵を砲撃し、その後に騎兵で追撃しようというものだった。

これが見事に成功を収める。黒溝台《こっこうだい》の戦いでは、押し寄せる十万のロシア軍を相手に、長さ四十キロに及ぶ日本軍の陣地の最左翼をわずか八千人で死守するという離れ業《わざ》を演じた。秋山は騎兵を塹壕《ざんごう》にもぐらせ、自身が強く要請して調達した機関銃で敵を撃たせた。そして、第八師団などと協力して相対するロシア軍を蹴散らしたのだ。もし、この戦いに秋山が敗れていたなら、ロシア軍が日本軍の背後に回り込む形となり、日本軍は大打撃を被《こうむ》っていただろう。この奇跡にも近い活躍によって、日本軍は全軍崩壊の危機を免れたのである。

彼は戦闘中の危機的な状況の中でも、水筒のブランデーをグイグイと飲み、酔っぱらいながら指揮をしたという豪快なエピソードも残っている。相当に肝っ玉の据わった人物だったようだ。秋山のこういった性格なくしては、自軍の何倍もの敵を撃退することは敵《かな》わなかったであろう。

黒溝台の戦い後、秋山の部隊は臨時に第三軍の指揮下に入る。と同時に秋山には第三軍騎兵隊すべての指揮権が与えられた。彼は三千の騎兵を率いることになったのである。こうして最大の騎兵隊戦力となった秋山隊は、奉天《ほうてん》会戦に臨む。

秋山隊が奉天の北方に進出すると、ロシア軍司令官クロパトキンは恐れをなし、退却を決意する。クロパトキンは、機関銃を所有し攻撃力に優れた秋山隊によって、すでに奉天の包囲が完成されてしまったと思い込んだのだ。これを追撃する日本軍とロシア軍との間で起きた戦いは、日本の勝利に終わり、いよいよ最後の決戦となる日本海海戦を迎えるのだった。

兵力数では12万人も上回る奉天のロシア軍を、25万の日本軍が包囲しようとした日露戦争最大の陸戦。

膠着状態の中、北へと進撃する日本軍第三軍。さらに秋山支隊が奉天北方に進出すると、ロシア軍は撤退を始め、日本の勝利となった。

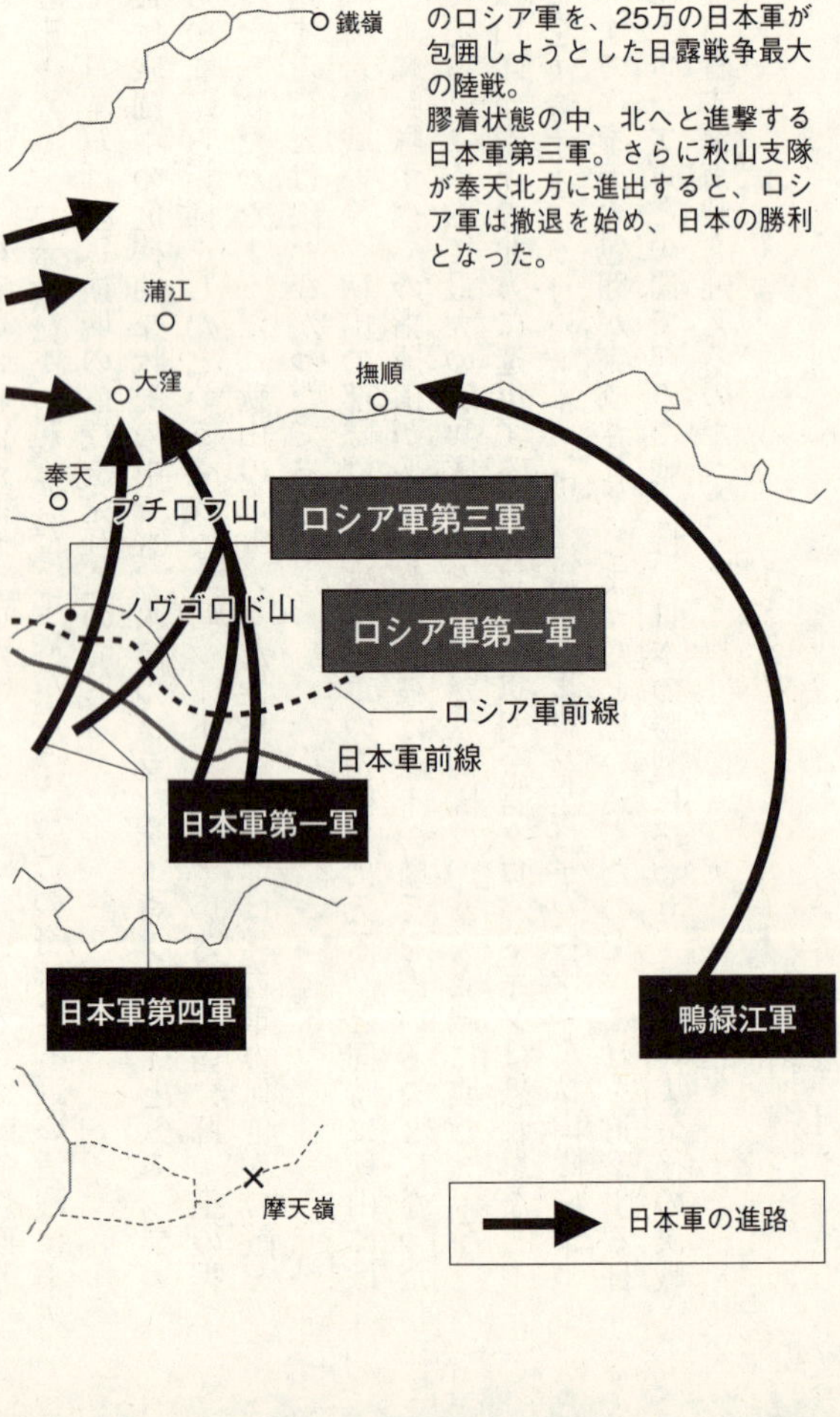

奉天会戦要図

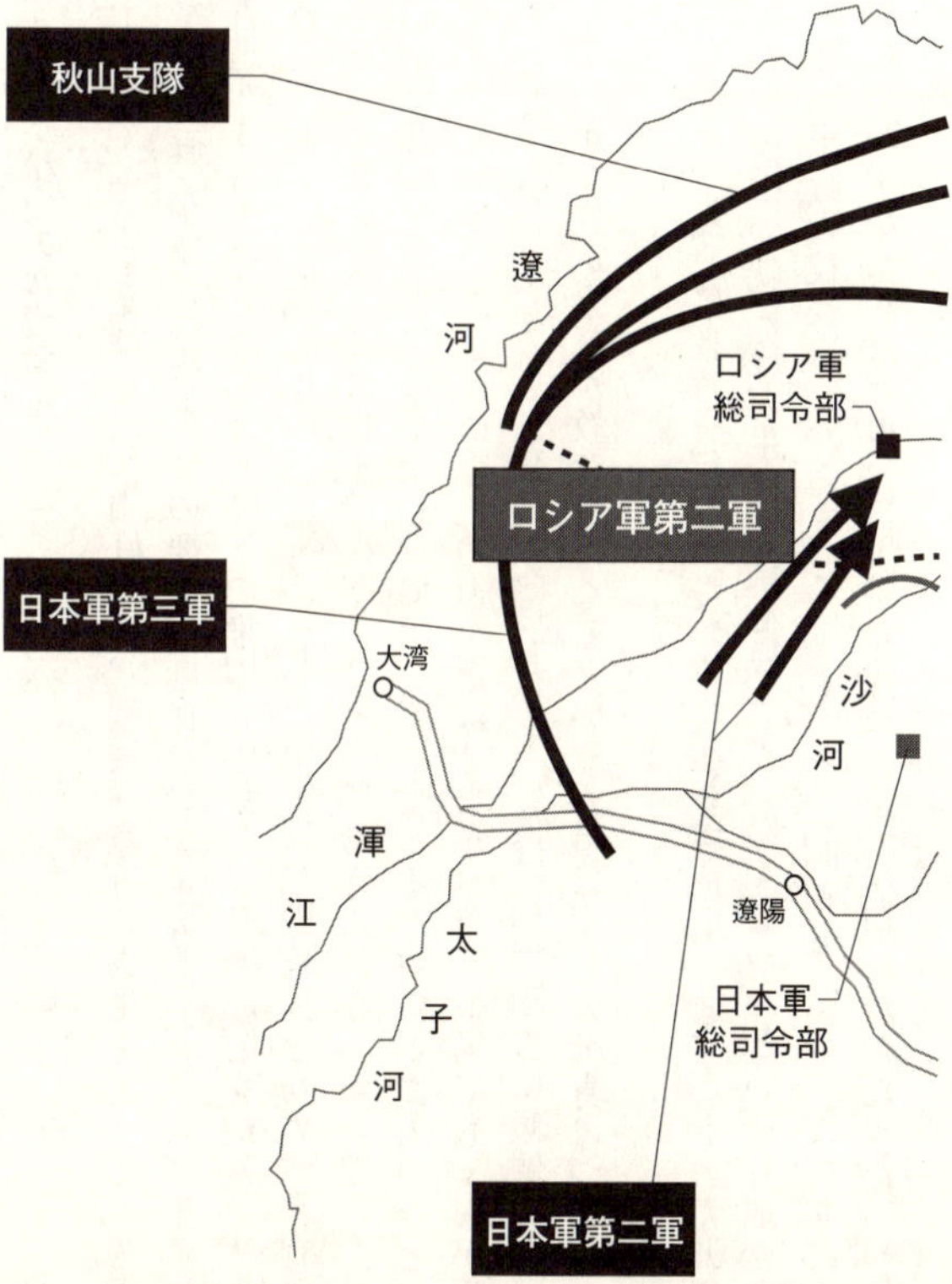
秋山支隊
遼
河
ロシア軍
総司令部
ロシア軍第二軍
日本軍第三軍
大湾
沙
河
渾
江
太
子
河
遼陽
日本軍
総司令部
日本軍第二軍

陸軍大将から故郷・松山の教育者に

戦場の策士として本領を発揮した秋山好古は、戦後、意外な人生を送っている。近衛師団長や朝鮮駐箚《ちゅうさつ》軍司令官などの要職を歴任し、大正五（一九一六）年に陸軍大将へと昇進するものの、なんと元帥への推薦を固辞《こじ》し、教育総監を最後に軍を辞めてしまう。そして、故郷の松山に帰り、「北予《ほくよ》中学校」の校長を務め、教育者としての晩年を送ったのだ。これは当時の軍人にとって考えられない転身だった。

じつは、秋山は好きで軍人になったわけではなく、食べるために軍に入ったといわれている。そのせいか、息子には軍人の道を選ばせなかった。戦場でも、人が死ぬことや殺すことを嫌ったといわれている。しかも、彼は福沢諭吉に傾倒していた。こうしたことが、陸軍大将が教育者になるという常識はずれの転身につながったのだろう。

校長になった彼は、熱心に教育を行なった。不良少年養成所とまでいわれた北予中学校だったが、秋山の就任後、生徒は誰も悪さをしなくなったという。地元の人々も、この陸軍出身の校長を心から愛した。そして、昭和五（一九三〇）年に七十二歳で亡くなるわずか七か月前まで、現職の校長として活躍したのだった。

大山巌

日本を勝利に導いた満州軍総司令官の晩年の楽しみは、愛妻と過ごす農場生活!

「決定的瞬間」に指導力を発揮するタイプ

明治三十二（一八九九）年、参謀総長となった大山巌《おおやまいわお》は、対ロシア戦にはやる若い将校たちを説き伏せて抑え、国論の統一を見定めてから開戦へ持ち込んだ。明治天皇の強い意向で満州軍総司令官となり、陸戦の最高指導者として日本を勝利に導いた。

薩摩の出である大山は若い頃二度海外に渡り、兵器や軍制を熱心に学んだ。茫洋《ぼうよう》とした風貌・態度ながら、偉大な将器を持った人物だった。

大山には次のようなエピソードが伝えられている。沙河《しゃか》会戦の折、作戦室において総参謀長の児玉源太郎《こだまげんたろう》以下、目を吊り上げて戦況を追っていると大山が現れた。のんびりした薩摩弁で「ひどく大砲の音がしちょるが、どこで戦《いくさ》がごわすか」と言ったものだから、一同あっけにとられ、それから爆笑した。殺伐としていた中、一気に緊張がほぐれたという。

また、奉天会戦以前にも乃木率いる第三軍が旅順要塞を落とせず、死傷者が増すばかりの膠着《こうちゃく》状態にあると聞くと、児玉を派遣した。しかも、乃木の指揮権を奪うよう訓令を与えたという。児玉が、総参謀長の権限を越えた活躍ができたのは、大山の存在があったからである。

大山は、一見したところ凡庸に見えるが、その日記では綿密、正確で、たぐい稀《まれ》な観察眼を示している。

部下の話にもよく耳を傾け、納得すると「よろしい」というのだが、この「よろしい」が出たら、もう簡単には変更はできないということを、部下一同、肝《きも》に銘じていたという。

大山は、部下に任せるところは任せ、決定的瞬間に指導力を発揮するタイプだった。桂太郎は、「大山さんの偉さは、下に使われた者でなければわからない」と語っている。

政界には出ず、後妻との仲睦まじい晩年

元老の一人として重きをなし、日清戦争後に元帥、日露戦争後も再び参謀総長となった大山だが、さらに公爵となって内大臣を務め、トップに登りつめた。しかし、軍人は政治に関与すべからずという信念を貫いて、政界へ進出しようとはせず、派閥にも属さなかった。

大山が好んだのは、妻とともに那須高原の農場で過ごすことだった。大山は、最初の夫人に早くに先立たれ、山川捨松《やまかわすてまつ》という女性を後妻に迎えていた。捨松は、明治四（一八七一）年、日本初の女子留学生として津田梅子らと渡米し、かの地の名門女子大を優等で卒業した才媛である。日本語よりも英語が達者なくらいで、生活様式もアメリカ式、「鹿鳴館《ろくめいかん》の華」と謳《うた》われたスマートな美女であった。

留学経験があり、ずんぐりした外見に似合わずハイカラ好みの大山とは、よく気が合い、当時《なかむつ》としては珍しいことに、自分を「イワオ」と呼び捨てにさせるほどで、終生仲睦まじい夫婦だったといわれる。

安保清種

バルチック艦隊の撃破に貢献した砲術長は日露戦争後、海軍の軍縮会議で活躍した!?

敵艦の名前を覚えるための秀逸なアイデア

日露戦争開戦当初、装甲巡洋艦「八雲《やくも》」の砲術長として黄海海戦で活躍した安保《あほ》清種《きよかず》は、戦艦「三笠」の砲術長に転出して日本海海戦を戦った。

砲術長の職務は、敵の艦隊をいち早く発見し、砲撃を指示することである。しかし、バルチック艦隊との戦いに備えて水兵たちと砲撃訓練に励んでいた安保は、砲撃手たちがロシア艦隊の名前をよく覚えていないことに気がついた。

確かに、聞き慣れない外国語の名前は覚えにくいものである。しかし、敵艦隊の名前にまごついていたのでは、一瞬の判断が生死を分ける戦場では、話にならない。

そこで安保が考えたのは、ロシア戦艦の名前を日本語に直す、しかも、縁起の悪いものに語呂《ごろ》合わせするというものであった。

たとえば、防護巡洋艦イズムルードは「水漏《も》るぞ」、戦艦ボロジノは「ボロ出ろ」、戦艦シソイ・ウェリーキーは「薄いブリキ」、戦艦アリヨールは「蟻寄る」、戦艦オスラビヤは「押すとピシャ」、戦艦アレクサンドル三世は「呆れ三太」、戦艦クニャージ・スワロフは「国親父《おやじ》座ろう」、そして海防戦艦アプラクシンが「油布巾《ふきん》」、装甲艦ドミトリー・ドンスコイが「ゴミ取り権助《ごんすけ》」といった具合である。

この呼び名を、敵艦の図形に書きつけて水兵たちに覚えさせたところ、彼らはこのアイディアに喜び、すぐに敵艦の名前を覚えることができたという。これはその後も訓練のときばかりではなく、実際の海戦中にも使われた。

のちに、日露戦争三十周年記念の会合が開かれた際、安保はこのアイディアを「実戦の場合はなかなか有効であったのは、いま考えても会心のいたりでありま

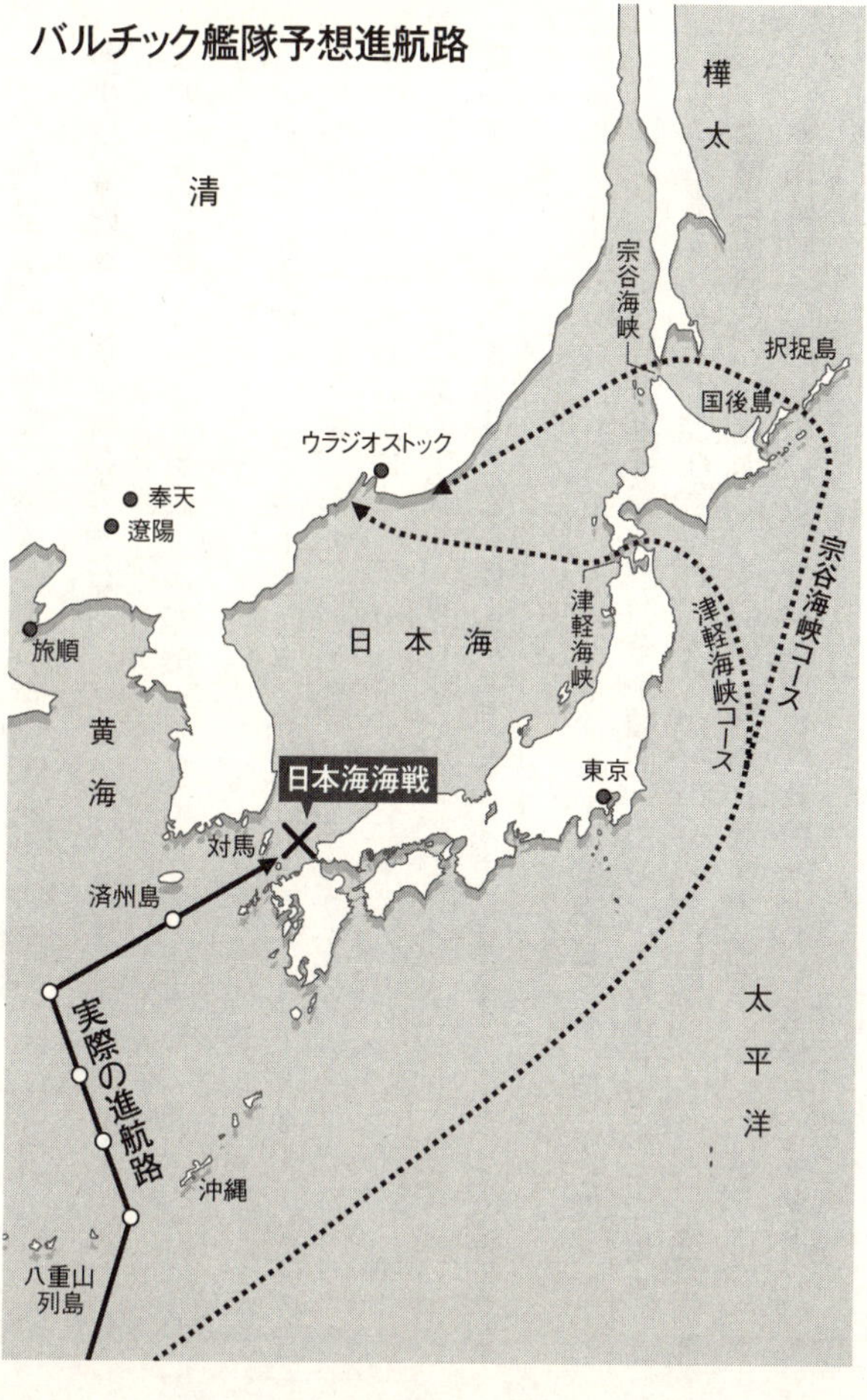
バルチック艦隊予想進航路
樺太
清
宗谷海峡
択捉島
国後島
ウラジオストック
奉天
遼陽
旅順
宗谷海峡コース
津軽海峡
津軽海峡コース
日本海
黄海
日本海海戦
東京
対馬
済州島
実際の進航路
太平洋
沖縄
八重山列島

す」と、得意満面で回想している。

海軍内の派閥をまとめる責務を果たす

また、安保はバルチック艦隊との距離がもはや八千メートルに接近したとき、「どちら側で戦をなさるのですか！」と大声でいったというエピソードでも有名である。日本海海戦では、ぎりぎりまで敵を引きつけるという作戦が採られたのだが、砲術の準備のためには、右舷《げん》に回るか左舷に回るかを決めなくてはならない。しかし、上官の東郷らに正面切って尋ねるわけにはいかないので、やむなく独り言のように口にしたのである。後年、安保は「大声でつぶやいた」と語っている。

そして、いざ海戦が始まると、艦内の将兵につぶさに実況を伝えつつ、測的と射撃修正で奮闘した。

戦後は、イギリスに駐在して後、軍令部次長や海軍次官を歴任、昭和四（一九二九）年には、ロンドン海軍軍縮会議の全権顧問となる。時の海相であった財部《たからべ》彪《たけし》が、政争に巻き込まれて辞任すると、安保がそのポストに就く。当時は、海軍内部でも、軍縮に消極的な艦隊派と、条約の締結を重視する条約派がしのぎを削っていたが、安保は両者のまとめ役として活躍した。政治家としても優れた手腕を持っていた人物である。

ネボガトフ少将

日本海海戦の降伏後、人生が急転直下！
ロシア皇帝の逆鱗に触れ、下された判決は銃殺刑!?

乗組員の生命を守るための苦渋の決断

日露戦争の行方を大きく左右した明治三十八（一九〇五）年の日本海海戦。そこでロシア海軍が誇るバルチック艦隊は、日本海軍の前にあっけなく敗れ去った。連合艦隊の攻撃によってロシア艦は次々に大きな被害を受け、戦死者も多数出る中、ついに最後に残った五隻の艦のうち戦艦「ニコライ一世」が降伏旗と日章旗を掲げて降伏。ほかの艦もこれに続いた。

この降伏を決意したのが、第三太平洋艦隊司令官ニコライ・ネボガトフ少将である。彼は重傷を負った司令官ロジェストヴェンスキーからバルチック艦隊の指揮権を引き継ぎ、降伏旗を掲げた後で、生き残った艦長たちを呼び寄せ、これ以上の無益な流血を避けて、二千五百人の乗組員の生命を守るために降伏したと説明した。それに反対する艦長は一人もいなかったと伝えられることから、いわば全員一致の結論だったといえる。

ネボガトフは日本の戦艦「三笠」の将官室で東郷平八郎連合艦隊司令長官と会

見。五隻の軍艦はすべて現状のまま引き渡し、乗組員は全員捕虜とするといった内容の降伏条件を受け入れた。

降伏した最終責任をなすりつけられる

この協定に基づき、バルチック艦隊の将兵たちは日本へと連行された。しかしその途中、戦艦「アリヨール」の機関が止まってしまい、佐世保まで回航できなくなるというアクシデントが発生する。これは乗組員たちのしわざで、彼らは艦の蒸気の主管や汽罐《きかん》などに様々な妨害を仕掛けていたのだ。艦長たちは承諾した降伏であったものの、じつは乗組員は降伏に対して強く反発していたのである。

こうした反発は乗組員だけにとどまらなかった。ロシア皇帝ニコライ二世もまたネボガトフによる降伏に納得しておらず、このことがネボガトフの「その後」に暗い影を落とすことになる。

明治三十八（一九〇五）年五月三十日、東郷大将は大本営に、ネボガトフ少将と協定した降伏条件を打電。一方、ネボガトフもこの内容を本国に報告し、了承を仰いだ。ところが、ネボガトフのもとには、いくら待ってもロシア皇帝からの勅電《ちよくでん》は来なかった。数倍の数の日本の艦隊に包囲されたとはいえ、まだ戦闘力が残っているのに、あっさり降伏するとは何事か、というのである。

この背景には、バルチック艦隊司令長官ロジェストヴェンスキー中将の巧妙な電送文がある。彼は、重傷を負った自分は日本に降伏したことをまったく知らず、気がついたら佐世保の病院に入っていたという印象を与える電送文を本国に送っていたのだ。そして、第二信ではネボガトフの降伏についての情報を送り、自分はどうすることもできなかったと巧みに自分への非難をかわそうとしている。ロジェストヴェンスキーは敗色濃厚となった時点で、抵抗を止めさせたりするなど、進んで降伏したという証言があるにもかかわらず……。

戦闘から、降伏に至る内容を忠実に報告したネボガトフと、シラを切って責任を他人になすりつけたロジェストヴェンスキー。ニコライ二世からねぎらいの勅電が届いたのは、後者のほうであった。

こうした経緯から皇帝の怒りを買ったネボガトフには、本国で過酷な運命が待っていた。一九〇六（明治三十九）年、帰国したロジェストヴェンスキー中将をはじめ、ネボガトフ少将やその指揮下にあった乗組員に対して軍事裁判が行なわれた。

一般の将兵については、ほとんどが無罪となったものの、ネボガトフ少将と参謀長のクラピエ・ド・コロング大佐に下された判決は、銃殺刑だった。仲間の人命を重んじて、しかも艦長たちの賛同も得て下した降伏の結論が、ネボガトフの生命を危機に陥れたのである。

結局、ネボガトフはその後減刑され、改めて国事犯監獄に十年の禁錮刑が言い渡された。さらに、彼をはじめ服役した将校たちは、三年後の一九〇九（明治四十二）年に恩赦で全員釈放されたものの、やはり世間の風は冷たかった。

晩年のネボガトフは、行商によって糧《かて》を得るその日暮らしの生活を送ったともいわれる。はっきりとした真相はロシア革命の混乱にまぎれて不明だが、いずれにしても、世界最強を誇ったバルチック艦隊の司令官にしては、あまりにも惨めな晩年だったことは間違いない。

金子堅太郎……アメリカ大統領とのつながりを活かして日露講和に尽力！　しかし、曲解したアメリカの新聞に激しく抗議した⁉

人脈を活かしたアメリカでの広報活動

日本は日露戦争を終結させるための講和会議で、アメリカを仲介役としてなんとか味方につけようと考えた。そこでその大役を任され、見事その役目を果たした人物が、金子堅太郎《かねこけんたろう》である。

金子は、嘉永六（一八五三）年に福岡藩士の家に生まれた。明治維新後に旧藩主に従ってアメリカに留学し、ハーバード大学で法律を学ぶ。そのときの級友こそ、日露戦争時のアメリカ大統領セオドア・ルーズベルトであった。明治二十二（一八八九）年には、議会制度調査のために再び渡米する。当時、行政改革委員長を務めていたルーズベルトと親交を結ぶようになったのはこの頃からで、それが、やがて大きな効果を発揮することになる。

日露戦争開戦後、日本政府は大国ロシアを相手とした長期戦は不利と見ており、局地的な勝利をきっかけに、早期に講和に持ち込む戦略を考えていた。その調停の斡旋《あっせん》国として期待を寄せたのが、金子と関わりの強い大国アメリカだった。

そこで、外務大臣・小村寿太郎《こむらじゅたろう》は、どうにかしてアメリカの国内世論を親日的な方向に導き、有利な調停に持ち込もうと考えてアメリカに特使を派遣した。その特使に金子が指名されたのも、当然といえば当然であろう。

金子が特使として渡米した頃、ルーズベルトはマッキンレー大統領の暗殺によって副大統領から大統領に昇格していた。ハーバード大学時代の同級生で、その後も親交を結んだ男が大統領なのだから、これほど強い味方はいない。

金子は大統領の人脈を十分に活用して、アメリカ国内での広報活動を展開していった。

太平洋戦争中に「金子の死」が報じられる

一方、明治三十八（一九〇五）年の日本海海戦で勝利した日本は、これをきっかけに講和に持ち込もうとした。日本政府はアメリカに対して、日本が依頼した形ではなく、ルーズベルト大統領自らが発案した形で調停に乗り出すよう申し入れる。ルーズベルトはこの要請を快諾し、講和に乗り出した。この背景に金子の努力があったことはいうまでもない。彼の宣伝活動によって、日本がロシアを圧倒していることが大きく伝えられた。そのため、奮闘する小国に同情を寄せたアメリカ世論が親日へと傾いていたのである。

ところが、金子の手腕の見事さは、意外な波紋を巻き起こす。ポーツマス講和会議は難航したものの、最終的には日本とロシアとの間で日露講和条約が結ばれた。だが、アメリカの新聞はこれに関して「金子堅太郎が、日本側全権の小村寿太郎に圧力をかけて無理矢理講和させた」とする記事を出し、これに対して金子が真っ向から反論するという事態となったのだ。こんな捏造《ねつぞう》記事が出るのも、それだけ金子の外交活動が巧みであり、アメリカ人の目には金子の存在が大きく映っていたことの証明といえるだろう。

その後、日米は太平洋戦争によって敵対関係となったが、その最中の昭和十七

（一九四二）年に金子が八十九歳で死去すると、『ニューヨーク・タイムズ』紙はその死を大きく報じた。金子がアメリカに残した足跡は、それだけ大きかったのである。

二葉亭四迷

記者として念願のロシア外交に携わった文豪、帰国を余儀なくされた無念の最期

文壇からジャーナリズムの道へ

言文一致体のリアリズム小説『浮雲《うきぐも》』『平凡』などで知られる文学者の二葉亭四迷《ふたばていしめい》は、陸軍士官学校の受験に三度失敗した後、騒然とするロシア外交に携わりたいとの思いで、東京外国語学校のロシア語科に入学したという経歴の持ち主である。

四迷は、『浮雲』をもって文壇で名声を博した後も、日露関係が悪化する中で、記者としてロシアに関わる仕事をしたいという志を持つようになった。

日露間で戦いの火蓋が切って落とされると、四迷はロシア語の語学力を買われて、大阪朝日新聞社に招かれる。その職務は、ロシアの新聞や雑誌の中から日本人が興味を持ちそうなものを探し出し、翻訳して記事にするというものだった。

だが、四迷の記事はボツになることが多かった。当時のジャーナリズムは、国内の戦勝気分を煽《あお》るものばかりであり、ロシアの強大さを書いた四迷の記事は、紙面にそぐわなかったのである。

ポーツマス講和会議の後、四迷が書いたロシア側全権のヴィッテ論だけは、ロシアの政治状況を鋭く論じたものとして評価を得ることになるが、それも後世になってからのことであった。

夢を実現させるも、ロシアの極寒に倒れる

日露和平とともに、国内でのロシアに対する注目度は下がり、おかげで記者としての出番も少なくなってしまった四迷だが、明治四十一（一九〇八）年には、大阪朝日新聞社のロシア特派員として、サンクト・ペテルブルクに渡ることになる。

念願のロシア赴任を実現させ、張り切っていた四迷だったが、白夜《びやくや》のために不眠に陥り、体調を崩す。しかし、ほどなく回復し、バルカン半島問題をはじめとする多くの通信記事を東京に打電した。

後の第一次世界大戦は、バルカン問題を発端としてボスニアの首都サラエボにおけるオーストリア皇太子暗殺事件を機に勃発している。

このことを考えると、バルカンに目をつけた四迷は、ジャーナリストとしても優秀だったとはいえまいか。

ところが、四迷はサンクト・ペテルブルクの厳しい寒さの中で風邪をこじらせ、今度は、肺炎と肺結核にかかる。

連日の高熱に、ついに医者は匙《さじ》を投げ、日本人の友人たちも彼に帰国を勧めた。帰国を渋っていた四迷だったが、友人たちの説得に、ついに日本へ帰ることを承知する。

当時、サンクト・ペテルブルクから日本に帰るには、シベリア鉄道と、船でインド洋を回る二つのコースがあった。重病人を列車に長時間乗せるのは心配だということで、海路が採られた。

「賀茂丸」に乗船した四迷の容態は、いったんは安定したものの、船が南下して気温が高くなるにつれて悪化し、とうとうベンガル湾上で、四迷は帰らぬ人となってしまう。ロシアへの夢を追い続けた、四十五年の生涯だった。

四迷の遺体は、シンガポールで荼毘《だび》に付され、遺骨となって帰国した。

与謝野晶子

「君死にたまふこと勿れ……」女流歌人が心から安否を案じていた弟はどうなった!?

「家庭の事情」で特別かわいがった弟の出兵

与謝野晶子《よさのあきこ》は、性愛を高らかに歌い上げた歌集『みだれ髪《がみ》』で、日本中に一躍名を知られた情熱の歌人である。

その晶子が、明治三十七(一九〇四)年に、雑誌『明星《みようじよう》』九月号に発表した長詩「君死にたまふこと勿《なか》れ」は、たいへんな物議をかもした。

この詩は、「旅順口包囲軍の中に在る弟を嘆きて」という副題を持ち、「あゝをとうとよ君を泣く　君死にたまふことなかれ」で始まって、「旅順の城はほろぶともほろびずとても何事ぞ」「すめらみことは戦ひに　おほみづからは出でまさね」と、続いている。

その頃、晶子の弟である籌三郎《ちゆうざぶろう》は応召して第三軍の所属となり、旅順攻撃に参加していたという。弟の身を案じる思いが、激しい言葉となってほとばしり出たのである。

だが、この詩は、戦争に反対して厭戦《えんせん》気分を煽るもの、さらには天皇を批判するものとして、激しい非難を浴びた。その先頭に立ったのが、国家主義者の大町桂月《おおまちけいげつ》で、「危険な思想なり」「日本国民として許すべからず」とヒステリックに晶子を弾劾した。

激しい批判を受けたこの「君死にたまふこと勿れ」であるが、じつは、反戦を意図してつくられた詩ではなかった。肉親が無事で帰るよう願う自然な発露が、「君死にたまふことなかれ」の一節だったのである。

晶子は、兄弟姉妹の中でも、この弟をとりわけかわいがっていた。晶子と同じく文学趣味を持つ籌三郎は、早稲田大学に進学して勉学したいとの夢を持っていたが、それをあきらめて家業を継いでいた。

晶子は、妻子ある鉄幹《てっかん》と恋愛して家を飛び出したことから、父が死んだときさえも家の敷居をまたがせてもらえなかったのだが、籌三郎のはからいで、位牌《いはい》を拝むことができたのである。このエピソードからも二人の仲は特別なものであったことが偲《しの》ばれよう。

さて、この籌三郎が戦争でどうなったのか、誰しも気になるところであろう。

彼は、旅順の激戦をくぐり抜け無事に帰還した。さらに、太平洋戦争中まで生きていたから、当時の寿命を考えると天寿をまっとうしたというべきであろう。

十一人の子どもと夫を支えて孤軍奮闘

晶子は、その後も歌人・文学者として旺盛な活動を続ける。晶子の文学のスタートであった浪漫《ろうまん》主義は次第に勢いを失い、自然主義が主流となっても、晶子の筆力は衰えることがなかった。

それればかりではない。晶子は、家庭をもおろそかにしない良妻賢母であった。夫で、文学の師でもある鉄幹は、浪漫主義の衰退を受けて、主宰する雑誌『明星』が明治四十一（一九〇八）年に廃刊になると、気落ちのあまり抜け殻《がら》のようになる。さらには、庭に出て、包丁で蟻《あり》をつぶすという奇矯《ききょう》な行動を取るようにまでなってしまう。

これではいけないと感じた晶子は、夫をヨーロッパ旅行に送り出してやろうと奮起。すさまじい働きを見せて渡航費用を捻出し、明治四十四（一九一一）年にはそれを実現する。愛情も冷めることなく、鉄幹の後を追って、晶子自身も渡航しているほどである。

こうした晶子の気持ちが通じたのか、鉄幹は立ち直り、晩年は語源の研究に打ち込んだ。晶子は、すべての生活費を稼ぎ出したばかりか、鉄幹との間に儲けた十一人の子どもたちにも惜しみない愛情を注ぎ、すべて立派に育て上げたのだった。

秋山真之

日本海海戦を勝利に導いた英雄は、手術を拒否して死亡。その背景にあったものは熱心な信仰心!?

「智謀湧くが如し」の日本海海戦の英雄

秋山家は兄弟いずれも優秀であり、真之《さねゆき》の兄・秋山好古《よしふる》は陸軍大将。そのほかの兄弟も実業界で名を為すなどしていた。四国松山出身の真之は、上京したのち大学予備門から海軍兵学校へ入り、首席で卒業したエリートである。兄・好古とともに、軍人として前途有望な青年で、司馬遼太郎の小説『坂の上の雲』では主人公にもなっている。

上官だった東郷平八郎に「秋山の頭は、水が湧くように智謀《ちぼう》が湧いてくる」といわしめたほどの秀才で、のちの時代には「人間コンピュータ」と呼ばれることもある。日清戦争では、巡洋艦「筑紫《つくし》」の航海士をつとめた。

明治三十（一八九七）年、アメリカへ渡航し、当代随一といわれたアメリカ海軍の戦略家マハンのもとで、戦略・戦術の基礎を学んだ。渡米中に米西戦争が起こり、アメリカ海軍とスペイン艦隊との海戦中には、観戦武官としてアメリカの艦船に乗艦することを許された。

そのときの報告書は、着眼点の素晴らしさ、鋭利な分析力、戦術眼の確かさを示しており、海軍中央部から一目置かれる存在となった。また、「海軍大学校の父」といわれた坂本俊篤《さかもととしあつ》とニューヨークで出会い、坂本から海軍大学校の教官にふさわしいと認められたのもこの頃だ。

はたして真之は、明治三十五（一九〇二）年、海軍大学校の教官となった。そこではアメリカから持ち帰った兵棋《へいぎ》を使い、大きな図板の上で駒《こま》を動かして戦場でのシミュレーションを行なうなどの斬新な授業法を広め、これがのちの海軍作戦の基礎とされた。

日露戦争が勃発すると、真之は連合艦隊の作戦参謀に任官。真之が立案する作戦を、東郷は即決で採用した。日本海海戦の勝利は、真之の頭脳によるところが大きいと人々にいわしめたのである。

精神世界へと傾倒して、最後は手術を拒否

軍人は、戦争で死と直面することが多いため、宗教に傾倒する人が多いといわれるが、真之も例外ではなかった。

日蓮宗信者となった真之は、日露戦争後に日蓮研究の天晴会に参加するようになった。やがて、天晴会に満足できない真之は、新興宗教の大本《おおもと》教への信仰を深めるようになる。真之は熱心な信徒で、真之の強引な勧めによって、入会させられた海軍関係者は一人や二人ではなかったといわれている。

そうしたさなか、大正五（一九一六）年に真之は第二水雷戦隊司令官を命じられるが、このポストは真之にとっては不服だったらしい。

鬱々《うつうつ》とした状態の中、任官して半年足らずで盲腸炎を発症し、東京の駿河台《するがだい》病院へ入院した。症状はかなり進んでいたが、それでも退院するとすぐに真之は、三日間の修行を行なっている。信仰によって、病気は治ると信じていたらしい。

しかし、病状はさらに重くなり、主治医は手術をするしかないとの診察を下した。ところが真之は、手術も輸血も絶対に行なわないと拒否し、「信仰の力で治してみせる」と豪語した。

残念ながら深い信仰心だけでは病気を治せるはずもなく、真之は大正七（一九一八）年、五十一歳でこの世を去った。

人間とは思えぬほどの明晰な頭脳の持ち主は、最後の最後に、人間の叡智《えいち》の結集である近代医学に自分の命を託すことを拒み、信仰という精神の世界に身を委ねることを選択したのであった。

山屋他人

日露戦争勝利の陰の功労者、晩年は住民を束ねて新しい街づくりのリーダーに！

秋山真之に採用された「山屋戦法」

日露戦争で日本海軍がロシアのバルチック艦隊を破ったのは、秋山真之の「T字戦法」だったといわれている。確かにそうなのだが、じつは真之は、山屋他人《やまやたにん》が提唱した「山屋戦法」を基本にして戦術を立てていたとの話がある。

山屋他人は海軍大学校で、兵棋盤を使って仮想演習の講義をした。そのときに教えたのが、日本古来の水軍の戦術を基礎とした「円戦術」、いわゆる「山屋戦術」であった。学問に造詣《ぞうけい》の深かった山屋は過去の水軍戦法を研究し、彼なりに近代的な解釈を加味して、一つの戦法を編み出したのである。このとき、山屋の講義を受けていたのが真之であった。のちに真之は山屋の跡を継いで、海軍大学校の教官になっている。

真之の戦術がもてはやされた頃、山屋は一言もそれについて話さなかった。無欲、謙虚な山屋の性格をよく表わしており、海軍仲間からは「君子《くんし》のようだ」といわれていたという。

山屋は、日清、日露、第一次世界大戦の三つの大きな戦いに参戦した。そのほか、海軍大学校校長、人事局長、海軍軍令部次長、連合艦隊司令長官、横須賀鎮守《ちんじゅ》府《ふ》司令長官の重職を歴任し、軍事参議官をつとめたのち、退官した。

「田園都市」洗足村の街づくりに貢献

引退したとはいえ海軍大将にまでなった山屋には、郷里の岩手から様々な引き合いがきたが、華やかな公職には一切つかなかった。しかし、東京における「県人会」の世話など、裏方としての活動は引き受けていた。

当時、渋沢栄一など財界のリーダーの働きかけにより、イギリスを手本とした緑の多い郊外の開発が行なわれていた。郊外の宅地を開拓し、鉄道などを整備して、豊かな街をつくろうとしたのである。いまの「田園調布《でんえんちょうふ》」が典型例である。

この開発の一番手は「洗足《せんぞく》」であった。しかし、開発者もそこに住む住人も不慣れであるため、様々な不都合が起きた。そこで住民たちで結束して、開発公社と交渉をするべく自衛組織である「洗足会」が発足した。山屋はその初代会長として骨身を削って働いたのである。

「洗足村」に集まった住民は、知識人が多く、個々の主張はするのだが、皆で協力して何かをするのは苦手だった。それらの人々を束ねたのが山屋だった。また、当時「洗足村」は、三つの行政区にまたがっていたことも事を面倒にし、鉄道敷設《ふせつ》や治安、教育設備、通信設備などの整備が遅れていた。山屋はこうした不備を早急に是正して、豊かな街にするために尽力したのである。

その後の洗足村周辺では、急速に交通網が整備され、横須賀と東京の中間点として、おもに海軍軍人にとって人気のある土地へとなっていった。

昭和十五（一九四〇）年、永眠。山屋の曾孫にあたる旧姓・小和田雅子さんは、現在の皇太子妃・雅子様である。

森林太郎

病院嫌いがたたって病死！　軍人・作家として名を馳せた男が最期に望んだたった一つの願いとは⁉

軍医と作家の「二足のわらじ」に揺れる

森林太郎《もりりんたろう》とは『舞姫』『ヰタ・セクスアリス』『雁《がん》』などの著者として知られ、夏目漱石と並ぶ明治の文豪・森鷗外《おうがい》の本名である。石見国《いわみ》（現・島根県）津和野藩の御典医の家系に生まれた森は、開学以来、最年少で東京大学医学部を卒業し、陸軍へ入隊。軍隊における衛生学を学ぶためにドイツへ官費留学をした。このときに修めた医学知識を基に、陸軍内部の改革に尽力するが、同時にドイツ文学と哲学の研究にもいそしみ、作家としての素養も磨いた。

帰国後は軍医学校教官及び陸軍大学校教官をつとめ、軍医の教育に貢献した。一方で、そうそうたる知識人との論争でも知られるようになった。

西欧思想を取り入れ、医学面、文学面で啓蒙的な動きをする森に対して、保守的な陸軍軍人は反感を強めたという。

日清戦争、日露戦争に従軍し、明治四十（一九〇七）年、軍医としては最高の地位に当たる軍医総監に進級し、陸軍省医務局長に就任した。これは、中将クラスの高位である。しかしながら、一時は小倉《こくら》の第一二師団軍医部長に左遷されたこともあった。文学界で有名になっていた森への嫉妬による人事といわれる。

保守的傾向が強い陸軍において、軍人でありながら作家でもあり、しかも理詰めで近代化を説こうとするといった森の立場の微妙さを表わしていた。

最高位である軍医総監就任後は、森の地位は安定したが、それでも陸軍次官から文学活動を慎むように警告されることもあった。

明治天皇崩御後に乃木希典が殉死したことは、森にとっては衝撃だった。乃木とは、ドイツ留学をともにした仲だったのだ。乃木の死を彷彿《ほうふつ》とさせる、殉死を主題とした『興津弥五右衛門《おきつやごえもん》の遺書』を書きあげ、その後は歴史文学へ傾倒した。意外なことに、森の存命中は、厳格な文章ゆえに発表する小説はあまり売れなかった。むしろ、晩年に開拓した史伝文学という分野での作品の方が評価は高かったのである。

大正五（一九一六）年、予備役となったが、翌年には、帝室博物館総長となり、美術芸術分野の行政に身を置いた。東大寺正倉院の一般参観は、森の英断によってはじめられたという。

一人の石見人として死せんと欲す

軍医として最高位までのぼりつめた森だったが、じつは大の病院嫌いだった。体調不良になってもかたくなに医師の診察を受けようとはしなかったという。

腎臓病を患《わずら》っていたため、尿検査が必要だったが、決して受けようとはしなかった。たまりかねた妻の茂子が泣いて頼んで採尿し、やっとのことで医者のもとへ送ったが、そのときでも「この尿は私のではない。妻のものである」と書いた紙切れを同封したというから、最後の最後まで診察されることを拒んでいたことがわかる。

医師の診察を受けたときには、腎臓が萎縮し、さらに肺結核を併発していた。診察から一週間ほどのち、森は息を引き取る。このとき、森は親友の賀古鶴所《かこつるど》に遺書を筆録させ、静かにこの世を去った。

遺書には、死ぬということは、ほかの追随を許さぬほどの重大事件であるが、どんな官の力をもってしても免れることはできないものであるから、「余ハ石見人《いわみじん》森林太郎トシテ死セント欲ス」と書かれていた。

森の最期の願いは、軍医でもなく作家でもなく、一個人として浮世《うきよ》を辞すことだったようだ。

野口英世

研究成果の黄熱病ワクチンを打ったはずなのに、その死因はなんと黄熱病!?

真の病原体は？　黄熱病の研究に捧げた後半生

細菌の研究者として世界的に名高い野口英世《のぐちひでよ》が、研究者としての後半生を黄熱病《おうねつびょう》の研究に捧げたのは有名な話だ。

とくに、福島の極貧の家に生まれ、幼い頃、囲炉裏《いろり》で大やけどを負い、片手が不自由になりながらも、ひたすら医学に打ち込み世界的な研究者になったというところが、いかにも日本人に好まれそうな、立志伝中の人物である。

彼は、大正七（一九一八）年、黄熱病の病原体をつきとめるため南米エクアドルのグアヤキルに行き、そこで、病原体の「スピロヘータ」を発見。それをもとにワクチンを大量に製造した。

だが、大正十三（一九二四）年頃から、アフリカ西南部にまた黄熱病がはやりだし、野口ワクチンが効かなかったというので、野口説への疑惑が濃くなった。

それで彼は、昭和二（一九二七）年秋、現地のアクラへ赴き、実験用のサルを大量に買い込み、大がかりな実験に取り組んだ。もちろん、その前に、自分のつくったワクチンを注射し、感染に備えたのはいうまでもない。

ところが、実験に取りかかってまもなく、彼は悪寒《おかん》や嘔吐《おうと》の症状を起こした。それでも、彼は、

「黄熱病にかかったが、ワクチンのおかげで軽い症状ですんだ」

「ワクチンを打っているから、いったん黄熱病にかかって治れば、二度とかかることはないはずだ」

と信じて危険な黄熱病の研究にいそしんだ。

そしてついに真の病原体を発見したと喜んだ野口だが、翌昭和三（一九二八）年五月に黄熱病を発病してしまった。

「どうにも僕にはわからない」と不思議がりながら、皮肉にも、みずから研究中の

黄熱病でこの世を去った。

じつは、黄熱病の病原体は、当時の顕微鏡では発見できない小さなウイルス。彼が発見したのは別の細菌で、当然、ワクチンも効くはずがなかった。実験中にかかって治った病気も、おそらく黄熱病ではなかったのだ。

黄熱病の研究は空振りに終わったが、彼が梅毒《ばいどく》スピロヘータを麻痺性痴呆患者の脳内から発見した業績は、いまも高く評価されている。

甘粕正彦

殺人事件を起こすも、わずか三年で仮釈放！その後はなんと中国映画製作に貢献!?

看板スターで「李香蘭」を売り出す

大正十二（一九二三）年、関東大震災のどさくさにまぎれて起こった大杉栄《おおすぎさかえ》らの虐殺事件。

社会主義者を危険分子とみなしていた東京憲兵隊麹町《こうじまち》分隊長の甘粕正彦《あまかすまさひこ》が、震災の混乱にまぎれて、社会主義者の大杉栄とその妻・伊藤野枝《いとうのえ》、甥を東京憲兵隊本部に連行し、殺害したのである。

この事件で、甘粕は軍法会議にかけられ、禁錮十年の判決を言い渡された。子どもを殺すテロ事件を起こしたにしては軽い判決なのは、事件の背後に軍の上層部がいたのではないかという説もあるが、真相は定かではない。

ただ、この説を裏づけるかのように、彼はわずか三年で仮釈放。その後、満州で映画会社の理事長にと、ずいぶん意外な変身を遂げている。

映画会社といっても、彼が理事長となった満州映画協会（満映）は、映画を通じて満州建国精神の発揚《はつよう》と普及・徹底をはかるという、軍事的・政治的な目的でつくられた会社だった。

大杉栄殺人事件で悪名高い彼が理事長としてやってくると決まったとき、満映のスタッフたちは、さぞかし国策一辺倒の方針をとるかと心配していたのだが、彼は、ウソやごまかしは見逃さない厳しい方針をとったものの、映画そのものは自由に製作させた。

俳優はもちろん、監督・脚本から技術部門まで、中国人スタッフを積極的に育成することとすらしたのである。

また、中国で生まれ育ち中国語に堪能な日本人女性を、中国人スター「李香蘭《りこうらん》」として大々的に売り出した。

満映理事長というのは隠《かく》れ蓑《みの》で、じつは甘粕は情報機関のリーダーだったという説もあるが、戦後の中国映画で、満映で育った中国人が中心的な役割をはたしたとさえいわれているほど、彼が中国での映画製作に貢献したのは事実である。

彼の最期は昭和二十（一九四五）年八月二十日。敗戦の五日後、満映理事長室で青酸カリ自殺を遂げている。

原　敬

「腹」を「原」と聞き間違えた!? 犯人の勘違いによって起こった現役首相の悲劇

「本当に腹を切るような人はいない」？

政治的な動機から暗殺されたと考えられていた原敬《はらたかし》首相だが、じつは犯人の勘違いから殺された事実が明らかになっている。

原は大正十（一九二一）年十一月四日、現在の東京駅丸の内南口の改札近くで暴漢に襲われて死亡した。

犯人は国鉄大塚駅に勤務する中岡艮一《なかおかこんいち》。当時、十八歳の青年だった。凶器は短刀で、右胸部から心臓に達する傷が致命傷となった。

爵位を持たない首相として「平民宰相《さいしょう》」の愛称で国民に慕われた原。所属する立憲政友会の近畿大会に出席するために、京都へ向かおうとしていた矢先の出来事だった。

警察の調べによると、当初、中岡が原を暗殺した動機は、政治的な鬱憤《うっぷん》を晴らすためだとされていた。政友会関係者による、明治神宮参道の不正工事や、ガス料金値上げにからむ汚職などが頻発していたことに、中岡が義憤を感じていたためと思われていた。

ところが捜査が進むにつれて、暗殺の動機は政治的意図からではなかったということが明らかになった。

警察発表によると、中岡は勤務先で親しくしていた助役との会話中、助役が「いまの日本の腐敗状況は、武士道精神が失われたからではないか。いまでは腹を切るといって、本当に腹を切るような人はいない」と語ったのを「原（敬）を切るような人はいない」と勘違いし、「それなら俺が」と犯行に及んだという。

このため、助役も殺人教唆《きょうさ》の罪で逮捕されたが、その後、無罪になっている。

なお、中岡は無期懲役を求刑された。

山本五十六

パンとバナナが大好き!? 国を超えた日本大使館を巻き込んだドタバタ騒動の結末

「水を得た魚」のような海軍軍人生活

連合艦隊司令長官・山本五十六《やまもといそろく》といえば、明治時代後期から昭和の太平洋戦争において、戦場の第一線で活躍した人物である。若かりし頃から海軍の期待の星として将来を嘱望《しょくぼう》され、海外留学の機会にも恵まれた。まさに当時のエリート軍人として順調な道を歩んでいた男だ。ところが、そんな彼も海外旅行先で大きな失敗を犯したことがある。

山本が軍人の道へ進むことになったのは、伯父が海軍軍人だったからだ。また、出身地が新潟県の長岡だったことも原因の一つかもしれない。というのも、長岡は明治維新で幕府側についていたため、町全体が不遇をかこっていた。そんな状況を打開するため、中央へ人材を送り出そうとする気風を持った土地だったからだ。

明治時代、まだ藩閥政治の色を残す官僚・軍人の世界で、長岡出身の伯父は大いに出世を遂げていた。その伯父に若き山本は憧《あこが》れを抱いた。

長岡での中学時代はあまりパッとしない成績だったが、軍人を志してからは水を得た魚のように、海軍兵学校を次席で入学し、優秀な成績で卒業している。その後、いくつかの艦の乗組員を経て海軍大学校にも進む。卒業後は海軍省職員としてアメリカ駐在も経験するなど、確実に出世の階段をのぼっていった。

自分の旅費を貸してしまって貧乏旅行に⁉

この大正八（一九一九）年からのアメリカ駐在では、ハーバード大学で勉学に励んでいる。ここで山本は石油の重要性を感じ、自費でメキシコ旅行を試みた。軍艦を動かす燃料となる石油に着目、アメリカの石油産業事情を十二分に検討した結果、メキシコに注目したのだった。

ところが、この研究旅行が妙な事態を招く。山本が訪ねたメキシコの日本大使館で、同郷の友人が経済的に逼迫《ひっぱく》していることを知ると、自身も旅行中であるにもかかわらず金を貸してしまったのだ。それはいいのだが、結果として今度は自分の方が困ってしまう。

旅費が心もとなくなった山本は、宿泊先を安宿に変更し、食事はパンとバナナだけという日々を送る羽目になった。こうした貧乏旅行客は宿側が怪しむ。しかも、アジア人だからなおのことだろう。山本に身元を問い質《ただ》したところ、本人からは日本国の軍人という答えが返ってくるが、どうにも信用できない。この出来事が警察、さらにはメキシコ政府にまで伝わり、ついにはワシントンの日本大使館に問い合わせて身元確認までされる大事になった。

しかし間違いなく日本海軍の中佐だということがわかると、メキシコ政府が出した結論は、山本がよほどパンとバナナの好きな人物だというものだった。

山本の義侠《ぎきょう》心が思わぬ事態を招いてしまったわけだが、当の本人はまったく意に介していなかったという声も、ちらほら聞こえてくる。

若山牧水

亡くなる寸前まで酒に溺れるも、アルコール中毒が功を奏して死後、身体が腐らなかった!?

死の直前には好きなだけ飲ませてあげる

若山牧水《わかやまぼくすい》の代表的な歌に、

「白玉の　歯にしみとほる　秋の夜の　酒はしづかに　飲むべかりけり」

というものがある。

牧水の酒好きを示すような歌だが、彼は酒のためにその死後、信じがたい奇跡を起こしている。

牧水は亡くなる数年前から、積年にわたる過度の飲酒により、アルコール依存症にかかっていた。医者は飲酒をやめさせていたが、死の直前には好きなだけ飲ませるようになる。これが奇跡を呼ぶことになった。

奇跡といっても、それで病気が治ったわけではない。牧水の病は肝硬変で手のつけようがなく、日に日に体力を落としていった。

付き添い看護婦の記録には食事内容も記されており、それによると、スープや卵《らん》黄《おう》、重湯《おもゆ》といった、必要最低限の食事のほかに、酒も出されていたことがわかる。亡くなる前日、幻覚症状が出はじめた状態でも酒だけは飲んでいる。それも寝たままではうまくないと、無理に体を起こして飲もうとしている。死亡当日の朝も飲んでおり、量は五合にも及んでいた。

牧水はもともと酒好きではあったが、雑誌発行で抱えた赤字解消のため、全国へ書を書いて歩いた。著名な牧水のこと、書を書いてまわることで謝礼をもらい集めていたのだ。ただ、その疲れを癒《いや》そうと深酒をした結果、依存症状が進み、死期を早めてしまったようだ。

奇跡は、昭和三（一九二八）年九月十七日に牧水が死を迎えた後に起こる。医者は奇跡の様子を九月十九日の日記にこう記す。

「死後二日たって、しかも強い残暑の今日のような日でも、遺体はなんの腐臭もなく、顔に死斑《しはん》一つさえ出なかった。これは体の内部にたまったアルコールのせいだろうか」

つまり牧水の遺体は、体にたまったアルコール分のせいで、まるで聖人のように、腐ることがなかったというのである。

阿部定

愛しすぎたあまりに恋人を殺害……。更生後はホテルの仲居として再出発!?

愛憎ゆえの「定吉二人」の血文字

愛する人の、いちばん愛する部分を自分だけのものにしておきたい。その思いだけで、犯罪史に残る珍事件を起こした阿部定《あべさだ》。彼女は、殺人犯として懲役刑になったが、事件現場はどうなったのか、また懲役後の定はどうなったのか。事件そのものがいまも語り続けられる一方で、これらのことが話題になることは少ない。

昭和十一（一九三六）年五月十八日、荒川区の待合、いまでいうレンタルルーム業を営む「満佐喜《まさき》」で、男性の他殺体が発見された。被害者の名前は石田吉蔵《いしだきちぞう》。現場に落ちていたヒモから、犯行は絞殺《こうさつ》によるものと考えられた。

一見、どこにでもありそうなこの事件が世間の注目を集めたのは、遺体の太股に「定吉二人」と書かれた血文字があったことと、遺体から性器が切り取られていたためだ。

犯人は吉蔵の愛人である阿部定。被害者に残された「定吉」の文字は、二人の名前を合わせたものだったのだ。

発生当時から人々の好奇の目にさらされたこの事件。大衆の興味は、事件の起こった「満佐喜」と、事件後に逃亡していた定が逮捕された品川駅前の旅館「品川館」に向かった。

商魂たくましいことに、「満佐喜」では、定と吉蔵が使った部屋に、二人が着たドテラや読んでいた雑誌を陳列、顔写真まで飾って展示室にしてしまった。「品川館」も、定が宿泊したままの状態を保って開陳し、宿の主人が逮捕劇を講釈までした。

思わぬ役得があったのは、逮捕前日に定に呼ばれたマッサージ師で、新聞・雑誌の取材に応じた謝礼金で家が新築できたそうだ。

最後は置手紙を残して姿を消す

さて懲役刑になった定はというと、昭和十六（一九四一）年に出所している。しかし事件があまりに衝撃的だったため、本名での再出発は不可能だった。定は、偽名を用いて旅館で働いたり、ドサ回りの役者をしたというが、戦後もしばらくたった昭和四十二（一九六七）年頃、彼女は小料理屋を開いたらしい。定と知りながら小料理屋開店の資金を提供した人物がいたとの話もある。

このとき、素性がばれて取材を受けたこともあったし、定と承知で通う客もいたようだ。しかし、これも一時の徒花《あだばな》のような人気。やがて店をたたんだ定は房総《ぼうそう》のホテルで仲居になっている。彼女の消息をたどれるのはここまでだ。その後、定は置手紙を残して姿を消している。

辻政信

エリート参謀の不可思議な行動！ベストセラー作家、政治家を経てラオスで雲隠れ!?

戦犯に問われるのを恐れて「潜行三千里」

辻政信《つじまさのぶ》は陸軍幼年学校、陸軍士官学校、陸軍大学校卒業と、生え抜きの軍人といえる経歴を持つ。幼年学校、士官学校とも首席で卒業、恩賜《おんし》の銀時計を受けている。さらに、陸大でも三番の成績の卒業で恩賜の軍刀を受けるというエリート中のエリートだった辻政信を称して、「陸軍きっての秀才」と呼ぶ者も多かった。しかし、昭和十一（一九三六）年、辻が関東軍参謀となった頃には、その呼び名で彼を呼ぶ者はいなかったであろう。

昭和七（一九三二）年の第一次上海事変出征の頃までは、若い将校たちの手本として辻を評価する人もいたようだが、参謀となってからの彼の言動は周囲の理解を超えることがたびたびあったからだ。

とくに日米開戦の直前、開戦に消極的だった近衛文麿《このえふみまろ》首相を暗殺しようと発言して、周囲をあきれさせたりしている。

さらに太平洋戦争開戦後は、軍の正規の命令とは異なる強引な作戦を指導した例も多く、「彼につとまるのは師団参謀がいいところ」という評価もある。

ただ、そこまで好戦的だった辻が、第一八方面軍参謀としてバンコク駐留中の昭和二十（一九四五）年八月十四日、急に姿をくらますのである。部下七人を連れて僧侶姿に身をやつして軍から逃亡したのだ。翌日の終戦を知って、戦犯として捕らえられることを恐れての行動だったようだ。

その後、バンコクの寺院に隠れているところを連合軍の兵士に発見されそうになると、すかさず逃げ出して、ラオス、中国などと逃げ回っているのだが、これを辻本人は逃亡とはいわず、「地下潜行《せんこう》」などと美化している。しかも、逃亡中の日々を綴《つづ》った手記『潜行三千里』を終戦から五年後に出版までしているのだ。

中国経由でひそかに日本へ舞い戻っていた辻が、本を出版することができたのも、戦犯指定が解除になったからである。中華人民共和国中央人民政府の成立という情勢を背景にアメリカの日本占領政策が変わり、朝鮮戦争勃発に向けて多くの戦犯指定解除者が出たが、辻もその中の一人だった。

とびきり「伝説めいた」再失踪の理由

晴れて地下潜行をやめることができた辻の手記出版は、その内容がスリルに富むものだっただけにベストセラーとなった。

おかげで社会全体で広く名前を知られるようになった辻は、故郷の石川県から衆議院選挙に立候補、トップ当選を果たして議員の座につく。それでも政党という背景のない辻がトップ当選したのは最初の選挙だけで、その後、日本民主党、自由民主党と政党に所属するものの、自身の人気は下降する一方だった。

政界での業績もないまま、衆議院議員四期ののち、参議院に転じて全国区当選したのが昭和三十四（一九五九）年のことだった。

戦後の辻のこうした行動は、終戦直前の逃亡同様、機を見るに敏《びん》な彼らしいものということができる。

ところが、この二年後、参議院議員として東南アジアの視察に出向いた辻は、再び姿をくらますのである。参議院への届け出では、「ベトナム、カンボジア、タイ、ラオス、ビルマ、ホンコン」が視察予定地となっていたが、タイからラオスへ入ったきり消息を絶った。

ラオスは戦前までは仏印と呼ばれていた地域で、戦後は独立したとはいうものの、この時代はまだ内乱ともいえる状態で、政情不安定だった。そこへあえて足を踏み入れた辻が何を求めていたのかは、半世紀以上たった現在では知りようがない。

昭和四十四（一九六九）年には、東京家庭裁判所により、昭和四十三（一九六八）年七月二十日付けの死亡宣告が出されたが、その死については、現地での病死説やイギリスの諜報機関による処刑説など、伝説めいている。

また当時は、逆に生き残っているという説も根強く残り（ベトナムで反共義勇軍として戦っている、エジプトのナセル大統領の顧問をしているなど）、いい意味でも悪い意味でも辻という人物の「スケールの大きさ」を物語っているといえるだろう。

淵田美津雄

真珠湾攻撃の指揮官が戦後、キリスト教の伝道者に!? アメリカでも好意的に受け入れられた鮮やかな転身

奇襲成功を告げた「トラ・トラ・トラ」

真珠湾攻撃に際して、全航空隊の訓練と空襲の総指揮という大役を担ったのが、淵田美津雄《ふちだみつお》であった。運命の昭和十六（一九四一）年十二月八日、自ら第一次攻撃隊を率いた淵田は、「全軍突撃せよ」の指令を打電させた。

そのわずか三分後、淵田は暗号文「トラ・トラ・トラ」の打電を指示した。意味は、「我、奇襲に成功せり」である。この奇襲により、アメリカ軍の戦艦八隻（撃沈四隻・大破三隻・小破一隻）、航空機三百十一機（陸軍機二百三十一機・海軍機八十機・その他、空中戦で若干数を撃墜）などが海の藻屑《もくず》と消えた。

真珠湾のレーダーは、淵田率いる百八十三機をとらえていたが、これを本国から送られた味方の飛行機部隊だと思い込んで警戒しなかったという。淵田にとっては幸運である。

華々しい戦功を立てた淵田だが、その後は参戦したミッドウェー海戦の敗北で屈辱を味わうこととなる。

人種や国を超えた平和を願い、キリスト教へ入信

昭和二十三（一九四八）年、渋谷駅前の忠犬ハチ公の像付近で、淵田はパンフレットを渡された。そこには、元アメリカ軍軍曹のジェイコブ・ディシェイザーが書いた本のあらすじが書かれていた。ディシェイザーは、真珠湾攻撃に憤慨して自ら志願して軍の飛行兵になったが、飛行機の故障で不時着したところを日本軍に捕まり、捕虜として中国各地の収容所で虐待された経験を持つ。そのときの日本人への憎悪をキリスト教に帰依《きえ》することで克服し、いまは日本での伝道に力を注いでいるといった内容だった。

その話に感動を覚えた淵田は、『新約聖書』を読み、キリスト教徒になることを決意する。大阪へ出かけ、アメリカのポケット聖書連盟代表のグレン・ワグナーに会い、入会を申し込んだ。早速、淵田は街頭伝道へ連れていかれ、演説させられた。そのときの淵田の話に感動して、キリスト教への入信希望者が約五百人にものぼったといわれている。

淵田の話は以下のようなものであった。

「私は海軍将校として三年八か月も戦争をしたが、戦争がいかに悲惨で残虐性を帯びているかを体験した。キリストの教えを基に、皆が人種や国を超えて交流すれ

ば、平和が訪れるのではないかと思う」

のちに淵田は、アメリカのキリスト教団体からの招きを受けて、アメリカ各地で講演を行なった。アメリカ人が憎む、真珠湾攻撃の立役者であったことも包み隠さず話したが、彼らの反応はおおむね好意的なものだった。過去は敵同士でも、いまは同じキリスト教徒であるという思いからである。

帰国した淵田は、再び布教活動に邁進した。終戦から三十年たった昭和五十（一九七五）年、持病の糖尿病が悪化し、入院。死期を察した淵田はやがて治療を断り、食事もとらずに、自然に死が訪れるのに任せた。七十三歳であった。

井上成美

避戦を訴え続けた「最後の海軍大将」の心を癒やしたのは、英語を学びにやってくる子どもたちの笑顔だった！

「海軍左派」として対アメリカ戦争に反対

井上成美《いのうえしげよし》は昭和十九（一九四四）年八月から米内光政《よないみつまさ》海相の下で次官をつとめ、終戦直前の五月に海軍大将になったことから、最後の海軍大将と呼ばれることがある。軍人としての昇級だけを見れば位を極めたともいえるが、井上にとっては本意ではなかったかもしれない。

というのは、太平洋戦争にいたる時代の流れの中にあって、井上は徹底して「海軍左派」と呼ばれた〝三国同盟と対アメリカ戦争への反対論者〟だったからだ。極めて現実的な思考をする井上にとって、到底日本がアメリカに勝てるわけがないと思っていた。そのため、アメリカとの戦争には終始反対の意を貫いたのだ。

心ならずも日本は戦争に突入してしまったが、そんな軍での出世が喜ばしかったかどうかは疑わしい。その証拠に、戦後の井上は、どんな誘いがあっても決して公職を引き受けず、罪を償《つぐな》うかのようにひっそりと生涯を終えているからである。

井上の避戦行動は、昭和七（一九三二）年からの海軍省軍務局第一課長時にはじまる。軍令部が要求した、軍令部の権限拡大案に反対して更迭《こうてつ》されている。昭和十二（一九三七）年から二年間の軍務局長時代には、三国同盟に反対する意見を公言してはばからず、暴走しがちな陸軍と、それに同調する海軍の若手将校たちをなだめるのに全力を傾注した。

そんな井上だから、太平洋戦争がはじまると短期間前線に出たのちは、海軍兵学校の校長を命じられ、中央から遠ざけられた。しかし校長時代、英語は敵性語だから兵学校の入試科目と授業から外すべきだという動きが出たときは、海軍将校には世界の共用語である英語が必須だと主張して譲らず、英語教育を続けたという逸話もある。

そのような井上が、次官となったからにはする仕事は一つしかない。米内海相を陰で支えながら終戦への道筋をつけることである。井上は「敗戦は亡国ではない」が持論で、早期終戦を主張していた。

しかし、早急に終戦工作を進めようとする井上に危惧を抱いた米内は、井上を海軍大将にして、次官のポストから外した。一説には井上を次期海軍大臣にするために大将に任じたともいわれる。

同時に井上は閑職《かんしょく》である軍事参事官となって、実際の終戦処理は米内海相一人が行なうことになった。

近所の子どもたちに囲まれて過ごす日々

戦後の井上は、横須賀市長井の自宅に籠った。戦犯とはもっとも遠い存在であった井上だが、自身で自分を裁く気持ちだったようである。

軍人の夫を亡くした娘とその子である孫と同居していたが、病弱な娘の看病をしながら、いつの頃からか近所の子どもたちに英語を教えるようになったのが、井上の余生の過ごし方だった。

最初は隣家の娘に教えていたのが、やがて地元で評判になり、しだいに生徒が増えて塾のような状態になっていったという。子どもたちを英語力によって差をつけることはせず、日本語は禁止で、実物や絵、しぐさを使って自然に英語に親しめるようにした独特の教え方だった。

ときには自らギターを弾いて子どもたちに英語の歌を聞かせることもあれば、英語だけでなくマナーもしつけるといった塾の評判は、やがて口コミで広まった。病弱だった娘が亡くなった後の井上の生活を、つつましくとも豊かで潤《うるお》いのあるものにしていたようだと、晩年の彼を知る人たちはいう。

昭和五十（一九七五）年、戦後三十年目の年に、最後の海軍大将・井上成美は世を去った。

本書は、PHP研究所より発刊された以下の書籍（日本博学倶楽部著）をもとに再編集した文庫オリジナル作品です。

・『「歴史」の意外な結末』（1998年11月）
・『歴史の意外な「ウラ事情」』（2001年7月）
・『歴史の「決定的瞬間」』（2002年1月）
・『歴史を動かした意外な人間関係』（2002年2月）
・『歴史の意外な「ウワサ話」』（2002年5月）
・『戦国武将・あの人の「その後」』（2002年9月）
・『幕末維新・あの人の「その後」』（2003年9月）
・『日露戦争・あの人の「その後」』（2004年4月）
・『戦国武将の意外なウラ事情』（2004年6月）
・『源平合戦・あの人の「その後」』（2004年10月）
・『日本史・ライバルたちの「意外な結末」』（2005年9月）
・『戦国武将「できる男」の意外な結末』（2005年11月）
・『歴史人物スクープ91』（2006年1月）
・『日本陸海軍・あの人の「意外な結末」』（2006年6月）
・『関ヶ原合戦・あの人の「その後」』（2007年11月）
・『古代史　キーパーソンたちの意外な「その後」』（2008年12月）

著者紹介

日本博学倶楽部（にほんはくがくくらぶ）

歴史上の出来事から、様々な文化・情報・暮らしの知恵まで幅広く調査・研究し、発表することを目的にした集団。

主な著書に、大ベストセラー『「歴史」の意外な結末』をはじめ、『幕末維新・あの人の「その後」』『日本の「神話」と「古代史」がよくわかる本』『「科学の謎」未解決ファイル』『「人体の謎」未解決ファイル』『「科学の謎」未解決事件簿』『「世界の名画」謎解きガイド』（以上、ＰＨＰ文庫）などがある。

ＰＨＰ文庫　日本史「意外な結末」大全

2015年12月17日　第１版第１刷

著　　者　日本博学倶楽部
発行者　小林成彦
発行所　株式会社ＰＨＰ研究所
東京本部　〒135-8137 江東区豊洲5-6-52
文庫出版部　☎03-3520-9617(編集)
普及一部　☎03-3520-9630(販売)
京都本部　〒601-8411 京都市南区西九条北ノ内町11
PHP INTERFACE　http://www.php.co.jp/
組　　版　朝日メディアインターナショナル株式会社
印刷所
製本所　共同印刷株式会社

 ISBN978-4-569-76458-0

「歴史」の意外な結末

事件・人物の隠された「その後」

日本博学倶楽部 著

「平賀源内は殺人を犯して獄死？」「明智光秀は生き延びて家康に仕えた？」……。教科書では教えてくれない人物・事件の意外なその後。

定価 本体四七六円（税別）